高等院校服装专业教程

# 服装心理学

郭丰秋　冯泽民　编著

西南大學出版社
SWUP
国家一级出版社　全国百佳图书出版单位

高等院校服装专业教程

服装心理学

# 目录

高等院校服装专业教程

服装心理学

# 第一章 绪论

## 一 服装心理学的研究对象和研究内容

当我们流连在精美高档的购物商场中，会看到各种风格的服装；闲暇时刻，我们翻看一本本装帧精美的时尚杂志，或者打开电视，时尚潮流信息和构思巧妙的服装广告总能抓住我们的眼球；甚至看一部韩剧，我们也会被剧中人物的服装搭配和精致妆容所吸引……是什么力量促使人们在市场经济的大潮中，飞蛾扑火般投入服装产业呢？

我们每天都会接触到服装，如自己穿的衣服，别人穿的衣服，各种媒体推广的服装等。在潜意识中，我们会思考自己应该穿什么衣服，猜测别人对自己的着装会如何评价。同时，服装能够帮助我们向他人传达自己的各种社会信息，也帮助我们认识他人。穿着同款服装可能会让人们产生“撞衫”的郁闷情绪，也可能因为“英雄所见略同”而拉近彼此的关系。那么，形形色色的服装现象和服装行为方式背后的心理因素是什么？如何理解和掌握服装行为的心理规律？如何在社会生活中灵活运用服装心理效应？这是本书要解决的问题。

### (一)服装和服装心理

#### 服装

当我们准备研究各种服装现象和服装行为背后的心理规律之前，必须先弄清日常生活中的服装用语和学科研究领域的服装专业术语之间的区别。因为，很多情况下，人们用相同的词语表达出的观点差异却很大，从而产生不必要的误会和混淆。比如，说到“装扮”，人们往往会想到女性对服装的关注，殊不知，现代社会中的男性也越来越注意“装扮”。因此，表 1-1 列举了一些与服装有关的常见名词。

表 1-1 与服装有关的常见名词

| | |
|---|---|
| 服装(clothing) | 穿在身上的，可以看到的具体物体 |
| 传统装束(traditional costume) | 特定的文化和历史情境下的服装款式 |
| 装扮(dress) | 改变外观的行为 |
| 时装(fashion) | 特定时间内得到广大民众接受和欢迎的某种款式 |
| 服饰(apparel) | 覆盖在身体上的物体，如用织物制作的实际服装 |
| 装饰(adornment) | 对身体外观的装饰或改变 |

从上表中可以看出，服装所涵盖的内容是十分广泛和复杂的。因此，可以从广义和狭义两个层面去理解服装。从广义上说，服装是任何人为地附着于人体之上的、用肉眼可以看到的物质。这说明服装是人的心理作用的结果，是心理活动和心理现象的外化。比如，我们日常生活中的衣服、鞋子、帽子、围巾、挎包等，也包括装饰品，如腰带、项链、眼镜等，甚至纹身、耳

钉、发型、眼影等，都属于广义的服装。从狭义上说，服装是指日常生活中的上衣、裙子、棉袄等。本书所涉及的服装属于广义的服装范畴。

**服装心理**

服装心理是指个体在选择、穿着、购买和欣赏服装时的心理活动。心理活动是人脑对作用于大脑的客观事物或外部刺激的反应，是人脑所具有的特殊功能。人们在选择和购买服装过程中的偏好等都会受到心理活动的影响，反过来，人们在社会交往中的人际吸引程度以及在社会群体中所扮演的角色、所处的地位，人们对自我的认知程度，对自身形象的认识等，也不同程度地受到服装及服装行为的影响。也就是说，服装的主体是人，它与人的心理和心理状态密不可分，我们研究的是在心理需要和心理刺激影响下出现的服装现象和服装行为，而不是放在柜子里的孤零零的服装。

## (二)服装心理学的研究对象

服装心理学的研究对象是服装和服装行为中反映出的心理活动。

**对个体和群体的服装心理状态、服装心理过程和个性服装心理的研究**

服装的主体是人，服装行为是服装心理的外化形式或表现形式，个体的服装行为是其当时的心理特征或心理状态的表现。因此，在服装心理学中，我们会探讨个体的感觉、知觉、需要、动机、本能、情绪、个性等心理活动，以及服装的色、形、质、味、声等对人们的感官刺激过程中引起的心理波动或效应，它包括人们的自我意识和审美心理对服装行为的影响等。

比如，约会前的男女，他们对约会对象的重视程度可以从服装的选择、评价和决定过程中体现出来。如果是初次约会，双方可能十分重视自己的外观在对方心中留下的印象，因此对服装的选择慎之又慎。除此之外，与服装相关的活动，如服装设计、服装制作、服装消费等，也属于服装行为的范畴。

**对影响着装者心理的社会因素的研究**

在广义的服装心理学中，我们也会考察引起着装者心理变化的社会环境因素。这里的社会环境包括政治制度、社会风俗、社会交往、社会群体、社会阶层、社会文化、社会角色等。

当无生命的服装穿在有生命的社会人身上时，前者就被打上社会的烙印。人类在漫长的征服自然的过程中，逐渐学会了穿着服装。服装本身反映了人类的各种需要，如保护身体、表达愉悦的心情、满足对美的追求、显示身份或地位的差别等，在不同的历史阶段和不同的社会形态里，服装表现出各种属性和特征。比如，古代的统治者十分强调服装的政治和伦理功能，因而用各种法令区别不同等级的人的着装。现代社会的一些娱乐明星常常以“黑超”遮面，身着流行时装，甚至聘请专门的造型师为自己服务，生怕一不小心被人吐槽没品位，在这里服装能够体现个体的审美趣味或身份特征。再如，某些老年人的着装过于年轻化，有人说这是“装嫩”，有人说这是内心青春的表现；中国人在国外名牌服装店疯狂扫货；有些人珍藏了一堆鲜艳的衣服却不敢穿出去等。

图 1–1 中的女孩显然是一个对自身形象特别注意的人，善于根据自身特点装扮自己，以蓝色为基调的印花短裤突显出她的细腰和修长的美腿，与手链和手包也相互呼应。她的服饰搭配传递的信息是：她关注时下的服饰潮流信息，但又不是一个时尚的盲从者，夸张的戒指、略带朋克气息的皮鞋、妆容和大波浪卷发说明她对时尚有自己的理解。但我们无法确定她的精心装扮是习惯使然，还是心血来潮，或是为某个社交活动而准备的。可见，着装者的心理活动既丰富又复杂。

## 二　服装心理学的研究意义

### （一）服装心理学的研究历史

服装心理学是研究人类服装心理现象及其规律的学科，不仅反映人们的心理活动状况，而且表现着人们的物质文明程度和精神文明面貌。它与哲学、自然科学、社会科学的各种知识和各门艺术有着密切的联系，其理论基础不仅涉及心理科学的有关分支学科，而且涉及人体解剖生理学、青年学、老年学、人生哲学、伦理学等。服装心理学通过探究人类服饰产生和演变过程中人的心理活动及行为方式，揭示人们在社会生活中的着装心理特点和规律，结合社会学、美学、消费者心理学等相关学科理论，来解释服装现象和服装行为，因此，服装心理学是一门多学科交叉的综合性学科。

图 1–1　散发着潮流气息的女孩

人们探究服装心理学的兴趣可以追溯到 19 世纪的女权运动。知识精英们在激烈辩论男女是否能够平等的时候，涉及服装的社会问题和道德问题。女权主义者呼吁女性应该从当时的服装款式中解放出来，穿上跟男人一样舒适实用的服装，以减少男女之间的性别差异。这说明传统社会对男女角色的认识和心理期待导致两性服装的显著差异，这些问题为日后的服装心理学研究奠定了基础。

20 世纪初，随着社会科学以及行为科学的形成和发展，人类学家和心理学家日益关注“人类着装”问题。当时的心理学研究领域的主要潮流是弗洛伊德主义的本能学说。同时，一些心理学家也开始对人类着装的动机进行研究。其中的主要著作有赫洛克的《服装心理学》(1929)和弗劳格尔的《衣服心理学》(1930),他们主要探讨了个人着装的心理因素。

第二次世界大战后,美国经济日趋繁荣,人们对服饰的需求以及服饰行为的多元化促使研究界更加关注服装心理学,一些大学开设了服装心理学课程。随着社会心理学与其他社会科学研究方法的继续发展和成熟,服装心理学在美国开始兴起和发展起来。20世纪五六十年代,美国出现了服装心理学的跨学科交叉研究潮流,家政学者、社会学者、心理学者等共同建立了以社会心理学为基础的服装行为研究。如罗奇和埃卡的《衣服、装饰和社会体制》(1965)、拉恩的《服装,人类行为的研究》(1966)和洪的《第二皮肤,服装的多学科研究》(1968)。

20世纪80年代,美国的服装心理学研究更加深入、全面,与实际生活之间的联系更加紧密。索罗门在其1985年主编的《时装心理学》一书中声称,他把服装业的设计师、广告商和零售商与学术界的心理学家、人类学家以及社会学家联系在一起。美国著名服装社会心理学家、加州大学戴维斯分校的苏珊·凯瑟教授于1985年出版了专著《服装和个人装饰的心理学》,1990年出了第二版,更名为《服装社会心理学》,1997年又出了第二版修订版,既而更名为《服装社会心理学——情境中的象征性外表》。她不仅拓宽了服装社会心理学研究的视野,把人的外表(包括服饰、化妆、长相等)放在各种具体的文化、社会情境中去研究,而且加深了对自己感兴趣的服装与妇女和性别的研究。另外,国际服装与纺织品协会主办的《服装与纺织品研究》、美国家庭与消费者科学协会主办的《家庭与消费者科学研究》等专业杂志上发表了许多服装社会心理学的实证性研究成果。

此外,日本在服装社会心理学方面的教育和研究开展得也比较早,在引入国外与本国情况相结合的应用研究方面取得了很大成绩。早在1964年,文部省就将服装社会学定为日本文化女子大学服装专业的初级学科。日本纤维机械学会和日本家政学会分别在1980年与1984年成立了服装心理学研究学会和服装心理学部,专门开展对服装社会心理学的研究。其中,藤原康晴等翻译出版了美国服装心理学者 M.J.Horn 和 L.M.Gurel 著的《时装和个性——服装心理学序说》一书。1985年至今,日本社会心理学的研究迅速发展,日本心理学会和服装学者们不仅出版了服装心理学专著,而且还在自我概念、服装特征和个性特征的关系、性别角色和服装的关系等方面进行了许多实证研究。《纤维制品消费科学》《日本家政学会志》等专业杂志上发表的论文数量年年增加,质量也显著提高。1985年和1990年,神山进分别出版了《服装心理学》和《衣服和装饰的心理学》。1988年服装心理学分会出版了《服装心理学》。

我国关于服装心理学方面的研究起步于20世纪80年代初。随着改革开放和经济发展,国人的生活理念和价值观发生了变化,服装需求和服装行为打破了建国后的保守、单调和同一性,逐渐趋于开放和多元化,过去以讲究结实耐穿为主逐渐转变为追逐流行、讲究名牌、表现个性等。于是,中国的服装学者也开始对服装社会心理学产生兴趣,1985年~1995年,中国服饰方面的论文大约2425篇。其中,与服装心理学相关的论文有224篇,占全部文章的

9.2%。这些文章虽然涉及服装心理学的内容，但绝大多数并非从服装社会心理学的角度去做去写，有些内容甚至直接来源于译文，很少有自己的独特见解。除此之外，一些学者开始逐步译介美国和日本服装社会心理学的研究成果。2000 年 3 月，中国纺织出版社出版了一套(4本）由美国专家著写、中国台湾专业人士翻译出版的服装体系专著：《流行预测》《解读服装》《衣柜工程》和《服装社会心理学》，这为我国服装社会心理学研究提供了理论基础。同年，李宏伟翻译了苏珊·凯瑟的《服装社会心理学》，宫本朱翻译了荻村昭典的《服装社会学概论》。同时，一些高等院校的服装专业也相继开设了服装心理学课程，并出现了一系列教材。但总体而言，目前我国的服装心理学研究成果比较零星而分散，缺乏深入性和系统性，有待进一步完善和努力。

### (二)服装心理学的研究意义

现代社会的物质文明和精神文明高度发达，人们有能力自由选择和购买服装。人们对服装的大量消费需求和服装产业的发展要求我们对日益丰富的、多样化的服装行为进行研究，其中在服装心理学方面的研究尤为重要。

**服装心理学研究有助于了解人的行为**

人类是群居性的社会动物，可以将服装视作个体适应环境的工具，或者是保护自己不受伤害的武器。比如公司的新员工一般会关注老员工的服装，并及时调整自己的着装，以尽快融入集体。服装心理学探讨服装在协调个体与他人之间的关系或社会期待的行为方式中的作用，有助于了解人们的社会化进程。

服装在一定程度上可以体现人的性格。每个人都是一个独立的个体，都有自己的需要、动机、兴趣、信念、价值观以及不同于他人的能力、气质和性格等，正是这些因素才构成了一个人在日常生活中的独特心理倾向和行为方式。现代社会自由的着装使个体的穿着行为与自我的关系更为密切了。人们对服装的样式、色彩及材料都有自己或肯定或否定的态度，而在服装的选择和穿着上也表现出一定的差异。服装心理学可以通过服装来探讨某个人的心理、个性和生活状态等，有助于人们对某些服装行为进行自由合理的解读。如各大相亲类节目中女嘉宾的着装异彩纷呈，其中不乏雷人造型，其原因十分复杂，有些是女嘉宾的个性使然，有些是为了舞台和节目效果。在了解了她们着装动机的复杂性之后，观众就不会觉得不可思议了。

**服装心理学研究有利于增强人们的着装自主性**

通过学习服装心理学，可以了解人们穿衣的心理动机，了解服装美的心理基础是什么，这样就可以利用服装心理的一般规律，减少服装行为中的盲目性。如同样去舞厅跳舞，为了引人注意，女子可能以艳丽的服装出现，男子可能以淡雅的外套加上雪白的衬衫出现。前者知道这样的服装在明光下更有表现力；后者知道在舞厅的紫光下，白色的服装更加明亮，更有表现力，也更符合男子稳重的要求。

**服装心理学研究有助于塑造健康的社会人**

随着全球化时代的到来，不同文化相互碰撞融合，千姿百态的服装样式和服装行为冲击着人们的眼球。相应地，人们的宽容度和忍耐力也日益增强，于是出现了许多不健康的服装行为，如以丑为美、过度的超前消费、服装攀比、追逐名牌等。

另一方面，现代社会的生活和工作节奏非常快，较之以前，人们承受的社会压力更大，各种心理问题不断出现，也体现在怪异的服装行为上，如网络炫富、服装审美中的自卑心理等。服装心理学则有助于矫正这些非常规的服装行为，帮助人们掌握服装对心理的调节作用，塑造健康、理性的社会人。

扩展阅读：服装异常心理者

CCTV-2（中央电视台财经频道）《购时尚》的一位节目女嘉宾因工作时的一次失误导致她患上了学习型焦虑症，她辞去工作，不断深造，希望通过学习知识消除自卑。于是，她活在自己的世界里，用读书将自己与外界隔离。心理的焦虑也折射在她的服装行为上，她不买衣服和化妆品，不穿高跟鞋和裙子，有时蓬头垢面，认为梳妆打扮是浪费时间和精力，不如读书来得实在。心理学家建议她学会享受，学会接受自己的小差错，承认自己是个人，而不是神，提升自己享受生活的能力。经过指导，她接受改变，尝试改变，穿上了相对亮丽的衣服。

（资料来源：根据 CCTV-2《购时尚》节目整理）

**服装心理学研究对服装产业的发展有指导意义**

服装产业中的各个环节都需要服装心理学方面的知识，服装心理学一直是服装设计师、服装生产厂家和服装营销商所关注的领域，其研究成果对服装的设计、生产及销售环节影响很大，因而也成为国内外服装理论工作者一直重视的研究领域。如从心理学研究分析，一件服装要想被消费者注意并被理解、领会，形成巩固的记忆，是和作用于人的眼、耳等感觉器官的产品的形态与色彩以及声音等条件的新奇性特征分不开的。因此，产品设计要深入地研究消费者心理，了解、掌握影响消费者购买行为的心理活动，要处处体现以消费者为中心的设计思想，从而达到最佳设计效果。服装心理学也为设计或制作服装提供理论上的指导。在服装面料的选择上，如果增加目的性和实用性，也需心理学知识和手段。如设计或制作一件内衣，那么面料既要符合生理条件，也要符合相应的心理条件，即心理满意度。内衣以舒适感为主，便利、轻松、无负重感，才会让人少焦虑、不紧张，体会到真正的舒适。在服装营销中，销售者应该观察顾客的着装样式，推测其偏好的服饰特点，并结合当时的服装选择动机，推选恰当的服装给顾客。如果向一个喜好亮丽、时尚的服装的女性推销保守、色彩暗淡的服装，这桩买卖很可能不会成功。

扩展阅读：服装电商上演“三国杀” 当当网力推“111 天全天达”

自今年以来，作为图书市场老大的当当网在服装品类及仓储物流方面持续发力，成为推动盈利增长的新引擎。

数据显示，当当网服装品类的销售额从 2012 年 5.6 亿元，增长到 2013 年 27 亿元，短短一年间激增了 5 倍，远超天猫、唯品会等服装电商传统列强。

而仓储物流方面，当当网今年最大的提速工程已于 6 月底全部完成，届时 70%以上的订单将实现当日达和次日达。

服装品类：与“天猫”“唯品会”三足鼎立

数据显示，当当网今年一季度整体成交总额增速54%，其中平台服装品类成交额达到5.5亿元，增速达116%。当当网服装品类的迅速崛起，很大程度上得益于“尾品汇”闪购的成功运作。

去年5月，当当网上线“尾品汇”闪购，以3折封顶的罕见折扣力度对抗凡客、天猫、京东等闪购频道，并傲视群雄。数据显示，当当网尾品汇去年二季度的流量仅次于唯品会，居闪购前二。在尾货闪购对服装销售的“联动效应”下，当当网决定打造新品、应季、尾货的服装销售全链。

今年6月以来，当当网继续在“闪购”领域突飞猛进，继去年推出大牌尾货特卖“尾品汇”之后，上周再度上线新的新品闪购频道，以闪购模式卖“服装新品”。数据显示，新品闪购平台上线的一周里，当当网服装平台的流量实现翻倍，移动端手机当当的流量也接近翻番，“新品闪购”的上线再次助力当当网服装品类的飞奔。分析认为，“与尾品汇尾货闪购所处竞争红海不同，新品闪购切分的是线下服装蛋糕，电商在这一市场的竞争并不充分，率先发力有助当当网巩固服装品类优势”。

“新品闪购”上线后，当当网服装平台进一步丰富服装售卖模式，形成“尾品汇闪购+新品闪购+服装商城”的服装全链条销售布局，满足消费者多元需求。比较而言，当当网“新品闪购、尾货闪购、商城并举”三种模式相互补充、有效融合，对其他电商服装及线下实体店形成截流的“叠加效应”，这样服装品类全链条的打通，可最快帮助当当服装扩容和建立品类壁垒。

记者了解到，当当网“新品闪购”平台售卖的品牌服装与线下店推新速度保持同步，但与线下新品最多8~9折的情况不同，线上的服装新品均以5~7折的超低折扣价销售。

据数据显示，与当当网合作的高端服装品牌商家超过3000家，活跃用户数3000万，居中国电商第三位。当当网CEO李国庆表示，当当网要让目标品类持续盈利，市场份额10%以上，市场地位行业前三，并且在这个品类领域有自己的“话语权”。

据估算，未来服装有2万亿市场，线上服装则有4000亿左右市场。当当网正是看中了服装市场的机会。从当当网服装品类来看，从2012年当当服装业务起步的5.6亿，到2013年27亿，短短一年时间增长近5倍，当当网专注服装零售，无论是从销售增速上，还是收益率上，均远超其他平台。

仓储物流：自身优势集合社会资源的胜利

在物流业务上的快速布局成为当当尾品汇、新品闪购迅速崛起的重要后盾。

近日，当当网“银河1号”天津仓储中心正式投入使用，当当网还宣布在全国400个城市实现“111全天达”服务承诺，即“上午11点前下单当日达，凌晨1点前下单次日达”，与京东物流服务比肩。

据当当网全国仓储高级总监任强介绍，当当网已在全国完成 7 大区仓储网络布局。包括“银河 1 号”在内，当当网已建成运营 29 个仓储中心，2014 年底将达到 45 个，3 年内完成 100 个仓储物流中心的建设布点，重点下沉到三四线城市。

与其他 B2C 电商自建模式不同，当当网采用“仓储自建+城际同城外部合作”模式，自建仓储构筑全国物流的关键节点，城际运输和同城配送采取开放协同、外包整合策略，打破各管一块的传统弊端，形成物流、数据和管理的一条龙，从而实现比自建模式速度更快，成本更低的服务模式。

在过去两年中，这一模式不断成熟，服务速度和效率大幅提升。目前，当当网“111 全天达”覆盖的城市数量已达到 400 个，在一线城市与对手追平，二三线城市实现反超。

同时与自建仓储物流相比，当当模式成本优势非常明显，通过与大型物流快递公司的战略合作，享受了每天 400~500 万单规模的配送成本。数据显示，目前当当网物流配送比自建快递成本低，可达 30%。在一线城市，当当网物流成本每单不超过 4 元。

当当网副总裁段宇表示：“我们坚决不买车不自建，因为我们对社会化物流的力量与进步充满信心。”

根据发改委统计，2012 年~2013 年物流行业固定资产投资超过 7 万亿元，推动物流基础设施与速度实现了飞跃。据不完全统计，四通一达和顺丰一线服务员工总数达 50 万人，运输车辆近 4 万辆，远远超过任何一家电商的自有数量，规模优势促成成本集约与效率提升。

通过与优秀物流伙伴的战略合作，当当网大幅度节约车辆购买、人员管理和运营成本，并整合超过京东自建 10 倍规模的服务资源，实现速度倍增。

电商资深观察家鲁振旺指出，“当当模式并不是简单的外包，挑战在于与外部社会化物流的无缝对接。当当网成功地将物流大数据、客户大数据和商务大数据与合作伙伴实现全面协同对接，自建模式在仓储、配送和快递的一条龙微弱优势被彻底弱化，这是当当网反超的关键”。

（资料来源：信息早报，作者：佚名，2014-07-30，选文有删改）

【分析】在追求速度和效率的现代社会里，人们的服装消费模式从传统的商场购物开始转向网络购物，服装购买的时间需求也越来越短，这也促使服装销售行业进行革新。

## 三　服装心理学的研究方法

服装心理学是以心理学、社会心理学为基础，与社会学、消费者心理学等学科相互交叉的综合性学科，该学科的多元化性质决定了研究方法和手段的多样性。如果仅用某一领域的知识或理论来研究，便不能充分说明服装在人们生活中的重要意义。就方法论而言，服装心理学有定量研究和质性研究两种途径。定量研究指在研究中运用调查、实验、测量、统计等量化手段来收集和分析研究资料，从而判断研究现象的性质，发现内在规律，检验某些理论假设的研究方法。而质性研究是以研究者本人为研究工具，在自然情境下，采用多种资料收集方法，对社会现象进行整体性探究，使用归纳法分析资料和形成理论，通过与研究对象互动，对其行为和意义建构获得解释性理解的一种活动。

**（一）观察法**

观察法是通过观察者直接感知的方式，按照一定的科学程序和规则，获得由研究目的所确定的、正在发生的社会现象和社会行为的一种资料收集方式。服装心理学的研究者可以对个体或群体服装行为进行有目的、有计划的系统观察和记录，然后对所做记录进行分析，揭示其心理活动和发展规律。

从观察的场所来看，观察法可以分为实验室观察和实地观察。实验室观察通常是在有各种观察设施的实验室或者经过一定程度控制的活动室、会议室等自然场所内，观察研究对象的服装行为。由于这种方法有一定的条件要求，且观察的范围与对象又受到一定局限，所以这类观察法使用较少。实地观察是在现实社会生活场景中所进行的观察。

根据观察者的角色不同，观察法大体可分为非参与式观察和参与式观察。非参与式观察又称为局外观察，观察者置身于所观察的现象和群体之外，完全不参与观察对象的活动，甚至根本不与他们直接交往，观察对象也并不知道自己正在被观察者所观察。实验室观察是一种典型的非参与式观察。非参与式观察比较适合于内容简单、时间与经费都有限的小课题。

参与式观察又被称为局内观察，通常又可分为半参与式观察和完全参与式观察。在半参与式观察中，观察者并不一定参与观察对象的所有活动，但通常努力在语言、生活习惯上与观察对象一致。同时观察对象知道自己正在被观察，知道观察者的身份，把观察者参与他们的活动视为礼貌和友谊。完全参与式观察中，观察者类似于卧底，完全投入到被观察对象的活动中，分享他们的喜怒哀乐，借以观察研究对象的服装行为。

观察一般利用眼睛、耳朵等感觉器官去感知观察对象。由于人的感觉器官具有一定的局限性，观察者往往要借助各种现代化的仪器和手段，如手机、照相机、录音笔、显微录像机等来辅助观察。这种方法要求观察者首先制订好提纲或计划，观察过程中集中精力，注意细节，积极思考，并做好详细记录，最后整理、分析、概括观察结果，得出结论。

观察法的步骤如下：

第一阶段是准备阶段，主要任务是确定研究目的，制订观察计划，做好理论与物质准备；第二阶段是实施阶段，任务是顺利进入观察现场，与观察对象交往，进行观察并做好记录，离开现场；第三阶段是整理分析观察记录，撰写调查报告。

1. 制订观察计划

观察计划主要包括：①观察内容、对象和范围；②地点；③观察时间、持续长短、次数；④

观察方式和手段;⑤其他问题。

2. 确定观察内容

不同的研究课题有不同的观察内容，但大致说来应包括 5W(WHO、WHEN、WHERE、WHAT、WHY)和 1H(HOW)的内容。

3. 确定观察点和进入观察现场

观察点的确定主要考虑三个方面:①符合研究收集资料的要求;②经费等条件允许;③能被当地部门和观察对象所接受。进入观察现场的方式有隐蔽和公开两大类。

4. 进行观察

进行观察的步骤一般是从开放到集中。在进行集中观察时,观察者应注意转换观察的角度。转换角度有多种方法:①可以在局部和整体之间转换观察视角;②可以在主要观察现象和次要观察现象间转换；③可以按照观察对象所处的位置采取由近及远或由远及近等不同范围进行观察视角转换；④可以在静态与动态之间转换；⑤可以选择某一时间进行重点观察,其余时间做一般性观察;⑥可以选择某一场面进行重点观察,其余场面做一般性观察;⑦可以对观察对象进行比较长期的、持续性的观察。

5. 观察记录

在观察法中,记录是一件十分重要的工作。观察记录的准确性取决于两方面:一是如何准确和详细地做记录;二是如何科学地整理与分析观察记录。对观察记录的文字描述通常要求具体、清晰、实在,不要用抽象的、概括的、总结的词语,尤其是形容词和副词。对观察记录的整理和分析通常采用分类学或流程图的方法。

观察法比较真实、自然,可操作性强,因此得到普遍使用。比如,可以对上课的学生的着装方式进行观察,了解学生的服装消费观念与对时尚流行的感知度等。再如,用手机等工具拍摄上班族的着装现象和行为方式，了解不同职业人士的服装心理规律。但观察法也有缺陷,比如,一些被观察者的服装行为或心理往往受环境因素、工作性质等客观条件的影响,归纳起来会出现偏差。在自然状态下,观察者处于被动状态,观察对象不可能按照观察者的要求重复出现,而观察结论可能会受到本人兴趣、经验等影响,不同观察者面对同一个观察对象,有可能得出相反的结论。观察得到的资料多为定性描述或琐碎记录,难以进行定量分析和统计推论。因此,观察者在行动前应该对观察对象的行为、心理反应和情景刺激之间的关系做合理预测,在观察过程中应及时对其进行检验和修订。

### (二)实验法

实验法是人为干预被实验者的活动过程,创造条件,排除干扰因素,突出主要因素,研究被实验者的心理活动的方法。研究者可以根据研究任务的要求，主动地控制和改变一些条件,使被试者发生相应的服装行为,从而揭示服装行为主体的心理反应规律及其影响因素。

这种研究方法的主动性比观察法优越。

**自变量**

在实验中，要改变的因素或条件被称为自变量，即引起服装行为和心理反应的因素，如服装的价格、包装、服务质量等。

**因变量**

在实验中，预期获得的效果的变量被称为因变量，即要获得的服装行为或心理反应，如服装消费者的购买量、满意度等。因变量的取值就是实验结果或观察值。

**无关变量**

在实验中，需要加以控制不变或需要消除的因素被称为无关变量或干扰变量。为了减少实验误差，增强实验效果，无关变量在实验中需要严格控制。例如，在"测量衣领大小对服装满意度的影响"的实验研究中，衣领大小是自变量，衣领的质地、颜色、形状、厚度等是需要控制的无关变量，需要消除的是不同的上装、不同的部位对人的感知的影响以及满意度的评价标准的差异，被试者的满意度是因变量。

### (三)访谈法

访谈法是研究者以交谈的方式，根据受访者的回答探寻研究对象心理状态和心理活动的一种方法。

**访谈法的原则**

1. 访谈法的目的是了解而不是表达。

2. 在访谈过程中，研究者不能诱导受访者。容易干扰受访者的方式有以下三种：

(1)访问者先陈述自己的观点，然后咨询受访者的看法。

(2)访谈者先陈述一些进行判断的大前提，然后让受访者说出结论。

(3)访谈者先说出某些著名人物，如正面的人物或反面的人物的观点，然后让受访者说出看法。

3. 访谈者在访谈时不能对受访者进行价值判断。

**访谈法的分类**

1. 深度访谈

深度访谈是针对某些特定的个体进行的，受访者一般是在所研究问题上具有代表性或独特性的个体。例如，某家服装企业为了了解未来几年的服装流行趋势和消费者的时尚偏好，就会请专职研究人员选择时尚界的权威人士或对流行时尚十分敏感的消费者进行深度访谈。

2. 小组访谈

小组访谈是在研究人员的主持下，挑选一组具有代表性的被访者，针对某个专题进行讨论，在讨论过程中记录下被访者的行为、态度、偏好、价值观等方面的反应。访谈对象一般为6~10个个体。小组访谈是研究者与多个访谈对象相互影响、相互作用的过程。

### （四）问卷调查法

问卷调查法也称“书面调查法”，或称“填表法”，它是用书面形式间接搜集研究材料的一种调查手段。问卷调查法是通过向调查对象发出简明扼要的征询单或征询表，请其填写对有关问题的意见和建议来间接获得材料和信息的一种方法。

问卷的形式灵活多样，可分为开放式问卷和封闭式问卷。开放式问卷中的题目答案没有太多限制，调查对象可以自由回答。如“你认为女人该如何打扮”，这一问题就属于开放性问卷。这种问卷的优点是能够测试出调查对象的知识、态度、动机等，弊端是材料处理过程比较困难。封闭式问卷会给出几项答案供调查对象选择，但这种问卷带有暗示性和主观性色彩。如“假设这礼拜天，你应邀参加大型宴会或婚礼等正式聚会，你要穿以下哪一件衣服？A.迷你裙 B.讲究的上下连身单件 C.简朴的上下连身单件 D.上衣下裙的洋装 E.裤装 F.便装”，在调查过程中，很少有人选择最后一个选项，因为“便装”与“正式聚会”是极端相反的两个场景，这种表达暗示了这种装扮是非常不适宜的行为。另外，问卷的编制需要事先做好充分、系统而周密的计划，避免遗漏某些重要信息，从而降低数据或结果的出错率。

问卷一般由卷首语、问题和回答方式、编码和其他资料四个部分组成。

1. 卷首语

它是问卷调查的自我介绍部分。卷首语的内容应该包括：调查目的、意义和主要内容；选择被调查者的途径和方法；对被调查者的希望和要求；填写问卷的说明；回复问卷的方式和时间；调查的匿名和保密原则；调查者的名称等。为了能引起被调查者的重视和兴趣，争取他们的合作和支持，卷首语的语气要谦虚、诚恳、平易近人，文字要简明、通俗、有可读性。

2. 问题和回答方式

它是问卷的主要组成部分，一般包括调查询问的问题、回答问题的方式以及对回答方式的指导和说明等。

3. 编码

就是把问卷中询问的问题和被调查者的回答，全部转变成为A，B，C……或a，b，c……等代号和数字，以便运用电子计算机对调查问卷进行数据处理。

4. 其他资料

包括问卷名称、被访问者的地址或单位（可以是编号）、访问员姓名、访问开始时间和结束时间、访问完成情况、审核员姓名和审核意见等。这些资料是对问卷进行审核和分析的重要依据。

扩展阅读：广东地区大学生休闲服装消费心理调查问卷

您好，我们是广东地区在校大学生，专业是服装设计与营销。大学生作为一个特殊的消费群体越来越受到大家的关注。大学生有着旺盛的服装消费需求，又尚未获得经济上的独立，为了解大学生群体对休闲服装的购买行为和心理等情况，特展开这次调查活动，望同学们配合，谢谢！

1. 您的基本情况

(　　)男　(　　)女

2. 您的院校所在地：(　　　　　　　　　　　　)

院校名称：(　　　　　　　　　　　　)

3. 您的年级

(　　)大一　(　　)大二　(　　)大三　(　　)大四

4. 您每月的生活费

(　　)100 元~350 元　(　　)351 元~650 元　(　　)651 元~900 元

(　　)901 元~1200 元　(　　)1201 元以上

5. 您平均每月休闲服装的消费额

(　　)100 元以下　(　　)101 元~300 元　(　　)301 元~500 元

(　　)501 元~900 元　(　　)901 元以上

6. 您购买休闲服装的频率

(　　)每个星期都会买　(　　)每个月都会买　(　　)一个季度一两次

(　　)不定时，想买就买　(　　)从不买

7. 您购买休闲服装会受到谁的影响(多选题)

(　　)父母　(　　)网络　(　　)电视广告　(　　)时尚杂志

(　　)大众　(　　)不受影响　(　　)其他

8. 购买休闲服装时您会注重品牌的代言人吗

(　　)会　(　　)一般　(　　)不会

9. 您喜欢印有哪种图案的休闲服装(多选题)

(　　)卡通图案　(　　)明星图片　(　　)涂鸦　(　　)立体几何图案

(　　)DIY　(　　)艺术作品　(　　)其他

10. 您喜欢什么色彩的休闲服装(多选题)

(　　)黑白色　(　　)灰色调　(　　)蓝色系　(　　)黄色系

(　　)绿色系　(　　)紫色系　(　　)其他

11. 您的着装追求

(　　)引人注目　(　　)展现个性　(　　)跟上时尚潮流　(　　)方便舒适

(　　)适合自己　(　　)其他

12. 您看到很喜欢的休闲服装，您会怎样做

(　　)看上就买，不论多贵　(　　)逛逛再做决定　(　　)等降价再买

(　　)不买

13. 您最喜欢的促销手段

(　　)买满就送　(　　)买满就减　(　　)打折　(　　)赠券或礼品

(　　)其他

14. 您的衣橱里大约有多少件是休闲品牌服装

(　　)0件　(　　)1件　(　　)2~3件　(　　)4~7件　(　　)1/3左右

(　　)1/2左右　(　　)基本全是

15. 您对休闲品牌服装的认知主要通过(多选题)

(　　)电视　(　　)报纸　(　　)杂志　(　　)朋友介绍

(　　)网络　(　　)其他

16. 您一般通过什么渠道购买休闲服装(多选题)

(　　)大型商场　(　　)专卖店　(　　)一般服装店

(　　)网购　(　　)其他

17. 您能够接受的休闲品牌服装的最高价位是

(　　)100元~150元　(　　)151元~200元　(　　)201元~250元

(　　)251元~350元　(　　)351元以上

18. 您在购买休闲服装时比较关注的是(多选题)

(　　)质量　(　　)价格　(　　)款式　(　　)服务　(　　)色彩

(　　)材料　(　　)工艺　(　　)时尚感　(　　)品牌知名度

(　　)穿着舒适性　(　　)其他

19. 您所购买的休闲品牌服装有(多选题)

(　　)美特斯邦威　(　　)杰克琼斯　(　　)以纯　(　　)班尼路

(　　)真维斯　(　　)ONLY　(　　)优衣库　(　　)佐丹奴　(　　)舒雅

(　　)艾格　(　　)千百惠　(　　)阿依莲　(　　)江南布衣　(　　)其他

20. 您认为消费休闲品牌服装能够获得什么样的体验

(　　)能够体现自己的个性，使自己与众不同

(　　)彰显时尚意识，表现生活品味

(　　)增强自信和自尊心

(　　)显示优越感

21. 您觉得休闲品牌服装具有哪些特征(多选题)

(　　)具有较高的普及度　(　　)具有较好的名誉　(　　)其生产企业是知名企业

(　　)价格较贵　(　　)质量非常好　(　　)由知名设计师设计　(　　)其他

22.您对当前休闲服装市场有何不满之处

(　　)价格太贵　　(　　)产品雷同,无新意　　(　　)售货员服务态度不好

(　　)质地越来越差　　(　　)其他

23.您觉得当前休闲服装在哪些方面需要改进(多选题)

(　　)款式　　(　　)面料　　(　　)颜色

(　　)工艺　　(　　)价格　　(　　)其他

再次感谢您的配合,谢谢!

(资料来源:www.sojump.com/report/3102698.aspx)

**思考与练习**

1. 服装的含义。

2. 服装心理学的研究内容。

3. 为什么说服装心理学具有多学科的性质?

# 第二章 服装认知

# 一　服装心理学的认知基础

当顾客在商场购买某件服装的时候一般要经历如下过程：服装的颜色或造型吸引了顾客；接下来，顾客会触摸这件衣服，感受它的质感，听取服务员的介绍，进入试衣间试穿，在镜子里观察并体会这款服装的美观性、实用性和舒适度等；如果各方面满意，或在某些方面觉得这件衣服能达到提升气质或改变精神面貌等效果，顾客便会下单购买。在整个购买过程中，顾客调动了视觉、触觉、听觉、嗅觉等感知器官，最终形成对服装的整体认知，也可以说是整体感知。

## (一)感知的含义

感知是利用感知器官对事物获得有意义的印象，分为感觉和知觉两个心理过程。当你开车到达路口遇见红灯亮时，自然会立即刹车，这期间所经过的时间也许不到1秒钟，然而在这极短的时间内，你完成了一次复杂的生理与心理活动：首先是你的视觉器官(眼睛)接受到红光的刺激(红灯)，也就是视觉感受器收到了信息；然后这些信息经由视神经纤维传导到大脑，并经大脑的认知活动，即依据已有的经验和知识分析传来的信息的含义，判定为代表停车的红灯；最后大脑下达命令，立即采取刹车行动。在这三个阶段中，眼睛看到红灯与脚踩刹车是行为，而神经的传入传出以及大脑的认知判断，就是感觉和知觉心理历程。

**感觉及其特征**

感觉(sensation)是刺激人脑的客观物体的个别属性在人脑中的直接反映，是通过某一感觉器官获取某一事物单个属性信息的过程。一个物体有它的光线、声音、温度、气味等属性，而我们的每个感觉器官只能反映物体的一个属性，如眼睛看到光线，耳朵听到声音，鼻子闻到气味，舌头尝到味道，皮肤摸到温度和光滑的程度等。

在服装领域中，人们不自觉地利用各个感觉器官感受服装。视觉感知是比较重要的信息渠道，因此服装设计师和消费者十分重视服装的轮廓、色彩、图案和造型等。其次，肤觉感知也会影响人们的着装心理，因此柔软、舒适、透气的面料深得消费者青睐。另外，嗅觉在服装行为中也非常重要。如消费者在淘宝网上看到的服装图片色彩理想、款型适当，于是下单购买，但当打开包裹的时候，刺鼻的化学味道或其他味道令消费者大失所望，甚至愤怒。

听觉在服装领域的作用也是不容忽视的。电影《乱世佳人》中黑妈妈一直梦想自己有一件浆得能够立起来的衬裙，走路的时候，衬裙之间摩擦发出“沙沙”的声响，这会让她感觉到很满足，觉得这是天使的声音。可见，服装中的听觉会产生美妙的心理享受。对于儿童而言，会发出声音的鞋子会让他们觉得可爱有趣，也有助于家长寻找孩子。

在实际生活中，人们的感觉虽然有许多差异，比如失明者的听力往往高于常人，画家对色彩比较敏感等，但仍有着普遍相同的特性。

1. 感觉的适应性

感觉具有随环境和条件变化而变化的特点。例如，刚进浴池感到水热，泡一段时间就感觉不那么热了，这是皮肤感觉的适应。据研究，除痛觉之外各种感觉都存在着适应性规律。比如，人们刚入暗室就什么也看不见，等一会就看清了，这是暗适应；自暗室突然走出来，光亮刺眼，什么也看不见，等一会又看清了，这是光适应。“入芝兰之室，久而不闻其香，入鲍鱼之肆，久而不闻其臭”则是嗅觉适应。

2. 感觉的对比性

感觉对比(sensory contrast)是某一感受器由于不同的刺激背景而引起感受性程度变化的现象。如图 2-1 所示，同样的白色在黑色背景上比在灰色背景上显得更白，在服装搭配中，灰白搭配显得柔和、知性，黑白搭配则显得干练、精神，原因也在于黑白对比比灰白对比更强烈，显得白色会更白。这样的感觉对比现象在日常生活中是常见的。轻松的音乐可缓解焦虑情绪，优雅乐曲可以减轻某些疼痛。左手泡在热水里，右手泡在凉水里，然后同时放进温水里，结果左手感觉凉，右手感觉热，这是同时对比。吃过螃蟹再吃虾，就感觉不到虾的鲜味，这是继时对比，即不同的刺激先后作用于某一感受器而产生的对比现象。

**知觉及其特征**

知觉(perception)是人脑对直接作用于感觉器官的当前客观事物的整体属性的反映。知觉和感觉是不同的心理过程，感觉反映的是事物的个别属性，知觉反映的是事物的整体，即事物的各种不同属性、各个部分及其相互关系；感觉是仅仅依赖个别感觉器官的活动，而知觉是依赖多种感觉器

图 2-1　感觉的对比性

官的联合活动。因此，知觉属于高于感觉的感性认识阶段。比如，通过感觉我们知道某个物体的颜色、气味、温度等属性，而知觉让我们对某个事物有一个完整的映像，并做出判断，如杯子、苹果、桌子等。

需要注意的是，知觉的产生以头脑中的感觉信息为前提，并且与感觉同时进行。没有感觉，也就没有知觉。知觉是在感觉的基础上产生的，但知觉却不是各种感觉的简单总和。因为在知觉中除了包含感觉之外，还包含记忆、思维和言语活动等人的主观经验的作用，人们要借助已有的经验去解释所获得的当前事物的感觉信息，从而对当前事物做出识别。知觉对客观现实的反映比感觉更真实、更完整。比如说，医科学生尚未学会读 X 光片时，只能“感觉”到团团阴影；学会读片之后，才“知觉”到某种病变。

在日常生活中，人们的知觉也具有相同的特性。

1. 知觉的相对性

知觉是个体以其已有经验为基础，对感觉所获得的资料做出的主观解释，因此，知觉也常称之为知觉经验。知觉经验是相对的。我们看见一个物体存在，在一般情形下，我们不能把该物体孤立地作为引起知觉的刺激，而应必须同时也看到物体周围所存在的其他刺激。这样，物体周围其他刺激的性质与两者之间的关系，势必影响我们对该物体所获得的知觉经验。形象与背景是知觉相对性最明显的例子。形象是指视觉所见的具体刺激物，背景是指与具体刺激物相关联的其他刺激物。在一般情况下，形象与背景是主副关系：形象是主题，背景是衬托。

在著名的“鲁宾之杯”中，图中黑白相对两部分均有可能被视为形象或背景，如将白色部分视为形象，黑色为背景，该形象可解释为烛台或杯子；相反，则可解释为两个人脸侧面的投影像。在生活中，如果图形轮廓明显，就容易引人注意，形成图像。北极的考察队员一般会穿鲜艳的红色或橙色衣服，为的是与周边的自然环境区别开来。反之，如果图形轮廓不明显，就不容易引人注意。比如，黑人掉进煤堆，如果不张口说话，就不易被发现；部队里的汽车、军装多用迷彩色或深绿色，也是为了跟环境混为一体。（图 2-2）

图 2-2　知觉的相对性

知觉相对性的一个例子是知觉对比。当两种具有相对性质的刺激同时出现或相继出现时，由于两者的彼此影响，致使两个刺激所引起的知觉上的差异特别明显的现象。如图 2-3 中，A、B 两圆半径完全相等，但由于周围环境中其他刺激物的不同，因而产生对比作用，致使观察者在心理上形成 A 圆小于 B 圆的知觉经验。知觉的对比性规律也可以运用到服装搭配中，如脸型较宽大的人穿小领的衣服，会显得脸更大；脸型小的人如果穿大领的衣服，会显得脸更小。

2. 知觉的选择性

客观事物是多种多样的，在特定时间内，人只能感受少量或少数刺激，而对其他事物只做模糊的反映。被选为知觉内容的事物称为对象，其他衬托对象的事物称为背景。某事物一旦被选为知觉对象，就好像立即从背景中突现出来，被认识得更鲜明、更清晰。一般情况下，面积小的比面积大的、被包围的比包围的、垂直或水平的比倾斜的、暖色的比冷色的以及同周围明晰度差别大的东西都较容易被选为知觉对象。这就如“万绿丛中一点红”，人们往往会被那一点“红”所吸引。

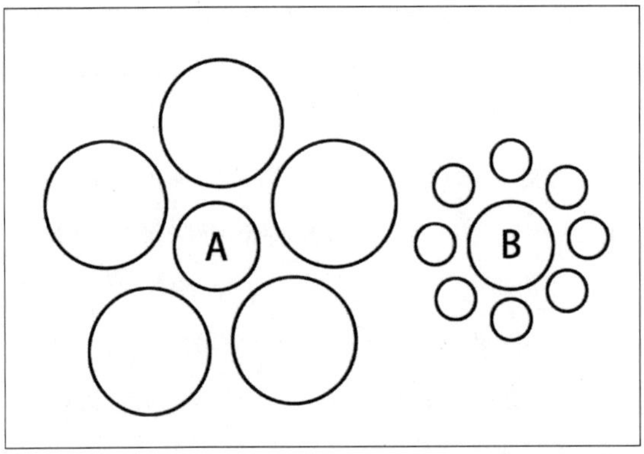


图 2-3　知觉对比示例

即使是对同一知觉刺激，如观察者采取的角度或选取的焦点不同，亦可产生截然不同的知觉经验。影响知觉选择性的因素有刺激的变化、对比、位置、运动、大小程度、强度、反复等，还受经验、情绪、动机、兴趣、需要等主观影响。图 2-4 是木雕艺术家艾契尔的著名木刻画《黎明与黄昏》。假如读者先从图面的左侧看起，会觉得那是

图 2-4　艾契尔的《黎明与黄昏》

一群黑鸟离巢的黎明景象；假如先从图面的右侧看起，会觉得那是一群白鸟归林的黄昏；假如从图面中间看起，你就会获得既是黑鸟又是白鸟，也可能获得忽而黑鸟忽而白鸟的知觉经验。

3. 知觉的整体性

知觉的对象都是由不同属性的许多部分组成的，人们在知觉它时却能依据以往经验组成一个整体。知觉的这一特性就是知觉的整体性。例如，一株绿树上开有红花，绿叶是一部分刺激，红花也是一部分刺激，我们将红花绿叶合起来，在心理上所得的美感知觉，超过了红与绿两种物理属性之和。

在日常生活中，有时候虽然引起知觉的刺激是零散的，但所得的知觉经验仍然是整体的。如图 2-5 所示，从客观的物理现象看，这三个图形没有一个是完整的，全是由一些不规则的线和面所堆积而成的。可是，谁都会看出，左图由两个三角形重叠，而后又覆盖在三个黑色方块上所形成；中图是由白方块与黑十字重叠，再覆盖于四个黑色圆上所形成；右图是由白色圆形与黑十字重叠，再覆盖于一个双边方形上所构成。但实际上，居于各图中间第一层的三角形（左图）、方形（中图）和圆形（右图）都没有边缘。像此种刺激本身无轮廓，而在知觉经验上却显示“无中生有”的轮廓，称为主观轮廓。

4. 知觉的恒常性

在不同的角度、距离、明暗度的情境之下，观察某一熟知物体时，虽然该物体的物理特征（大小、形状、亮度、颜色等）因受环境影响而有所改变，但我们对物体特征所获得的知觉经验，却倾向于保持其原样不变的心理作用。如一张红纸，一半有阳光照射，一半没有阳光照射，颜色的明度、饱和度大不相同，但我们仍知觉为一张红纸。像这种外在刺激因环境影响使其特征改变，但在知觉经验上却维持不变的心理倾向，即为知觉恒常性。正由于知觉具有恒常性，才使我们能客观地、稳定地认识事物，从而更好地适应环境。

5. 知觉的组织性

在感觉资料转化为心理性的知觉经验过程中，显然要对这些资料经过一番主观的选择处理，这种主观的选择处理过程是有组织性的、系统的、合于逻辑的，而不是紊乱的。心理学的

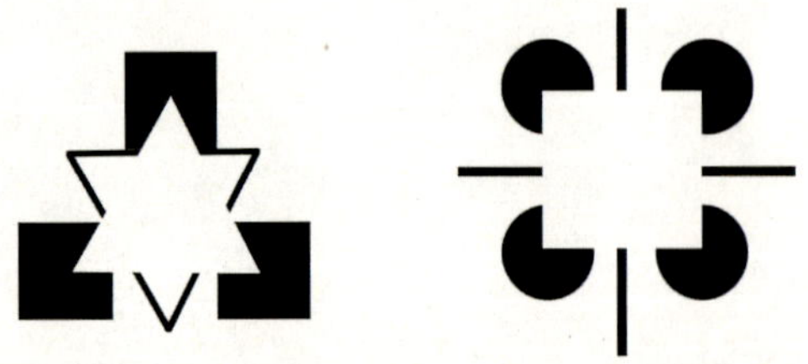

图 2-5　知觉的整体性

格式塔理论认为知觉组织法则主要有如下四种。

相似法则。在知觉场地中有多种刺激物同时存在时，各刺激物之间在某方面的特征（大小、形状、颜色等）如有相似之处，在知觉上即倾向于将之归属于一类。如图 2-6 所示，在方阵中，圆点与斜叉各自相似，很明显地被看成是由斜叉组成的大方阵当中另有一个由圆点组成的方阵。这种以刺激物相似特征组成知觉经验的心理倾向称为相似法则。

接近法则。有时候，知觉场地中刺激物的特征并不十分清楚，甚至在各刺激物之间也找不出足以辨别的特征。在此种情境之下，我们常根据以往经验，主观地寻找刺激物之间的关系，以增加其特征，从而获得有意义的或合于逻辑的知觉经验。如图 2-7 所示，A 图与 B 图同样是由 20 个圆点组成的方阵，如单就各个圆点去看，它们之间不容易找出可供分类组织的特征。但如仔细观察，两图中点与点之间的间隔距离不尽相等。A 图中两点之间的上下距离较其左右间隔更接近，故而看起来是 20 个点自动组成四个纵列。B 图中两点之间的左右间隔较其上下距离更接近，故而看起来是 20 个点自动组成四行。这种以刺激物之间距离关系而组成知觉经验的心理倾向称为接近法则。在服装设计中，品质相同或相似的元素

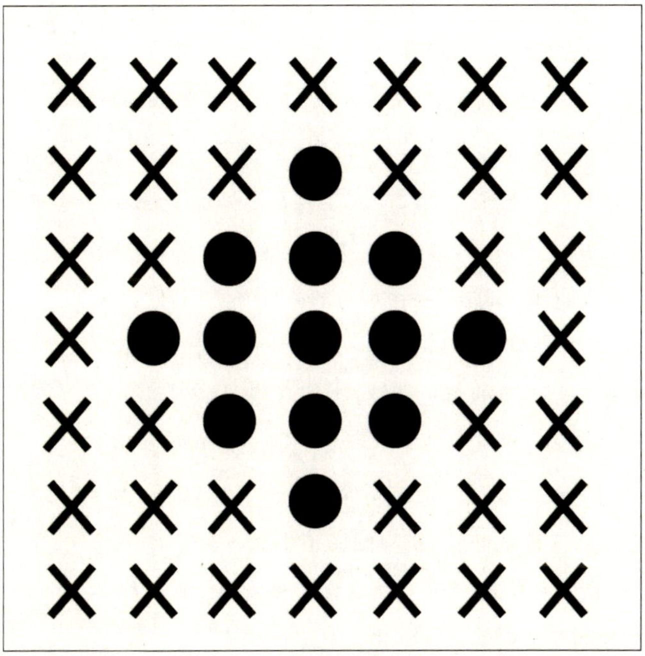

图 2-6　相似法则示例

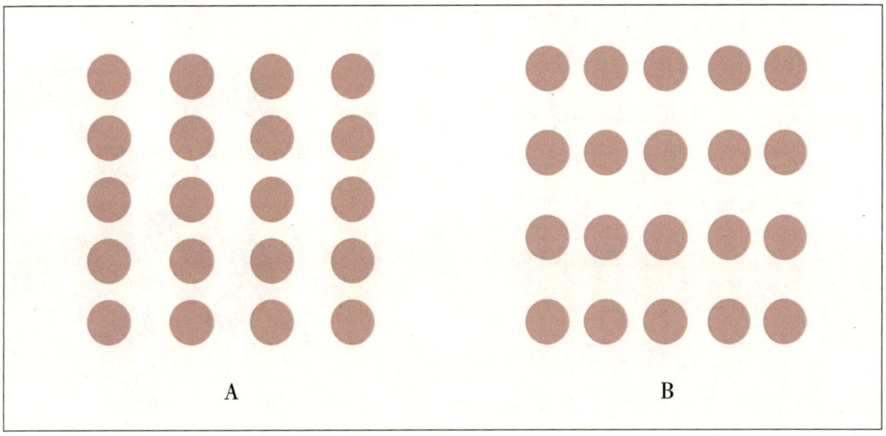


图 2-7　接近法则示例

容易被知觉为整体。如图 2-8 所示，相同的纽扣排列在一起，容易被感知为一个整体。服装的门襟、袖口、口袋等部位用相似的面料、色彩或图案装饰，也会构成完整的统一知觉。

闭合法则。如果空间中的物体看起来各有特征，但观察者无法凭借这些特征确定物体之间的关系，这时候会根据经验而补充(或减少)物体之间的关系，增加它们的特征，从而方便获得有意义的或符合逻辑的知觉。

如图 2-9 所示，乍看之下，图中只是有些不规则的黑色碎片和一些只有部分连接的白色线条。但如果仔细察看就会觉得，那是一个白色立方体和一些黑色圆盘；也可能觉得，那是白色立方体的每一拐角上有一个黑色圆盘。假如你是这样的知觉，那么你的知觉心理倾向就符合闭合法则。在这里，知觉刺激物本身的条件并不闭合，也不连接，是观察者把不闭合的黑色无规则的图形看成一个完整的黑色的圆盘，同时把很多不闭合不连接的白色线条在心理上连起来，闭合而成一个白色立方体。事实上，八个黑色圆盘也好，一个白色立方体也好，在实际的图形中根本是不存在的，它们只在观察者的知觉经验中存在，而此种存在则是根据闭合法则建立起来的。

在服装设计中，有封闭轮廓的图形比不完全封闭的或有开口的轮廓图形更容易被感知为整体。因此，不同面料的材质、图案或色彩间的组合关系形成不同的封闭或开放图形。完整的封闭图形容易形成良好的、完整的感觉，刺激较弱，产生舒适的知觉。否则，刺激强度大，会导致视觉的不舒适感。

连续法则。与闭合法则类似的是连续法则。知觉上的连续法则所指的“连续”未必指事实上的连续，它是指心理上的连续。知觉上的连续法

图 2-8　接近法则示例

图 2-9　闭合法则示例

则在绘画艺术、建筑艺术以及服装设计上早已广泛应用。实物形象上的不连续使观察者产生心理上的连续知觉，从而形成更多的线条或色彩的变化，借以增加美的表达。如图 2–10 所示，这款连衣裙的中缝线将面料上的彩色线条切断了，但观者不会认为是断裂的曲线，相反会形成流畅的连续感觉，这便是知觉的连续法则在起作用。

6. 知觉的理解性

人在感知某一事物时，总是依据既往经验力图解释它究竟是什么，这就是知觉的理解性。人的知觉是一个积极主动的过程，知觉的理解性正是这种积极主动的表现。人们的知识经验不同、需要不同、期望不同，对同一知觉对象的理解也不同。如图 2–11 所示，我们看到的是一些黑色斑点，一下子分辨不出是什么，当有人说出这是一条“狗”，马上这些斑点便显示成一条“狗”的轮廓。

7. 知觉定势

知觉定势是指主体对一定活动的特殊准备状态。具体而言，人们当前的活动常受以前从事过的活动影响，倾向于带有前面活动的特点。当这种影响发生在知觉过程中时，产生的就是知觉定势，它一般由早先的经验造成。当然，知觉者的需要、情绪、态度和价值观念等，也会产生定势作用。如人的情绪在非常愉快时，对周围事物也可产生美好知觉的倾向。定势具有双向性，积极作用使知觉过程变得迅速有效；消极作用则使定势显得刻板，妨碍知觉或误导知觉。

在图 2–12 中，当我们从左往右看时，总是把图中间的符号看成是字母 “B”，但如果是从上往下看时，我们总会把图中间的符号看成是数字“13”。

图 2–10 连续法则示例

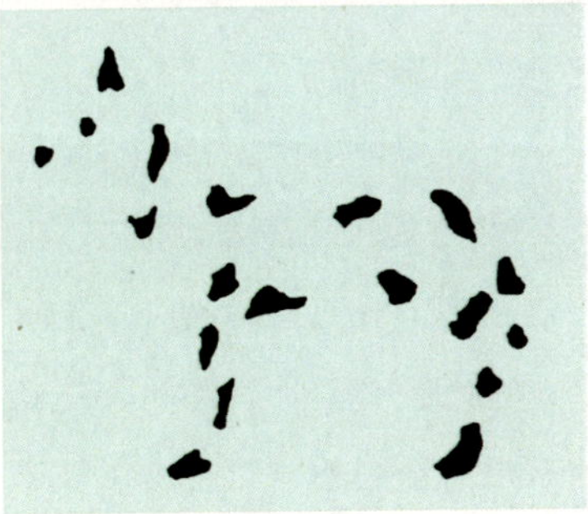

图 2–11 黑色斑点组成狗的轮廓

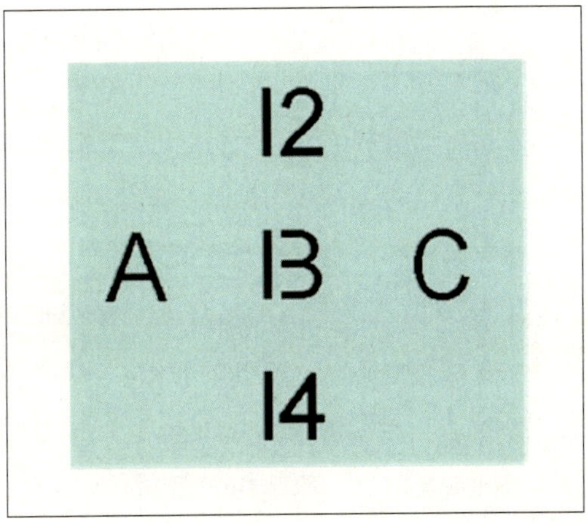


图 2–12 知觉定势示例

### (二)感觉阈限与感受性

现代社会的人们忙忙碌碌,每天接触的事物繁多而杂乱,但并不是所有的刺激物都能引起人们的注意。比如,几棵嫩绿的小草,几朵绽放的花朵不会引起人们的注意,只有当春暖大地,出现成片的绿草和花朵,人们才会发现春天到了。这说明,当刺激物达到一定程度后才能引起人们的感觉,而这个刺激量在心理学中叫作感觉阈限。

对刺激物的感觉能力被称为感受性。人一出生就具备各种感觉器官和初步感觉能力,从而为各种感觉能力的发展奠定了基础。由于实践活动不同,某些感觉能力的发展水平也显示出差异。有经验的管钳工人,只要用手一握螺纹钢管,就可判断其粗细的细微差别。一般人对黑布只能分出深黑、浅黑等几个等级,而有经验的染布工人则可以把黑布按深浅程度分为43等。影响感受性变化的还有联觉。比如,同是一个黄瓤西瓜挤出的汁,一杯加入食用红色素,一杯不加,不知者品尝起来,大都感到红色西瓜汁更甜,这叫视味联觉。又如,红、橙、黄色往往引起温暖感、接近感、沉重感;而绿、蓝、紫色则往往引起凉爽感、深远感和轻快感。

感受性大小是由感觉阈限来测量的。每个人的感受性水平有所差异。电影《听风者》中的调音师对声音非常敏感,极其细微的声音变化都能引起他的注意,这说明他对声音的感受性较强,能引起他的感觉变化的刺激量较低。可见,感受性的大小与感觉阈限是成反比的。

感觉阈限可分为绝对感觉阈限和差别感觉阈限两类, 分别对应的是绝对感受性和差别感受性。

绝对感觉阈限又分为下绝对感觉阈限和上绝对感觉阈限。例如,把一个非常轻的物体慢慢地放在被试者的手掌上,被试者不会有感觉,但如果一次次地稍稍增加其重量,并达到一定数量时,就会引起被试者的感觉反应。这个刚好能引起感觉的最小刺激量称为下绝对感觉阈限。当引起感觉的刺激量继续增加,并超过一定限度时,就会使该感觉受到破坏,引起痛觉。能够引起感觉的最大刺激量为上绝对感觉阈限。从下绝对感觉阈限到上绝对感觉阈限之间的距离是有关感觉性的整个范围。

人们在日常生活中也能体会到差别感觉阈限。如果原有的150 g的方便面面块减少2 g,我们一般感觉不出重量的变化,一定要减少10 g或更多,人们才能觉察出前后两种面块重量上的差别。也就是说,为了引起一种差别感觉,刺激物的增加或减少必须达到一定的数量,而刚刚能觉察出两个刺激物的最小差异量在心理学上被称为差别感觉阈限。

感觉阈限和感受性概念在服装行业中运用十分广泛。第一个穿雪地靴的人并未引起许多人注意,只有当满大街都出现形形色色的雪地靴时,人们才发现,雪地靴已经成为时尚。当人们注意到雪地靴十分流行的时候, 说明雪地靴的穿着者已经达到了普通人的绝对感受阈限。当然,人们对时尚的感受性不同,每个人的感受阈限值也有所区别。深处时尚圈的人一般会注意到最新的流行服装样式,他们的感受阈限值相对较低,普通大众则相对较高。在服装消费行业,商家往往运用各种形式的折扣吸引消费者。在折扣方面,如果100元的服装打9.8

折，消费者一般不会有什么感觉，也就是说差别感觉阈限值太小，很难引起消费者的兴趣。相反，如果 10000 元的服装打 5 折，差别感觉阈限加大，消费者一般会认为，商品的折扣已经很大了。从另一个角度看，如果这 10000 元的服装成本降低 20%，消费者可能感觉不到差别，如果降低了 50%，消费者就会大呼上当，因此，商家往往会顾及到消费者的差别感觉阈限。

对设计师而言，服装受众的感觉阈限和感受性也十分重要。由于普通大众对时尚接受能力相对较低，尤其是思想相对保守的人士，如果服装设计得过于夸张，超出了人们的绝对感觉阈限，就会引起人们的反感。因此，在服装设计过程中细节的变化很重要，变化虽然不大，如肩部造型出现些微创新，但能引起整体感觉的变化，而又在普通大众感受阈限范围内，这是比较安全的设计。但也有顺应时代发展，预测到时尚潮流的服装设计，比如，玛丽·奎恩特设计的迷你裙大大超出了 20 世纪 50 年代主流人群的感受阈限，但吸引着挑战传统的年轻人，最终风靡世界。（图 2–13）

## 二　服装与视觉感知

图 2–13　玛丽·奎恩特迷你裙

在日常生活中，人们认识服装的重要渠道是眼睛。通过眼睛人们能够感知到服装各个组成部分之间的明度或色彩差异，或是服装与周围环境之间的区别，从而在脑海里形成各种各样的景象。

戴望舒在他的《雨巷》里刻画了一位“丁香般的姑娘”，她撑着油纸伞，体态纤瘦。在悠长悠长的雨巷里，姑娘的服装轮廓和色彩让诗人感受到一种丁香一样的芬芳、美丽和忧愁的意境。本节将重点讲述人们对服装的视觉感知。

服装的表现形式很多，从具体造型上可分为款式、色彩与面料三要素；从抽象造型上分为点、线、面、形、体、色、质、光等。

### （一）服装造型轮廓的心理表现

服装造型轮廓又称轮廓线或造型线，指的是服装的正面或侧面外部造型剪影。人们对服装造型轮廓的感知首先取决于服装图形中的各部分组织以及认知经验。在商场的橱窗陈列中，商家为了吸引顾客，一般会突出本店服装的主要轮廓。如图 2–14 所示，服装品牌维尼熊系列服装，其中针织衫呈 H 形轮廓，基本上代表了这一季度该店服装的整体特点，消费者可以快速而直接地了解该店服装的基本风格。

但是，轮廓并不等同于款式。在不同面料、图案、款式的设计中，同样的轮廓可以传达出风格迥异的服装造型。如图 2–15 所示，这两件服装同是 X 形轮廓，但帽子的大小不同，裙摆的长度和造型不同，从而形成不同款式。

具体而言，由点、线、面构成的图形是服装视觉感知的主要线索。

**点的特点和运用**

几何学中的点是指非常小的痕迹或物体。在服装造型中，点也可以是较小的物件或形态，如点状图案、装饰性的花朵、绣珠、扣子等。可以说，凡是视觉能够感知到的小面积的形态都是点。

点具有吸引人的视线的特性，不同空间、位置和不同形状的点能引起各种各样的视觉感知。比如，空间中心的点让人感到集中、紧张；空间一

图 2–14　维尼熊橱窗陈列

图 2–15　X 形轮廓的裙子

侧的点则有不安定的游离感；点向某一个方向倾斜时，具有方向性的运动感；一定数目、大小不同的点有序地排列在一起会产生节奏感和韵律感；许多大小不等的点做渐变排列，产生立体感和视错感。

在服装造型设计中，灵活运用点有助于吸引人们的视线，提高服装的视觉审美和艺术性。如图 2–16 所示，左图侧边的点形成圆弧状，给人一种活泼、可爱、流动的感觉；中间的竖直排列的点具有庄重、稳定的韵律感；右图中的连衣裙轮廓看上去比较呆板，当面料经过点的重复点缀后，立即给人活泼、兴奋的感觉。

**线条的特点和运用**

在几何学中，点移动的轨迹构成了线条。在服装造型设计中，线条可以是一切边缘、面与面之间的交界，也可以是扣子、装饰物等排列形成的心理连线，或者是具有线条感的腰带、背带等，它具有位置、长度和宽度。不同的线条具有不同的性格特点。

垂直线：修长、单纯、理性。

水平线：稳重、平和、舒展、安静。

斜线：动感、刺激、活泼。

折线：理性、富于表现力。

自由曲线：活跃、奔放、丰富、女性化。

粗线：粗犷、重量感、迟钝、笨拙。

中粗线：清秀、适中、中性化。

细线：流畅、纤细、敏锐、柔弱。

当很多线条组合在一起时，图案的表现性又出现变化，人们的心理感受也会有所不同。

图 2–16　点的灵活运用

比如,垂直线的组合给人一种上升、端正、严肃的感觉;水平线的组合让人觉得安全和稳定;斜线的组合让人感到不安或运动感,运动服装设计中常常用到这样的图案(图 2–17);折线的组合会产生焦虑、撕裂的情绪(图 2–18);几何曲线一般具有弹性、明快的心理反应;自由曲线往往表达出活跃和奔放的情感;无规律的线条和折线组合让人感觉自由、随意,甚至不安(图 2–19)。

在服装造型中,由线条造成的分割面往往能引起不同的视觉感知。比如,垂直线给人以庄重、坚实、明快、稳重之感,垂直线分割使服装具有一定的质感;水平线线给人以安静、柔和、平静而浪漫之感(图 2–20);垂直线与水平线交叉分割给人以深沉、威严的感觉(图 2–21);斜线分割在这些分割中最为优美,它集合竖线与横线的所有优点,给人以庄重而又活泼、俏丽的感觉(图 2–22);斜线交叉分割给人以轻盈、温和的感觉。

图 2–17 斜线的运动感

图 2–18 折线的动感

图 2–19 无规律线条的随意感

图 2–20 横线的浪漫

图 2–21 垂线与水平线交叉

图 2–22 斜线分割

**面的特点和运用**

线条的移动轨迹形成几何学中的面。面具有二维空间性质，可以分为平面和曲面。

平面包括几何形的面和自然形状的面。几何面中的正方形或长方形具有稳定和严肃感，三角形具有强烈的刺激感和不安定感，自由形可由任意线条组成，变化多端，不受限制，具有明快、活泼的感觉。自然形状的面包括大自然中的树叶、花朵、雪花等，它会产生自然、活泼、可爱等多种视觉感知。

在服装造型设计中，设计师经常用大的面进行组合，再进行分割，制造出不同的块面变化，并运用不同比例关系形成完整的服装轮廓。例如，传统西装在款式构成上是以门襟为垂直线，形成左右对称的两块面，但往往在胸部设置一手帕袋，形成小的面，袋的大小及色彩都可能有所变化，从而打破稳定而统一的形式，形成动静统一、富有变化的最佳效果，这也是西装经久不衰的原因所在。

图 2-23　块面在服装中的运用

随着现代艺术潮流对服装的影响，人们开始追求款式上的新颖独特，因此在服装的块面比例上打破常规，追求较为悬殊的比例组合关系，给人过目不忘的强烈印象，较适合前卫服装与表演服装，如图 2-23。

图 2-24 是让·夏尔·德·卡斯泰尔巴雅克 2014 春夏时装周的女装，色彩艳丽的原色应用，以及色块的碰撞、拼接，让人感受到最原始的、最简单的街头时尚。

图 2-24　不同色块拼接在服装中的运用

**体的特点和运用**

几何学中的体是将面转折围合而成的。服装也是由服装材料包裹人体后形成的立体造型，是以体的方式呈现出来的。因此，从不同角度观察服装，会感知出不同视觉形态的体。人走动的时候也会产生丰富多样的各种体态，可以说，服装是活动的雕塑，服装设计中处处贯穿着体的概念，设计师在设计服装时不仅要使服装在内在结构上符合人体工学的要求，还必须使服装在整体轮廓上和各个体面上体现出

不同的设计风格和思想,从而创造和谐、优美的服装。(图 2-25)

## (二)服装色彩的心理表现

### 色彩共同心理

色彩心理是人类对客观世界的主观反映。当不同波长的光作用于人的视觉器官产生色感时,必然导致人产生某种带有情感的心理活动。可以说,色彩心理过程与色彩生理过程同时且交叉进行着,它们之间既相互联系,又相互制约。人们产生一定的生理变化时,就会出现一定的心理活动;在有一定的心理活动时,则相应地产生一定的生理变化。如果人长时间处于红光的刺激下会出现烦躁不安的心理,在生理上则需要相应的绿色来进行补充或平衡。鲜红的服装能够让人脉搏加快、血压升高,产生温暖的或者炙热的心理感觉。

虽然色彩引起的复杂心理是因人而异的,但由于人类在生理构造和生活环境等方面存在着共性,因此对大多数人来说,无论是单一色,或者是几色的混合色,在色彩的心理方面也存在着共同的感情。根据心理学家的实验与研究,主要有以下三个方面。

1. 色彩的冷暖。红、橙、黄色常常使人联想到旭日东升和燃烧的火焰,因此会有温暖的感觉(图 2-26);蓝、青色常常使人联想到大海、晴空、阴影,因此会有寒冷的感觉(图 2-27)。凡是带红、橙、黄的色调都带暖感;凡是带蓝、青的色调都带冷感。而色彩的冷暖与明度、纯度也

图 2-25　体在服装中的体现

图 2-26　旭日东升

图 2-27　蓝色的大海

图 2-28　色彩的轻重感

图 2-29　色彩的软硬感

有关。高明度的颜色一般有冷感，低明度的颜色一般有暖感；高纯度的颜色一般有暖感，低纯度的颜色一般有冷感；无彩色系中白色有冷感，黑色有暖感，灰色属中。

2. 色彩的轻重感。色彩的轻重感一般由明度决定。高明度具有轻感，低明度具有重感；白色最轻，黑色最重；低明度基调的配色具有重感，高明度基调的配色具有轻感。如图 2-28 所示，高明度的服装与明亮的背景搭配显得轻松、活跃，与低明度的色调搭配显得低沉。

3. 色彩的软硬感。色彩的软硬感与明度、纯度有关。凡明度较高的含灰色系的色彩具有软感，凡明度较低的含灰色系的色彩具有硬感；纯度越高硬感越高，纯度越低软感越高；强对比色调具有硬感，弱对比色调具有软感。（图 2-29）

**服装色彩心理表现**

研究由色彩引起的共同心理，对于服装色彩的设计和应用具有十分重要的意义。夏天服装采用冷色，让人感觉凉爽，冬天服装设计成橙、红等暖色，令人倍感温暖。儿童服装采用强

图 2-30　服装色彩心理

烈、跳跃、闪烁、明快的配色，不仅可以让孩子心情愉快，也更能表现儿童的活泼感，更讨人喜爱。如今的中年女性偏爱鲜艳亮丽的服饰色调，这样的服装可以让她们显得年轻、健康、富有朝气。时尚电视剧中的老年女性偶尔也会搭配粉红、大红服装，不仅具有节目效果，而且更显得神采奕奕。相反，一些年轻女孩则喜欢穿黑色、灰色服装，这与她们渴望表现成熟气质的心理密切相关。

如图 2-30 所示，彩色具有强烈的视觉感，让人产生愉悦的心理感受。无彩色系列的衣服使着装者呈现稳重、大方的个性气质。

根据实验心理学的研究，服装色彩心理与人的年龄有关。随着年龄的变化，人的生理结构也会发生变化，色彩所产生的心理影响随之有别。有人做过统计：儿童大多喜爱鲜艳的颜色。婴儿喜爱红色和黄色，4~9 岁儿童最喜爱红色，9 岁的儿童又喜爱绿色，7~15 岁的小学生，男生的色彩爱好次序是绿、红、青、黄、白、黑，女生的爱好次序是绿、红、白、青、黄、黑。随着年龄的增长，人们的色彩喜好逐渐向复色过渡，向黑色靠近。也就是说，年龄愈成熟，喜爱的色彩倾向愈成熟。这是因为儿童刚走入这个大千世界，大脑一片空白，什么都是新鲜的，需要简单的、新鲜的、强烈的色彩刺激神经细胞。随着年龄和阅历的增长，脑神经记忆库充满了各种各样的刺激对象，色彩感觉就会变得成熟。

色彩心理也与职业有关，体力劳动者喜爱鲜艳色彩，让自己更加兴奋；脑力劳动者喜爱调和色彩，有利于在工作时保持清晰的思维。（图 2–31）

扩展阅读：领导人为什么总是戴红、蓝色领带？

政治家们热衷戴红色领带搭配浅色衬衫和深色西装，这并非巧合。美国马里兰州的趋势分析专家马克·伍德曼说：“红色领带象征权力、力量、激情。”非光面或者印花的红色领带则是低调地表达权力的方式。而佩戴蓝色领带则能彰显国际力量。

当香港肯尼迪学校 35 岁的副校长约书亚·布鲁召集学生们开会的时候，他戴了一条浅紫罗兰色的纯色领带。他说，“这条蓝色系的领带有色彩但是偏素雅，可以让学生们在听他讲话的时候免于无聊”。另一方面，布鲁在此类场合会避免戴亮紫或者粉色的领带，因为“我可不想让孩子们的注意力分散”。

这个理论听上去有点迷信，专家们却相信，无论你的听众是谁，选择正确的领带颜色有助于更有效地传达信息。

*Color Your Style* 的作者大卫·载勒说：“颜色能够给出不同的信息。即便是同一套西装，不同颜色的领带也能给人留下不同的印象，传递不同的信息。”

图 2–31　不同职业选择不同色彩的服装

【无数种蓝】

如果你不想传递错误的信息，戴蓝领带就好。毕竟这是天空和海洋的颜色，让人身心安宁。

蓝色亦是全球通行的象征权力的颜色。有花纹的蓝色领带予人传统可靠的职业形象之感，适用于任何会议；温柔的蓝色让人觉得柔软而内省；钴蓝或者皇家蓝则让人脱颖而出；深蓝色让人联想到受人尊敬的飞行员制服；海军蓝则令人信赖，予人自信。

【象征权力的红色】

前面我们有提到：政治家们热衷戴红色领带搭配浅色衬衫和深色西装，这并非巧合。美国马里兰州的趋势分析专家马克·伍德曼说："红色领带象征权力、力量、激情。"

不同的红色还能传达不同的信息。比如，深红色可以帮助建立信任，浅红和粉色则更像是个人风格的说明，亦让人联想到创造力。在过去的十年，粉色领带被赋予"与女性关系亲密"的信息。如果你想传达你的野心，请佩戴鲜红的领带。非光面或者印花的红色领带则是低调地表达权力的方式。

【贵族的紫色】

在商务会议中，佩戴紫色领带更显自信，能帮助佩戴者给别人留下更为持久的第一印象，亦传达了"这是一个对自己肤色自信，并可以让你放心与之建立联系的人"的信息。也因此，紫色领带在工作领带中愈发受欢迎。

【复杂的黑色】

人们大概不会戴黑色领带参加正式的会议，但是它的确是鸡尾酒会和晚宴的好伴侣，因为黑色领带能给人"这个人挺复杂又迷人"的印象，如图2-32中莱昂纳多·迪卡普里奥的黑色领带。不过请注意，这很可能会给人留下傲慢和过度装扮的感觉。

伍德曼认为，灰色是更明智的选择，因为"它既能让你显得深沉，又不会太装腔作势，而且非常时尚"。

【花园色】

绿色能传递好几种信号，比如，从校园新生到美钞(很多国家纸币的颜色是绿色的)。然而对于工作场合来说，绿色就有点过头。问题的关键在于：你希望被人记住领带的颜色，还是人本身？

选择一条绿色领带非常困难。浅绿色太易让人分心，也很难找到与之搭配的衣衫，除非是一条有细致印花的浅绿领带搭配中性色彩的衬衫。

包括英国在内的很多国家，黄色是传统的领带色，传递的是自信、光彩和活力。

图2-32 选择黑色领带的莱昂纳多·迪卡普里奥

【大自然色】

如果你从事服务业、销售，或者在学校工作，大地色是个好选择。不过要注意的是，我们不要让棕色领带显得太无趣。哔叽色则可能会显得太懈怠。总之，如果你想要在工作上显得上进一点，请避免这些颜色。

（资料来源：澎湃新闻，记者：钱恋水，2014-09-03，选文有删改）

另外，不同时代的审美意识和审美感受不同，色彩社会心理的差异也很大。中国古代将颜色与政治、社会伦理结合起来，符合伦理的颜色和配色被认为是美的，青、赤、黄、白、黑是正色，绿、红、碧、紫、骝黄为间色，正色为尊贵的颜色，间色为卑贱的颜色，服装颜色与官职尊卑联系在一起，不可随便乱穿衣。例如，紫色在现代社会可以是浪漫的颜色，而春秋时期的诸侯齐桓公因为喜欢穿着紫色衣裳，使得齐国人以紫色为时尚。然而却遭到孔子谩骂："恶紫之夺朱也！"卑贱的紫色夺去了尊贵的红色的地位，导致纲常伦理与社会秩序的混乱，十分可恶。同理，古代男人的正室可以穿大红色，妾室却不能。在西方，不同时代的色彩社会心理也不同，封建时代的君主往往会颁布法令，规定不同等级的贵族服装要用相应等级的服装色彩，否则处以罚金。

现代社会，所谓的"流行色"就是社会心理的一种产物。现代科技的新成果，新的艺术流派的产生，甚至自然界某种异常现象所引起的社会心理都可能对色彩心理发生作用。当一些色彩被赋予时代精神的象征意义且符合人们的认识、理想、兴趣、爱好、欲望时，那么这些具有特殊感染力的色彩便会流行开来。20 世纪 60 年代初，宇宙飞船的上天，给人类开拓了进入新的宇宙空间的新纪元，这个标志着新的科学时代的重大事件曾轰动世界，各国人民都期待着宇航员从太空中带回新的趣闻。色彩研究家抓住了人们的心理，发布了所谓"流行宇宙色"，结果在一段时期内流行于全世界。这种宇宙色的特点是浅淡明快的高短调、抽象、无复色。不到一年，又开始流行低长调、成熟色，暗中透亮，几何形的格子花布。但一年后，又开始流行低短调、复色抽象、形象模糊、似是而非的时代色。这就是动态平衡的审美欣赏的循环。如今，工业的高速发展导致空气、土地污染等问题，生态平衡遭到严重破坏。生态平衡成为科学研究的重要论题，在政府倡导下和社会舆论的号召中，保护环境、回归自然成为社会潮流，而在服装领域，自然色调成为时尚，在这方面，日本的无印良品和优衣库品牌走在前列。

### （三）色彩感知在服装行业中的应用

服装的色彩是影响顾客对服装判断的重要因素。据研究，从人体的生理规律上来看，顾客大脑对初次接触的服装辨识，色彩占 65%比例、款式占 25%比例、面料占 10%比例。日本色彩研究中心（PCCS）曾经对顾客进行调研，结果发现顾客在购买服装时，其中非常关心产品色彩的人占 72.9%。

通常情况下，进入服装店铺的顾客对产品的接受进度依次是：远看色，近看款，最后才来摸面料。顾客根据自身对不同色彩的喜好来评判对服装的接受程度,在服装店铺,我们可以发现,顾客刚走到店铺的门口时,眼睛在做全场扫射运动,当发现自己喜欢的颜色或比较亮丽的颜色时,眼球会停顿非常短暂的时间并发出闪烁的亮光。此时,他(她)会立刻行动,疾步走到该产品面前,行走过程中有可能忽略其他产品和颜色。因此,很多具有实力的服装品牌企业,在每季新开发服装的色彩与花型上颇费工夫,力求形成自身品牌的独特性与竞争的不可替代性。因此,某些知名服装品牌在每季的新品开发中,总有5%~10%的面料花款是企业下单独立买断,即在市场上,其他服装品牌不可能有该色彩花款的面料。这样充分有效地保障了购买该品牌的顾客对服装独特性、身份性的表现需求。

高田贤三的Kenzo品牌开发的大眼睛系列服装以其独特的图案吸引了年轻的潮男潮女,在各种活动场合都能看到穿着大眼睛的潮人们,仿佛没有追上这个潮流就落伍了。(图2-33)

### (四)视错觉现象及其在服装中的运用

知觉经验虽因环境中的刺激物所引起,但知觉经验中对客观性刺激物所作的主观性解释,就真实性的标准来看,显然有很大的距离。单以知觉对比的知觉现象为例,凭知觉经验所作的解释显然是失真的,甚至可以说是错误的。对此种完全不符合刺激本身特征的失真的或扭曲事实的知觉经验称为错觉。

图2-33 Kenzo开发的大眼睛系列服装

**常见的视错现象**

视错觉是由于光的折射及物体的反射,或者由于人的视角、距离方向不同以及人的视觉器官感受能力的差异等原因造成视觉上的错误判断。视错觉的种类可以分为两类:一类是形象视错觉,如面积大小、角度大小、长短、远近、宽窄、高低、分割、位移、对比等;另一类是色彩视错觉,如色彩、颜色的对比、色彩的温度、光和色疲劳等。

1. 横竖错觉

横竖错觉是指横竖两等长直线，竖者垂直立于横者中点时，看起来竖者较长。（图 2-34）

2. 缪勒-莱尔错觉

如图 2-35 所示，图中两条横线等长，但两端所附箭头方向不同，使上边的横线看起来较长。

3. 海林错觉

海林错觉中，两平行线被多方向的直线所截时，看起来失去了原来平行线的特征。（图 2-36）

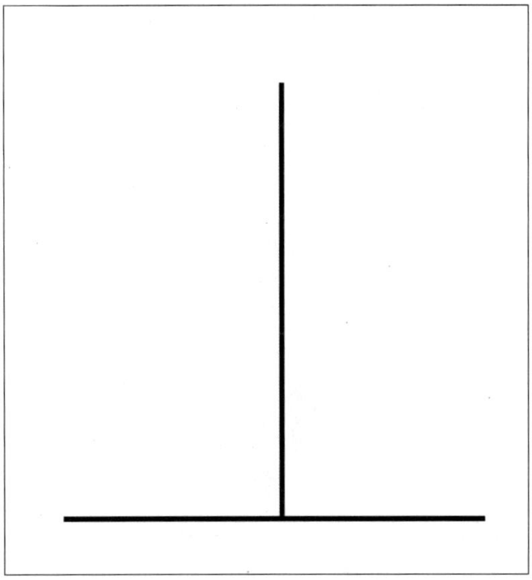

图 2-34　横竖错觉

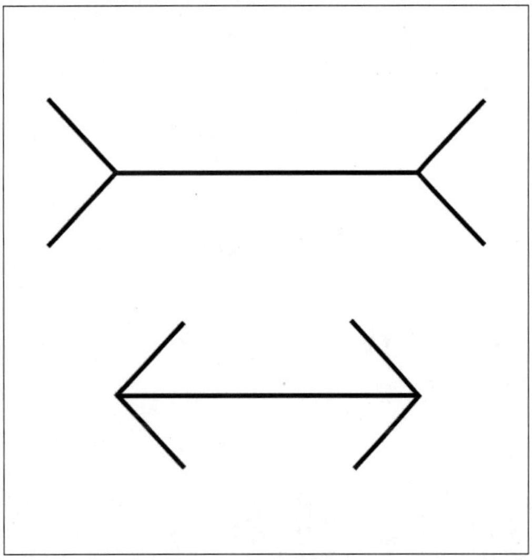

图 2-35　缪勒-莱尔错觉

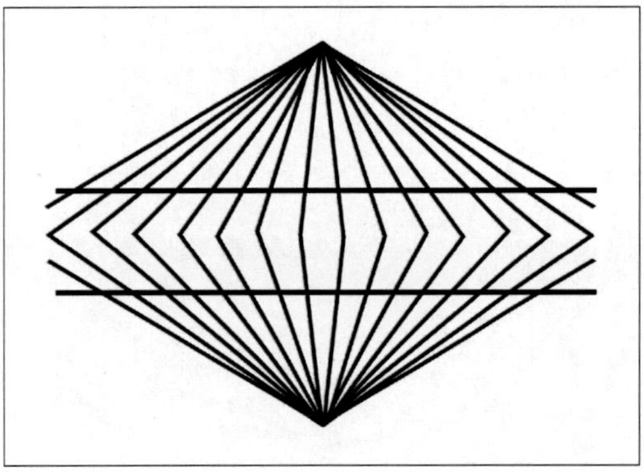

图 2-36　海林错觉

图 2–37　深度错觉

4. 深度错觉

在深度错觉图片中，我们无法确定是一个缺了角的大方块，还是大方块里凸起一个小方块。（图 2–37）

5. 桑德错觉

在桑德错觉图中，左边较大平行四边形的对角线看起来明显比右边小平行四边形的对角线长，但实际上两者等长。（图 2–38）

6. 编索错觉

编索错觉图整体看来像盘起来的编索，呈螺旋状。实际上是由多个同心圆所组成。（图 2–39）

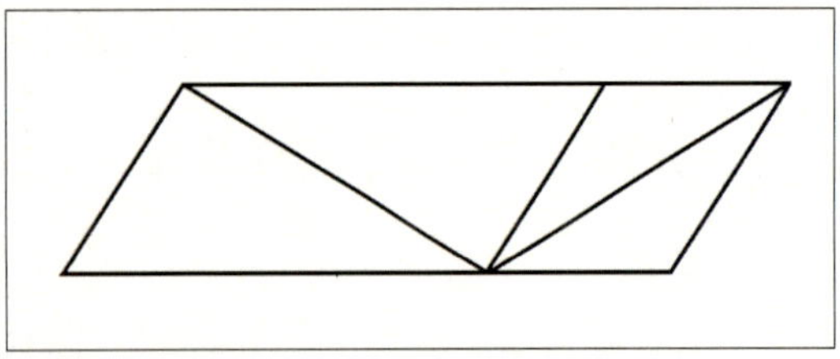

图 2–38　桑德错觉

图 2–39　编索错觉

图 2–40　三宅一生的视错装

**服装中的错觉现象**

俗话说“三分长相，七分打扮”，现代社会的人们对外观形象十分重视，但具有黄金比例、完美身材的人为数不多，即使是人体模特，也难以达到完美无缺。因此，视错原理在服装设计和日常穿着中就显得尤为重要。人们常用视错修饰来改善或隐藏人体的缺陷，主要是通过色彩、质感、线条、形状等，影响人们对知觉对象形体的心理感受，营造出优于客观实际的穿着外观。服装中色彩的变化、线条的深浅与粗细、横竖线条、分割线、配饰及不同轮廓都能形成瘦人显胖或胖人显瘦的错视。服装中衣领的大小、高低会让人对脸的大小、脖子的长短、肩部的宽窄产生错视。(图 3–40)

1. 调整人体比例

人体美的一个重要标准就是人体的比例，早在古希腊，画家们就发现，当人体的腿长与身高的比例达到 1:0.618 的时候看起来最和谐、最美丽，这个比值就是黄金分割比。因此，古希腊的维纳斯女神和太阳神阿波罗塑像的腿部都被延长，以达到黄金分割比。而现实中的人体比例常常不符合黄金比例，于是，人们利用服装进行调节，形成良好的比例。在服装设计中，人们常利用分割错觉来改变人体比例，用纵向分割线引导人的视线，造成人体高度增加的错觉，用横向分割线改变人体上下身的比例关系，制造合乎身体美感的黄金比例的错觉。如裁制旗袍、裙装时，常会有意识地提高腰线以拉长下身比例，以此塑造理想的视觉效果。

如图 2–41，连体裤装中腰线的提高拉长了穿着者身体比例，使其显得更加纤细、修长。

2. 修饰人体曲线

并不是所有人的身体曲线都令人满意，有的甚至出现畸形，而服装是由不同形状的几何图形搭配组合形成的，所以，人们往往利用服装的造型线来掩盖不佳的形体曲线。例如，近代欧洲女性的标准体形是 X 形，为了实现这一理想，X 形的服装成为妇女传统衣裙中常见的轮廓型之一。在肩部或袖山部分进行夸张设计，如羊腿袖、灯笼袖，或者填充使其膨胀，用裙撑或臀垫令臀部膨胀，夸大臀部，大裙摆造型，裙子自腰部往下呈直角张开，腰部用紧身胸衣束紧，运用对比错觉，更显女性腰身的纤细，使女性三围之间的区分更加明显，形成 X 形态。现代社会的女性更喜欢利用色块拼接，以假乱真，强调不够明显的曲线，或者造成视

图 2–41　连体裤

图 2-42 色块拼接

图 2-43 趣味视错

觉上的冲击,转移观者的视线。(图 2-42)

3. 提升姿态美

姿态美是指人的风度举止的动态美感。不同的服装造型营造出不同的姿态美感。人们可以通过视错设计改变或装扮自然人体,赋予人本来没有的气韵、力量、情感,形成一种自我扩张的错觉。封建时代的欧洲贵族穿着夸张的拉夫领和裙撑来体现等级的优越性,彰显尊贵与气势。现代社会中,商场中的高管女性为了增强自信心,往往穿着带有垫肩的西装,表现出不输男性的力量,这都是个人借由服装的外表装饰形成的特殊视错觉。

4. 追逐个性

现代社会,人们在穿着上逐渐趋于追求新颖、独特,寻找特殊的视觉刺激,表现个性,从而催生出趣味视错设计概念。趣味视错带有娱乐性质,目的是让观者在欣赏视错服装的过程中,体会寻找与思考的乐趣。在服装创意设计中,人们通过视错原理的巧妙设计,在相对稳定的服装形态中创造出令人意想不到的视觉形象,表现出轻松活泼、幽默风趣的风格,极大刺激观者的视觉感受。(图 2-43)

## 三 服装与肤觉感知

在原始社会,由于生产力低下,人们只能选择树叶、兽皮等材料制作的服装来御寒或装饰自身,但这些材料比较粗糙,保暖或散热性较差,人们穿着感受并不会很好。随着社会进步,生产力发展,服装材料越来越精细和多样化,甚至出现了化纤织物,但人们发现人工合成织物在舒适性、吸湿性等方面无法满足皮肤的需要,于是又返璞归真,追求自然或接近自然的服装材料。可见,未来的服装材料可能会更加丰富,但首先要满足人们的肤觉感受。在服装设计领域，结构不合理、过于紧缩的衣服会压迫皮肤，甚至可能使皮肤产生损伤。而过于宽松的衣服保暖效果会大大降低，着装者可能会注意力分散、显得紧张和烦躁。肤觉是由外界刺激作用于皮肤而产生的感觉。肤觉形式多种多样，基本的皮肤感觉为触觉、冷觉、温觉和痛觉，同时包括衍生而来的干湿觉、软硬觉、黏稠觉、清爽觉等。本节选取触觉和温度觉进行讲述。

### (一)皮肤的生理结构

人的皮肤由表皮、真皮和皮下组织三层组成，三层的总厚度为1.25毫米，它覆盖于整个体表，是人体最大的器官。(图2-44)

表皮位于皮肤的最上层，厚度为0.1毫米，主要具有更新细胞和维持细胞新陈代谢的作用。真皮位于皮肤的中央层，含有微细血管、神经、毛囊组织、汗腺及皮脂腺，还含有胶原蛋白，胶原蛋白能使肌肤富于弹性，增加其柔韧度及适应能力。皮下组织为一层脂肪，可以保护上层的细胞，提供缓冲的作用，以预防外界的撞击，也可以防止散热、储备能量。

皮肤的主要功能有分泌皮脂、汗水等，调节身体温度，保护外界对身体的伤害。更重要的是，皮肤是身体的重要感觉器官之一，内部分布着多种感受器或感觉神经末稍，当受到外界刺激，皮肤可以通过神经末梢向大脑传递感觉信息，形成肤觉，并做出各种反应，具有触、冷、热、痛等知觉。其中触觉对人具有特殊的重要作用，而且还是人们社会交际过程中的重要行为方式。有研究报道，在人出生之前触觉可能是最早起作用的感觉之一。冷觉和温觉合称温度觉，当周围环境、着装状态或心理状态出现变化时，皮肤会产生温度觉反应。

痛觉是由有可能损伤或已经造成皮肤损伤的各种性质的刺激所引起的，它们除引起不愉快的痛苦感觉外，也伴有强烈的情绪反应。另外，皮肤神经还有“记忆”功能，当体验了烫、尖、粗糙等感觉后，皮肤会储存这些感觉，警告人们远离对自己不利的物体，亲近或享受能够带来愉悦感的物体。

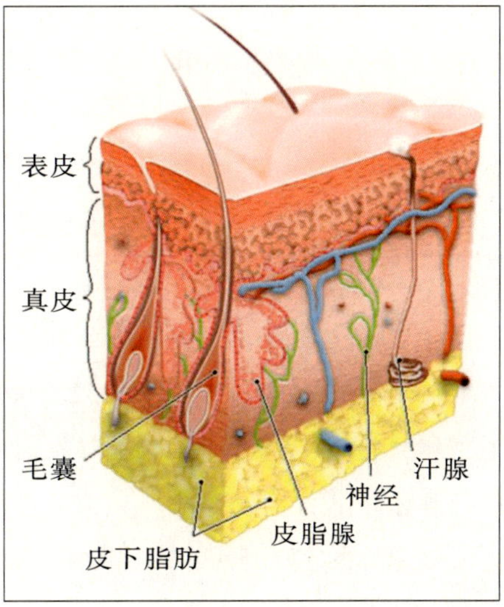

图2-44 皮肤结构

### (二)服装材料的心理表现

服装材料是构成服装的基本要素，材料的特性决定了服装的心理表现和整体审美，不同材料的服装能够带给人各种肤觉体验，从而影响着人们的服装选择和着装心理。一般来说，服装材料包括两个方面：服装主面料和服装辅料。人们常以原料、形态或用途对服装材料进行分类，从而了解不同材料的特性，探求它们对服装形态、性能和穿着效果的影响。构成服装材料的

主要原料有纤维制品、皮革制品、皮膜制品、泡沫制品、金属制品等，这些原料可以用作服装主料和辅料。（图 2–45）

- 服装材料
  - 纤维制品
    - 纺织制品
      - 布匹
        - 机织物
        - 针织物
        - 网眼织物及其他
      - 线带
        - 编织带
        - 捻合带
        - 缝纫线
        - 编织线
        - 其他
    - 集合制品
      - 毛毡
      - 絮棉
      - 非织造布
  - 皮革制品
    - 毛皮类（裘皮、其他动物毛皮）
    - 皮革类（兽皮、爬行类皮）
  - 皮膜制品
    - 塑料薄膜
    - 动物皮膜
    - 粘胶类薄膜
  - 泡沫制品
    - 泡沫衬垫
    - 泡沫薄片
  - 金属制品（钢铁、铝、镍、钛等制成的纽扣、拉链和装饰连接件）
  - 其他制品（木质、贝壳、石材、橡胶、骨质制品）

图 2–45　服装材料的构成

一般来说，纯天然的棉麻制品给人质朴、亲切、自然的感觉，这类着装者让人觉得和蔼可亲或低调不张扬。闪光类面料散发着激情、张扬的气息，能够吸引他人目光，多用于年轻人服装或舞台演出服。金属制品让人联想到时尚、未来或高科技。皮革制品则容易引起高贵、粗犷等心理体验。

随着科技的发展，人们能够创造出更多品类的服装材料，有着奇思妙想的服装设计者也会根据艺术创作需要运用匪夷所思的服装材料。在变幻多姿的服装辅料辅助下，服装带给人的心理感受是不一样的。从着装者的消费等级来看，质料上乘的貂皮、羊毛、丝绸等材料制成的服装给人高端、大气、上档次的心理体验，对着装者和观赏者而言，都会产生美的享受。相反，粗劣的化纤材料制作的服装容易让人信心不足。从着装者的心理和生理需求角度而言，服装材料的选择也很重要，比如，儿童服装一般用柔和亲肤的材料作为主料，可以根据需要运用闪光类辅料；居家服装要求方便舒适和实用；外出服则要体现着装者的个性和品位，对材料的要求广泛而多样。因此，服装设计者不仅要熟悉服装材料的物理性能，还要考虑到它们的心理表现特性，根据受众的需要来设计，而不是任意挥洒自己的艺术细胞。

如图 2–46，用轻纱类织品制作出的礼服给人轻盈飘逸的感觉，可以说“很仙儿”；用稍微厚实的棉织品制成的礼服，目的是给人庄重、高贵的体验，同时契合了时下的“复古时尚”。

## (三)服装中的触觉及温度觉的心理效应

### 服装中的触觉心理效应

当一件衣服穿上身，人们首先产生的是生理和心理上的反应，可以说，这是人类与动物之间的区别之一。在人类的五种感觉（触觉、视觉、听觉、嗅觉、味觉）与服装的关系中，和服装联系在一起的感觉特性是触觉、视觉、听觉（服装材料之间的摩擦声）、嗅觉（服装材料散发出的味道）。但特别重要的是触觉和视觉特性，服装的触觉特性是与穿着感觉和手感有关的特性，能引起着装者一系列心理效应。

触觉是由分布不均的压力作用于皮肤而引起的皮肤感受。触觉是人体接受外界刺激的

(1)轻纱类织品

(2)棉织品

图 2–46

感受形式,因此成为人们体验外界刺激的重要前提之一。在着装行为中,触觉是客体服装与主体人类之间沟通的桥梁。在生活中,人们要认识某类织物的特点,需要用手指捻动或放在皮肤上摩擦。通过接触,人们可以感知服装的各种特性,形成不同的情绪体验和认知经验。

设计良好的服装应该满足人们最基本的要求,即舒适感。影响舒适感的因素很多,包括视觉因素、触觉因素、冷热干湿等。其中,触觉因素可引起接触舒适感和压迫舒适感。

皮肤不同部位的感受性不同,其触觉感受性的高低排序为:鼻子、上唇、前额、腹部、肩部、小指、无名指、上臂、中指、前臂、拇指、胸部、食指、大腿、手掌、小腿、脚底、足趾。接触舒适感一般是指在人体皮肤上附加织物或服饰时的一种生理感觉或心理效应。由织物接触所造成的不适感主要包括:一是织物引起的刺痒感,是指对贴身内衣特别是含毛纤维内衣常产生的感觉;二是黏体感,人体出汗时,在织物与皮肤之间形成一层水膜,衣服被濡湿发黏,织物常常容易黏附在皮肤上,造成黏体感,在诸多面料成分中,大豆蛋白纤维的表面摩擦系数较大,黏体感较强,棉、腈纶、粘胶、涤棉、丝依次减弱,大豆蛋白纤维与锦纶混纺织物的黏体感较弱,这是因为锦纶的回潮率比大豆蛋白纤维低很多,使混纺织物的黏体性得到很大程度的改善;三是摩擦、粗糙感,是指当织物在皮肤表面移动时,人体可感知到与其表面几何特征有关的粗糙感和挂刺感,它与面料的粗糙度和服装压力有关,随皮肤湿度水平增加而增加。

由于每个人的主观需求不同,服装行为中的触觉心理效应是因人而异的,一般来说,服装中的皮肤触觉方式是服装结构的松紧程度。影响人们服装触觉的因素主要有以下几个方面。

1. 性别因素

男性和女性对服装紧缩感的要求和感受十分不同。女性需要紧缩的身体部位,男性可能不需要。青年和中年女性的内衣的紧缩感往往高于外衣,而胸、腰、腹、臀部位的紧缩程度要高于身体其他部位,男性服装则不一定如此。

另外,对紧缩程度和方式的感受方面,男女也有差异。比如,追求身材线条的女士一般会选择将胸部、腰部和臀部线条都显露出来的紧身衣服。假如这位女士的身材确实火辣,那么穿上大显线条的服装会吸引无数异性目光,但如果是在一个炎热的午后,如此着装的女士走在大街上,可能会让人感到天气更热了。如果是一位身材臃肿的女士如此装扮,虽然她感到十分美丽,但男性观众则可能觉得大煞风景,恨不得掩面而逃。

2. 服装种类

不同种类的服装对服装结构的紧缩程度要求不同。如人们穿着运动服或休闲服装的目的是追求轻松自然,因此,舒适和便于活动是这两种服装的设计前提。其次,这类服装的材料要根据环境需要而选择,如户外运动服,可能需要防风防雨又透气。除此之外,运动能力较强的部位感受阈限较低,身体的关节部位和肢体末端往往感受性较强,因此,服装设计者应该注意身体的某些部位的服装表现形式。例如,在户外运动中,由于环境及运动的特殊性,袖口的合理设计十分重要。户外装袖口一般采用可调式设计，主要有两种形式。第一种采用松紧带与可调节魔术贴相结合的形式，第二种直接利用尼龙搭扣、线绳等制成可调节尺寸的开口形式。这两种袖口的设计，贴合时袖口开口与人体手腕尺寸相吻合，防风保暖，防止人体在做攀爬动作时衣袖上移，异物进入，保护手腕和腕关节，打开时可根据需要调整开口尺寸，满足手腕活动量的需求，在人体运动出汗时便于通风散热，保持良好的舒适性。现在的商务休闲装既要有舒适的一面，又要与商业活动场所相协调，此类服装面料的选择也要慎重，不能过于绵软。同样，婴幼儿和儿童服装往往十分宽松，这是其成长和生理卫生的需要，老年人也是如此。

人体感受性较高的区域往往处于衣服的外围，这些部位如果设计不合理会引起不适。如脖颈部分，这个部位活动量大，旋转程度高，如果设计不慎，会激发人的厌烦情绪，甚至让皮肤受损。如图 2-47，图中的户外冲锋衣的领部设计了防刮盖片，既保护了脖颈，又避免领部累赘。

3. 个人喜好

俗话说“萝卜白菜各有所爱”，每个人的习惯和爱好不可能完全一样，因此，人们对服装紧缩程度的要求也不同。有些人习惯了穿着领口窄小，袖口紧缩的衣服，觉得穿此类衣服令自己安心，又显得稳重，如果让他改穿敞领或宽松袖口类的服装，他可能会觉得内心焦虑，浑身不自在。

**服装中的温度觉心理效应**

人的皮肤虽然具有一定的保温和散热功能，但并非能够完全抵挡外界温度变化对身体的侵害，而服装的出现能够弥补这一劣势。关于服装的起源，有多种学说存在，其中一条是气候适应学说，这种说法是基于人类的生理需要。原始人类会随着气候的冷暖变化来改变服装，从而保护身体，防止疾病、兽类、虫子等对人体的伤害。当人类不断进化到直立行走，体毛逐渐退化后，更需要服装来保护身体中容易受伤的裸露部位。服装的这种功能仍旧是人类服装研究领域的热门话题，如航天服、防辐射服等特殊服装。

影响皮肤温度调节的两个主要因素是皮下血管和汗腺。而环境温度对皮肤产生的刺激是通过三种方式进行的：辐射传热、导体传热和空气对流，这三种方式相应影响着人们的温度知觉。

**服装与辐射传热**

辐射传热是通过电磁波来实现的，如红外线、紫外线等方式。服装设计者只需注意

图 2-47　户外冲锋衣的防刮领部设计

服装材料的选择即可，材料的表面越粗糙，热量反射率就越低，比如，毛绒结构的材料就比较保暖。而浅色的服装反射率要高于深颜色的服装，因此，夏季服装多以浅色为主。

**服装与导体传热**

导体传热是通过接触皮肤的服装或空气来进行的。当织物接触皮肤的瞬间，以及持续作用于皮肤时，人体能够产生冷暖感，这与织物的传导性能密切相关。夏季服装的触觉舒适性十分重要，这需要服装材料在黏体感、拉伸弹性和接触冷暖感方面达到人体需求。服装面料的冷感排序是：粘胶、丝、锦纶、大豆蛋白纤维、棉、腈纶和涤棉。腈纶和涤棉两种织物的冷感性差，这是因为织物面绒毛较多，结构松散，其表层空气含量较多，从而导热率降低，热量传递比较缓慢。粘胶和丝的热传导率较大，人体皮肤表面热量传至织物迅速，冷感性好，因此，丝质服装在夏季较为凉爽，价格昂贵。（图 2-48）

**服装与空气对流**

大量研究表明：皮肤表面汗液的存在使得皮肤表面的摩擦力增大，服装因此粘贴皮肤。服装对人体的覆盖产生的压力刺激和由于

图 2-48　真丝衣服

人体的生理特征产生的各种热刺激也会令人感觉压抑和燥热。当面料与皮肤接触时，面料上凸出的纤维、缝线、铭牌、商标等开始对皮肤产生刺激作用，在有压力的情况下，这些刺激作用变大，当达到某种程度时，对皮肤产生较大的剪切力，人就产生热感或痛感。我们知道，空气对流是一种热量传导方式，它能够带走皮肤附近的热空气，加速汗水的蒸发，吸收皮肤表面的热量，从而降低皮肤的温度觉刺激。因此，紧身度较大的塑身衣应采用开放式的设计，增加通透感，保暖的针织服装要适度松身。夏天的衣服要做得宽松、飘逸。（图 2-49）

总之，肤觉是服装制作、服装行为和心理的着眼点，深入认识服装与肤觉感受之间的关系，了解影响肤觉的主要因素，可以使人们能够科学合理地支配自己的服装行为。

图 2-49 宽松针织

**思考与练习**

1. 感觉和知觉的区别与联系是什么？
2. 什么是感觉阈限？举例说明感觉阈限在服装行为中的表现。
3. 举例分析服装色彩、服装轮廓或服装视错现象对人们心理的影响。
4. 观察并体验不同材质的服装引起的心理感受。

# 第三章 服装动机

# 一　需要与着装动机

## (一)需要的含义

需要是个体在生活中感到某种欠缺而力求获得满足的一种内心不平衡状态，它是有机体自身和外部生活条件的要求在人脑中的反映，这种不平衡状态包括生理的和心理的不平衡。每个人对空气、阳光、水分和食物都有需要，如果身体内缺乏水分，个体就会产生口渴寻水的需要，这是生理需要；同时，人类对人际交往、爱、尊重等也有需要，比如，初到陌生城市的人希望结交新朋友并熟悉这个城市，这是融入群体、获得关爱和安全感的需要；适婚年龄的男女可能会产生谈恋爱和成家的想法，这是生理和心理的需要。总之，这些需要维持并延续着人类的生存和发展。

需要在人的心理活动中有重要作用。首先，它影响和支配着人的认识、情感和意志。需要促进个体的认识和活动。人们为满足需要，常常要对各种事物加以观察、思考，探求各种新的方法和手段去解决面临的各种问题。需要满足与否，人就体验到高兴或不高兴、紧张或松弛。需要也推动和激发人们的行动。人为了满足需要，要朝一定的方向去追求一定的对象，有时要付出巨大的意志努力，克服意想不到的困难。需要愈加强烈愈加迫切，由它引起的活动就愈有力。其次，需要是人的活动和行为的基本动力及个体积极性的源泉。人的各种活动，从饥不择食、渴不择饮，到从事物质资料的生产、文学艺术的创作、科学技术的发明与创造，这些都是在需要的推动下进行的。

## (二)需要的种类

按照起源划分，需要包括自然需要和社会需要。

**自然需要**

自然需要是维持有机体的生命和延续种族而必需的。自然需要有很多种，主要包括维持有机体内不平衡的需要，如对饮食、运动、睡眠、排泄等的需要；回避伤害的需要，如对有害或危险的情景的回避等；性的需要，如配偶、嗣后的需要。古人为了保护身体，就出现了穿衣的需要，现代人的穿着需要大部分也离不开这种动机的推动。还有一些穿衣行为是为了回避危险，如马路上的清洁工人需要穿上橘黄色的工作服，其目的就是避免马路危险。

**社会需要**

自然需要是生而有之的，人与动物都存在，但二者有本质区别。马克思曾说过："饥饿总是饥饿，但是用刀叉吃熟肉来解除的饥饿不同于用手、指甲和牙齿啃生肉来解除饥饿。"可见人的自然需要已被深深地烙上社会的痕迹，已不是纯粹的本能驱动。现代人类与古人一样需要兽皮来满足御寒保暖的自然需要，但现代人的心理感受出现了质的变化。可见，社会需要是人们为了提高自己的物质生活水平和文化而产生的社会性需要，包括对知识、劳动、艺术创作的需要，对人际交往、尊重、道德、名誉地位、友谊和爱情的需要，对娱乐消遣、享受的需要等。它是人特有的在社会生活实践中产生和发展起来的高级需要。在人际交往中，服装成了满足人们社会需要的重要载体之一。为了融入一个群体，个体需要穿上这个群体认可的服装；为了展现自己的与众不同或经济水平，个体需要穿上价格昂贵的高档服装等，这些都是社会需要的表现。

扩展阅读：2013 年 8 月 30 日的《非诚勿扰》舞台上来了一位女性装扮的男嘉宾，只见他身穿短裤、染着指甲、脚蹬女式凉鞋，让女嘉宾和观众们大为惊讶。在相亲过程中，这位男嘉宾承认自己是为了表明自己与众不同，选择跟芸芸众生不一样的生活方式，于是大走中性偏女的着装路线。男嘉宾的着装在网络上引起热议，很多人对此持反对态度，认为他的着装过于女性化，让人心理上产生反感情绪；有的人保持中立态度，尊重他人生活方式；也有人支持这种女性化的装扮，认为是在体验不同的着装乐趣。总之，对同一种服装行为的多样化解读和态度表明，服装不仅仅是生理需要，也是人类社会需要的结果。

（资料来源：根据网络视频资料整理）

### (三)需要的特点

#### 需要的指向性

需要总是指向能够满足某种需要的客体或事件。不论是满足有机体的生理需要，还是满足人的社会需要，其总是指向一定的事物或对象。例如，进食的需要，其对象是食物；求知的需要，其对象是书报杂志。没有对象的需要、不指向任何事物的需要是不存在的。

#### 需要的紧张性

需要是个体在生活中感到某种欠缺而形成的某种心理状态。当某种需要产生后，个体总会产生一种紧张感与不适感，甚至烦躁。烟瘾发作的人们内心的焦虑可以表现为左顾右盼、抓耳挠腮等；渴望下课的学生注意力不集中，心猿意马，总是想着放学后要做的事情；面对心仪已久的服装却囊中羞涩，购买者心中的郁闷和难过也会溢于言表……这些现象都可归为人类需要的紧张性特点。

### (四)需要层次理论

1943 年，美国心理学家马斯洛发表了《人类动机的理论》一书。在书中，他提出了著名的人的需求层次理论。在他看来，人类的需要是分层次的，由低到高可以分为以下五个层次。

#### 生理需要

生理需要是人们最原始、最基本的需要，如空气、食物、性欲、居住等。如果生理需要得不到满足，人类的生存就成了问题。这就是说，生理需要是最强烈的、不可避免的底层需要，也是推动人们行动的强大动力。

**安全需要**

第二个层次是安全需要，现实生活中的大部分人都希望生活稳定、受到保护，免于恐惧、焦虑、灾难等。2012 年 10 月 28 日，中央电视台财经频道的《购时尚》节目中的李女士在衣柜里闲置着大量五颜六色的服装，内心渴望能够穿上它们，但日常生活中的她总是一身黑色装扮，当主持人问她为何表里不一，不敢穿出色彩时，她是这么说的："我总担心别人太关注我。黑色不跳脱、不打眼、安全、得体。"原来，在童年时期，李女士的母亲十分严厉，导致女儿缺乏安全感，对母亲的恐惧使她按照母亲的期待和母亲的形象来着装，以免惹人注目，从而求得安全感。母亲的着装色调是黑白灰，因此影响了李女士的着装习惯。

**归属和爱的需要**

第三个层次是归属和爱的需要，也被称为社交需要，是指个人渴望得到家庭、团体、朋友、同事的关爱和理解，是对友情、信任、温暖、爱情的需要。归属和爱的需要与个人性格、经历、生活区域、民族、生活习惯、宗教信仰等都有关系，比生理和安全需要更细微和难以觉察，这一需要是无法衡量的。生活中有一类人在遭遇工作或感情挫折的时候，会选择大吃一顿，或者到商场里疯狂购物，这种极端行为恰恰是缺乏归属和爱的一种自我疗伤。

**尊重需要**

第四个层次是尊重的需要，它可分为自尊、他尊和权力欲三类，包括自我尊重、自我评价以及尊重别人。尊重的需要很少能够得到完全的满足，但基本上的满足就可产生推动力。在职场上打拼的女强人为了得到同业者的尊重和下属的敬畏，总是将女性柔美的一面收藏起来，服装多以冷色调为主，走向中性或男性化着装风格，显示其潜藏的雄性一面。

刚出校门的毕业生参加面试时，为了让面试官认可自己的能力，一般会脱下充满学生气息的娃娃衫、休闲衫等服装，化上淡妆，穿上清爽、利落的西装或套裙，以体现自己的干练和成熟，以至于很多高校出现了定制毕业求职装的广告，这种广告正是抓住了大学生希望能够得到尊重的内心需要。（图 3-1）

图 3-1　商家向毕业生推销西装、衬衫

**自我实现需要**

第五个层次是自我实现的需要，这是个体最高级的需要。要想满足这种需要，个体会充分发挥自己的能力，完成与自己能力相称的工作，成为自己所期待的人。有自我实现需要的人，一般都能够竭尽所能，忘我地、积极地体验生活，使自己的生命价值得到实现，使自己趋于完美。一些从事艺术及其相关行业的工作者一般希望自己的行为或外观能够与行业相符，比如，从事形象管理的工作者格外注重自己的服饰和妆容，希望在对自己的外观操作体验中实现自己的目标。再如，一个披着长发或蓄着胡须、不修边幅、着装充满艺术气息的男性，也常被人认为是艺术工作者。

## （五）人的需要与服装的功能

服装是反映一个时代经济发展水平和精神文明建设的镜子，也是透视人类各种需要的窗口。

**需要的层次性**

根据马斯洛理论，在社会生活中，人们的五种需要依层次逐级递升，由低到高，每一层次的需要与满足将决定个体人格发展的境界或程度。（图 3–2）当然，这样的次序也不是完全固定的，可以随时变化，也会有例外情况出现。一般情况下，人们的需要层次结构同个人受教育程度或国家的经济发展水平、科技、文化是直接相关的。面对“玫瑰和面包哪个更重要”这一常见问题，人们总是仁者见仁、智者见智的，对于那些尚未解决生计问题的人来说，一朵令人心醉的玫瑰可能比不上能够果腹的面包，一场风花雪月的爱情可能不如锦绣前程来得实在。同样，真正的学者往往着装低调，甚至不在意着装，但他们在身着高档服装的成功人士面前并不会感到自惭形秽，因为他们的服装需要层次不同。因此，服装设计者或销售者应该掌握不同顾客的着装心理，对症下药。

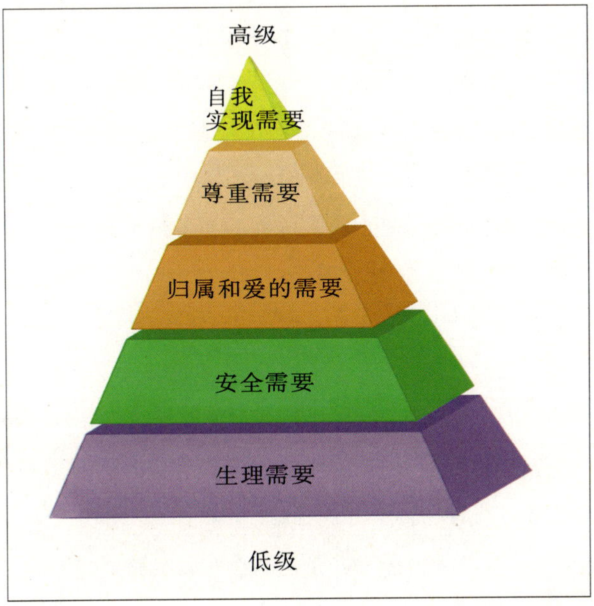

图 3–2 需要层次图

马斯洛所说的五种需要也可以分为两级，其中生理上的需要、安全上的需要和感情上的需要都属于低一级的需要，这些需要通过外部条件就可以满足，而尊重的需要和自我实现的需要是高级需要，它们是通过内部因素才能满足的，而且一个人对尊重和自我实现的需要是无止境的。可见,越高级的需要往往越难满足,因为它需要更多的内部条件和外部条件。比如,一个审美品位很高的人希望自己在着装方面更上一层楼,这会难倒很多外观管理工作者,因为着装的最高境界是跟着装者本身的艺术素养、精神追求、经济条件等密切相关的,这也与着装者本人的努力和标准是分不开的,而着装者的标准又是主观的和难以界定的。

**需要的主导性**

人类各层次的需要相互依赖和重叠,高层次的需要发展后,低层次的需要仍然存在,只是对行为影响的程度大大减小。任何一种需要都不会因为更高层次需要的发展而消失。同一时期,一个人可能有几种需要,但每一时期总有一种需要占支配地位,并对行为起决定作用。实际上,处在不同需要层次的人往往都会被某个主要需要统治着思想。一些外资企业的高级白领为了使自己的形象气质符合企业文化需要,让自己得到同事或领导的认可,往往化着精致妆容,身着高档名牌服装,宁愿饿着肚子也要严格控制体重,要身量纤纤,仿佛这样才符合中上层社会的标准,因此被称为现代社会的"白骨精"。在这类人身上,我们可以看到,当归属和尊重的需要占主导地位时,生理需要会暂时退居二线,服从高级需要。

**需要的更替性**

俗语说:人心不足蛇吞象。人类确实是欲壑难填的动物,也就是说,人的需要是不断出现的,一种需要被满足后,又有一种新的需要产生,需要永远不会消失,这便是需要的更替性。其实,正是人类不断更新的需要推动着社会进步。在时尚界,设计师们也在不断摸索着人们的新需要。当人们对现有的服装面料或款式表示厌倦时, 说明人们的现有需要已经得到满足,渴望出现新的能够刺激其需要神经的产品,这个时候,谁能敏锐地观察到这一趋势,谁就能成为时尚宠儿。日本服装品牌无印良品就是一个典型的例子。在充斥着五花八门的服装品牌的今天,高调的广告宣传让人们面临众多选择却眼花缭乱,不知真正需要的是什么,有时候甚至感到迷茫。无印良品一反常态,没有狂轰滥炸的广告宣传,没有创意多多的款式,提出"无设计的设计",使用最合适的素材和做工,实现"素"而有"意趣"的设计。另一方面,它不以低价为目标,取而代之的是丰富的加工技术和细致入微的设计风格,寻找真正合适的性能价格比。"无印"在日文中是没有花纹的意思,日本店名"无印"意为无品牌。在所有无印良品的商品上,顾客很难找到其品牌标志。即便是在衣领后面,也不设商标——最多在衣服上贴上一张透明胶带纸,标明尺寸,并在试衣时撕去。在日本经常会出现这样的现象:如果有人看到一个没有商标的收音机,他们就会猜测"这是无印良品吗?"

图 3-3 的服装是 1947 年法国服装设计师克里斯汀·迪奥推出的"新风貌"女装,该服装将女性外形衬托得十分优雅,女性味十足。用现代语言来讲,迪奥的设计灵感来自 18 世纪女装时尚,只不过去掉了夸张的裙撑和紧身胸衣,用胸罩和衬裙取而代之,可以说是复古时尚,但在当时受到女性广泛追捧,迪奥由此奠定了自己在时尚界的地位。究其原因,经历了第二

次世界大战的女性已经厌倦了军装式的服装，她们需要将柔美的女性线条展现出来，而迪奥的设计及时满足了广大女性的这一新的需要。

从另一个层面看，设计师的工作也是一种新的创作，不仅要善于抓住时代需要，更要具有超前眼光，引领或创造时代需要才是设计者的最高境界。在这方面，苹果系列产品的设计者走在时代前列，可以说，创造需求、引领消费就是苹果的成功之道。在人们满足于按键操作的时候，苹果公司推出了触摸感应式的音乐播放器 ipod，让消费者体验到一种全新的娱乐模式。服装设计也是如此，设计师也可以通过作品倡导一种新的着装理念和服饰审美观。比如，现代人习惯性地喜欢把男装女穿看作别具一格、特立独行，甚至是一种略带顽皮的性感。而女装男穿则被认为是古怪的神经质、异装癖，严重的说不定还要被当作“病号”抓走。但在近几年的服装秀场上，男穿女装的时尚风悄然刮起。在 2012 米兰时装周期间，意大利著名丝袜品牌埃米利奥·卡瓦利尼推出了男女通用的“两性”丝袜，一时间遭到许多男性抢购。

实际上，男人穿裤袜并非现代人的创造，近代欧洲宫廷中的男性贵族都喜欢穿着紧身裤袜。现代社会中，有的美国人因为喜欢远足，为了保护腿部也穿裤袜。（图 3-4）

图 3-3　迪奥“新风貌”女装

图 3-4　男士裤袜

(六)着装需要中的诱因、动机和本能的相互关系

人类的各种行为不会无缘无故地产生,它们都需要满足一定的条件,在人的本能、需要、动机、诱因共同作用下才能产生。然而,人类有些需要是无意识的,这种无意识需要会推动人们采取有意识的行为来满足需要。在服装行为中,主体往往会因为无意识需要而陷入盲目。但需要不会对行为产生直接的动力,只有出现了诱因,当需要转化为动机时,为了满足人类的本能,才能出现所谓的服装行为。

**诱因**

诱因是能满足需要的客体,当需要达到一定程度后,诱因出现的话,需要就会转化为动机。生活中经常出现这样的现象:顾客去超市闲逛,本来没有明确的购买目标,当看到豆浆机的时候,可能会联想到豆浆是植物牛奶,富含蛋白、磷脂等营养元素,具有防治高血压、延缓衰老等多种功效,在销售人员的推销之下,顾客可能会心血来潮,乖乖掏钱。这时候,豆浆机就是购买诱因,在诱因出现之前,顾客并未意识到自己需要它,正是豆浆机和销售人员提醒了他的需要,才出现购买行为。有时候,人们意识到自己应该打扮得漂漂亮亮,却不知如何去满足。如果此时他碰巧进入一家商场,正如瞌睡时遇到了枕头一样,他采取的第一个行动可能就是去购买化妆品或服装。

服装设计师和销售人员如果深谙这个道理,就应该审时度势,充分挖掘人们的潜在需要,用服装和产品作诱因,引导人们满足自己的需要。

2006年,韦家辉的电影《购物狂》塑造了一个在美衣面前毫无招架之力的购物狂女孩。故事女主角并不缺乏衣服穿,但装扮自己的需求无法停止,所以在诱因面前,她选择了疯狂。(图3-5)

图3-5 手持信用卡的购物狂

**动机**

动机是推动人从事某种活动，并朝一个方向前进的内部动力，是为实现一定目的而行动的原因。简而言之，动机是一个人在做某种决定时所产生的念头。动机一般是由特定需要引起的，欲满足各种需要的特殊心理状态和意愿。引起动机的内在条件是需要，引起动机的外在条件是诱因。

动机和行为之间的关系是复杂的。有时候，同一个动机可以激发不同的行为。现代社会有些年轻人希望早日成名，有的人依靠个人实力，参加综艺类节目；有的人通过雷人的发型、新潮的装扮，或者语不惊人死不休的谈吐。

相应地，同一种行为背后可能包含着不同动机。两个女孩子一起逛街买衣服，其中一个可能是为了参加一个重要的约会，另一个可能纯粹是为了陪她逛逛。需要注意的是，不同动机之间是相互作用、相互影响的。当一个女孩参加好友的婚礼时，一方面想打扮得漂亮点，引人注目，但又不能抢去了新娘的风头，内心纠结焦虑，这就出现了不同动机之间的冲突。

**本能**

本能是某一物种中各成员都具有的典型的、刻板的、受到一组特殊刺激便会按一种固定模式行动的行为模式。它是由遗传固定下来的，是在个体发育过程中随着成熟和适当的刺激经验而逐一出现的。像鸟筑巢、蜂酿蜜、鸡孵蛋等行为，都是特定物种所具有的先天的本能行为。

人的本能是指人类与生俱来的、不需教导和训练的、天赋的、在人类进化路上所留下的一些行为和能力，这里指的是自然人。人类同时是社会性动物，其本能行为带有一定的文明色彩，比如服装行为中的本能因素。另外，本能是在种系中遗传而来的，所以它不会消失，比较稳固，不易改变。同时，本能是为了满足种系发展而产生的，比如原始社会的侵犯他人、群体相处等。因此，本能是中性的，不能说它是好的或者坏的。

**需要、诱因和动机之间的关系**

本能和需要都是人类行为产生的来源和动力，诱因则是实现本能的载体。具体可用下图表示。（图 3–6）

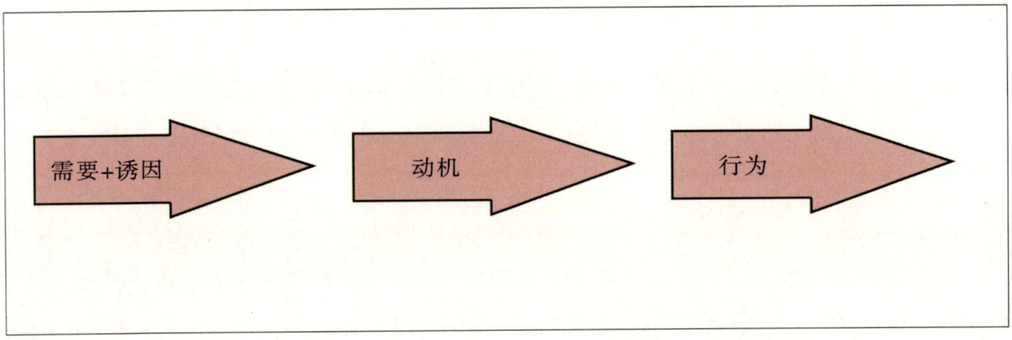


图 3–6　需要、诱因和动机之间的关系

图 3-6 表达了最简单的、理想的需要运动过程，而在实际生活中，同一动机可以由不同需要所推动，不同需要引发的动机也可能不同，诱因不清楚的时候也会产生动机和行为，因此，四者之间的关系是复杂而多样的。

如动机和行为之间的关系可以用下图表示。(图 3-7)

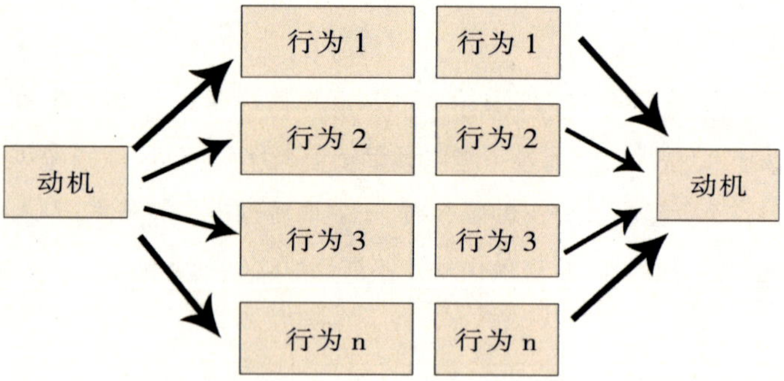


图 3-7　动机与行为的关系

## 二　动机与服装行为

### (一)动机的含义

动机是指引起和维持个体行为的某种活动，并使其指向某一目标的心理过程或内部动力，它是由特定需要引起，要满足各种需要的特殊心理状态。对于服装而言，人们着装的动机来自一种内部刺激，它是一种内部心理过程，不能直接观察，但是可以通过任务选择、努力程度、活动的坚持性和言语表示等行为进行推断。

### (二)原始社会服装动机分析

原始社会服装的动机是一个非常复杂、困难的问题。考古学家和人类学家为此做了不懈的努力。但是那些仅有的遗迹残骸都只是些无声的记录，读懂它需要有对原始人设身处地的推测能力，而人类的任何判断很难不带有丝毫的想象和猜测。目前，对原始人类着装动机的理论很多，主要有适应环境说、羞耻说、异性吸引说、装饰说等，总体来看，可以将这些动机学说分为三大类。

**生理需求论**

这一类学说是从人类的生理与自然环境的关系角度得出的结论，它认为服装是人类在生存过程中由生理上的保护需要而产生的。目前赞同此类观点的人较多，其中有两种代表性的说法。

1. 适应环境说

支持环境适应说的人认为，人类是为了抵御寒冷、酷热、干燥等需求而创造了服装，他们的依据是原始人类一般栖居于洞穴，以火取暖，并且用树叶或兽皮包裹身体，从而产生了服装。在亚欧大陆的原始人类遗址中可以找到大量的物证。恩格斯也曾说："人也学会了在任何气候下生活。……从原来居住的总是一样炎热的地带，迁移到比较冷的在一年中分成冬夏两季的地带后，就产生了新需要，需要有住房和衣服来抵御寒冷和潮湿，需要有新的劳动领域以及由此而带来的新的活动。”但是，反对这一观点的学者认为，人类最早生活在温暖的热带地区，并不需要用衣服御寒，而是为了保护身体的重要器官。目前，在澳大利亚还有一些部落过着原始生活，那里的男人和女人常常一丝不挂到处走动，偶尔会把一块毛皮披在身上，下雨的时候反而将毛皮脱下来，身体却在雨中瑟瑟发抖。

2. 身体保护说

这种说法认为人类在采集和狩猎过程中难免受到伤害，如岩石、荆棘、猎物、昆虫等对人的不同部位或器官造成威胁，尤其直立后的人类性器官缺乏保护，于是发明了不同的保护性衣物来保护头部、躯干、四肢及性器官等。如发明腹布、兜裆布把性器官保护起来，发明皮带、尾饰物来驱赶叮人的昆虫，用泥土、油脂或植物汁液涂身为了防晒和虫子叮咬等。但是这种说法遭到一些人的反对，认为是现代人按照自己的思维方式对原始人类的臆测。

**心理需求论**

心理需求论学说是从自然心理和社会心理需求角度出发，否定人类最先是从保护身体出发来发明服装，而是为了寻求内心的安定和社会交往需要才发明服饰。

1. 护符说

护符说认为原始人类着装动机源于辟邪求安的心理需求。原始社会的生产力和科技水平十分低下，人类面对刮风下雨、电闪雷鸣、生老病死等自然现象却无法解释，他们相信自然界存在着许多超自然力量，如各种神明或恶魔，为了取悦神明，驱走恶魔，人类在身体上涂抹各种符号、图案，佩挂饰物，举行祭祀活动，以求得庇佑，从而过上健康安乐的幸福生活。原始的护身符逐渐发展成为衣物服饰。如原始岩画中的人头上有羽毛、犄角，身后有长尾饰，都是一种祭祀时沟通神与人的中介物，既可敬神，又能护体不受侵犯。(图 3–8)

2. 象征说

象征说这种说法认为原始社会的生存条件十分恶劣，人类总是以群居方式生存，狩猎活动和部落战争是原始人类获取生存资料的主要手段。在与野兽或异族进行搏斗的过程中，勇敢者难免会受伤或牺牲，这是光荣的象征。因此，勇敢者、首领、富有者为了突出自己的地位和力量 、权威与财富，用一些有象征意义的物件装饰在身上，如猛兽的牙齿、珍禽的羽毛、稀有的贝壳及玉石等。

图 3–8　法国三兄弟洞窟岩画——鹿角巫师

3. 装饰审美说

装饰审美说是心理需求论的一种较为典型的说法。论者认为人类着装动机起源于对美的追求。美化自身是高等动物包括原始人类所共有的本能。装饰的方法可以分为肉体的和附加的两种。肉体装饰一般是永久的，如纹身、染齿、疤痕等，如今的埃塞俄比亚奥莫河谷原始部落的女性仍旧存在唇盘装饰习俗（图 3–9）。附加装饰属于暂时的行为，如彩泥涂身、染发、化妆、饰品、衣服等。不论是肉体的还是附加的装饰，都表明原始人类已然具有最初的审美心理需求，人们看到漂亮的植物树叶、美丽的飞鸟羽毛、花纹繁多的野兽皮毛等，都会将它们穿戴到身上，或者取其图案装饰身体。

**性需求论**

人类对异性的回避和吸引，实质上包涵了生理和心理两个方面的因素，所以另分出一大类予以介绍。这种说法最具代表性的有两种。

1.遮羞说

这种学说认为原始人类着装动机起源于羞耻感，男女为避免对方看到自身与性有关的部位而用物体掩盖起来，以得到心理上的安全感。如苏门答腊人认为露膝是不正当的行为，所以掩盖双膝，有的民族遮住阴部，有的则遮住面部或全身。在西方基督教文化中，《圣经》中亚当和夏娃偷吃禁果后知羞耻，以叶蔽身的例子说明服装起源于遮羞。在现代社会不同民族和国家的习俗、禁忌中仍旧存在遮羞的服装行为。沙特阿拉伯的妇女被规定必须用黑纱将全身包裹严实，为了便于看清物体，可以露出双眼。

图 3–10 为马萨乔的画作《逐出家园》，讲的是人类祖先亚当和夏娃偷吃禁果后，遭到上帝惩罚，被逐出家园。画中二人表情悲伤、羞愧，但不知是因为无衣蔽体而羞愧，还是背叛了上帝而羞愧。在一些西方学者眼中，这是人类着装的根源。

图 3–9　奥莫河谷原始部落唇盘装饰

图 3–10　马萨乔的《逐出家园》

图 3–11　公开演讲的沙特阿拉伯妇女

图 3–11 为现代社会中的沙特阿拉伯妇女在公众场合演讲的情形，时代变换了，但文化中的羞耻习俗仍旧没有消失。

2. 吸引异性说

这种学说与遮羞说在因果上正好相反，它认为原始社会的男女在身体某一部位进行装饰是为了吸引异性。正如人们佩戴一枚漂亮的胸花或一条别致的项链，实际上是为了表现其胸部和颈部的美丽，原始人在头发、脸部、颈部进行装饰也是为了吸引异性的注意。另一方面，原始人渴望人种繁殖，认为性爱是一种美好而神圣的行为，并因此出现两性生殖崇拜，于是用臀带、饰品掩盖其生殖器官，其真正目的却在于张扬和炫耀。如澳大利亚的库克人全身赤裸，仅有项链和臀带，带前有小小饰品，以吸引人的目光。巴布亚人则用葫芦套起生殖器官，突出其性别。

图 3–12 为奥莫河谷集市上的一对青年男女。男青年头上和颈上红黑相间的装饰物十分引人注目，而通过男青年的身体姿势和女青年的捂嘴表情可以看出双方的关系不同于一般朋友。

也有许多学者认为，上述各种理论都有其局限性，每一种解释的前提都是原始人类的思想已经达到了一定的发展水平。事实上，根据比较心理学的实验研究发现，原始人在初级发展阶段，其智力水平的发育甚至不如类人猿，还没有能力有计划、有目标地着装。他们披上兽皮的时候，可能不是为了更暖和，或者吸引异性，很大程度上可能是一种偶然的、无意识的结果。当人类逐渐有了一定着装经验后，才能具有明确的动机和需要。因此，上述各种理论对于原始人为何穿衣所做出的种种推断，恰好投射出现代人自身存在的种种潜在的着装动机。

图 3–12　奥莫河谷青年男女搭讪

### (三)社会发展与服装动机的变化

如前所述，着装动机是多样性的。同时，在人类发展过程中，着装动机还带着鲜明的时代特征，其内容和强度是不断变化的，有些逐渐增强，有些则减弱了。

**古代社会服装动机**

我们所说的古代社会指的是从原始社会解体到现代工业文明之前的历史阶段。古代社会包含奴隶制度和封建制度两大政治形态，其最大特点是等级制和特权阶层的形成，统治者甚至以神权的方式巩固自己的统治。在这样的社会环境下，除了御寒保暖、保护身体等基本生理需求外，古代社会人们着装行为的主要动机还包括以下两个方面。

1. 显示优越感

这里的优越感主要指的是经济和社会地位上的优越感。在古代社会，物质资料的获得比较困难，服装是人们的重要物质财富内容，也是人们表现自身财富和社会地位的重要手段之一。现存的埃塞俄比亚奥莫河谷的 Hamar 部落中，男子和女子的着装行为便与其地位有关。如已婚女子脖子上会佩戴多个项圈，但家庭里的第一任妻子有权佩戴底部有椽头的特制的粗项圈，她在家里掌管着粮食，并安排其他的妻子做家务。（图 3–13）而男子耳朵上的耳环数量代表的是妻子的数量。西方历史上曾几度流行紧身胸衣、裙撑、臀垫等服装器具，贵族阶层认为，体力劳动是不体面的、卑贱的人所应该承担的，而这些着装形式很明显表明她们无法从事也不用从事体力劳动。

此外，古代社会的许多服装行为也是为了显示着装者政治上的优越感。中国古代社会每个朝代的统治者都习惯为皇帝和臣子规定着装规范。明代官员穿的带有补子的官服表明了不同级别官员的职位及其权利。这种官服形式直接延续到清代，不同的是，清朝皇帝对某个大臣满意时，喜欢用赏赐黄马褂的方式，向其他臣子展示着拥有黄马褂的人的优越地位。（图 3–14）

2. 符合社会规范

如前所述，人们的着装需要具有社会性特征，其原因在于个体的行为受到所处社会文化或社会规范的制约。人们从出生起，父母和学校以及其他社会机构都会为我们制订一系列成文或不成文的判断是非、对错、善恶、正常与反常等的标准，符合这一标准的行为被认为是正常的，反之则被认为是反常的，并且会受到某种程度的惩罚。在古代社会，服装是统治者管理和规训百姓的重要方式。因此，百姓的着装动机与当时的社会规范有重要关系，如某个社会的风俗习惯、道德和禁忌等。

图 3–13 奥莫河谷戴粗项圈的正妻

图 3–14 明代官服上的补子图案

图 3–15 波马克新娘传统妆容

如居住在保加利亚南部的土著波马克新娘传统妆容十分特别，整个妆面呈雪白色，接着涂上多层美丽的色彩，脸上的三个金色圆圈象征着生命的轮回，轮回间相互交错。圈内的红色圆圈代表着生育旺盛，其中红色和蓝色的点象征着出生，整个脸上布满了这些点点，祝福新娘身体健康，家庭和睦圆满。（图 3–15）

在服装发展史上，不同历史时期，不同国家或地区的服装道德和禁忌要求是不同的。中世纪的欧洲处于基督教精神统治之下，女性被认为是导致亚当犯罪的罪魁祸首，是带有引诱性的危险动物，因此，女性服装一般包裹着身体，不显示体形，脖颈也被领子覆盖起来。但到了 16 世纪末，女装的领口变得很大很低，有的被裁成四方形，女性的半个胸部都会裸露出来，反倒认为这是象征处女的贞洁和美德。在撒哈拉沙漠以及萨赫勒地区约巴克图，那里存在着一支图阿雷格人，有人说他们的祖先是北非的柏柏尔人，但他们认为自己的祖先是希娜纳女王。有一次，女王在女仆塔卡玛特和一些男奴的陪伴下，前往撒哈拉沙漠里的某个地方。途中，他们的粮食和水用光了，饥饿和干渴袭来，很快就将夺取他们的生命。忠诚的女仆塔卡玛特为了挽救女王，拖着疲惫的身躯四处寻找食物和水源。终于，塔卡玛特在一个蚁穴找到了粮食。 女王和随从们得救了，抵达了目的地。在那里，女王和女仆与当地人结婚，女王生下了一个女儿，女仆生下了两个女儿。正是这三个女孩繁衍了第一代图阿雷格人。现实生活中，图阿雷格人生活在一个女权社会，女性地位高于男性，女性出门不用带面纱，男子却要用头巾将脸部遮盖起来，只露出眼睛。（图 3–16）

**现代社会服装动机**

现代社会的生产力和科技水平不断提高，社会物质产品和精神需求不断丰富，人们的思想观念发生了根本转变，着装动机也有了很大变化。但是一些古代社会的着装动机仍旧延续了下来，如通过服装表现个人能力、成就、地位、声誉、权威性等。选择符合社会规范的着装，在这些动机的基础上，又会增添新的动机。

1. 追求时尚和审美

随着封建制度和等级制度被消灭，人们在着装方面不再受到政治和社会等级的制约，可以自由选择着装，大多数人期望通过着装去探求某些未知的体验，如奇特、神秘之感，并通过着装体现时代特点、时尚潮流，寻求新鲜变化的东西。另一方面，人们也希望通过着装表现自己的身体美、气质美，个人的情趣、风格以及男女性别角色的魅力等，同时又希望表现出具有自然、随和等特点的理想的自我形象。

图 3–16　戴面巾的图阿雷格男性

2. 追求便利舒适

如今，社会竞争力日益增强，工作和生活节奏越来越快，人们对生活各个方面的方便快捷性的要求越来越高。他们不愿为繁复的美而牺牲便利和时间，日益发展的科技也在不断为满足人们的这种需求提供方便，使人们摆脱笨重的着装。因此，在着装动机中出现追求便利的目的。现代人所需要的是简洁的美，而不是繁复笨重的装饰。

另一方面，竞争的压力使人们的精神状态总是处于紧张状态，因此，在选择着装时人们更乐于追求舒适。其一是心理的舒适性，通过着装使自己精神愉快，松弛紧张的神经，还可以增强自信心以提高心理安定感；其二是身体的舒适性，现代服装一般强调符合人的身体机能，方便身体器官的放松和活动。

3. 追求理想自我形象

随着经济和科技的发展，人们表现自己、追求自我价值的手段愈加丰富。现代社会中，人们对自我理想形象的追求十分强烈。例如，老龄化问题已经成为社会所关注的问题，年龄较之以往更成为心理的敏感点，而服装具有拟态的功能，与化妆一样，可以塑造人们年轻的形象，一定程度上满足人们保持年轻的愿望。因此，在着装动机中，存在着期望通过服饰来塑造年轻的、健康的、有朝气的形象的愿望。（图 3–17）

4. 追求认同

现代社会人们的社会交往活动比较频繁，当个体与群体发生联系的时候，个体在着装行为中会受到群体压力的影响，表现出着装顺从，企求同一的倾向。外观的整洁与否、着装的方式、服装的颜色等都能够影响他人或群体对自己的道德、品行、品位等的判断。如为了表现自己的亲切感，缩短交际双方的心理距离，个体会选择对方感兴趣的服装；为了顺利完成任务，个体会使其服装与活动的目的及场合协调一致；为了表现自己的道德水准，心机无限的人反而会选择代表纯洁无瑕的着装。毋庸置疑，这体现了一种社会刻板印象，但个体为了追求社会认同，一般会服从这种刻板印象。（图 3–18）

图 3–17　追求年轻外观的老年人

图 3–18　有相同喜好的年轻人

扩展阅读:女人喜欢买衣服的五大心理动机

几乎没有女人不爱逛街买衣服,即使没时间也要挤时间,没条件也要创造条件。其心理上的欲望不相上下,不同的只是花费的时间和金钱。享受买衣服的过程,穿新衣带来的感受,对各位女性是很相似的。为大家总结如下。

1. 满足自恋

自恋是每个健康个体正常的心理需求和常态的心理机制。适度的自恋就是自信,是对自我的肯定和喜爱,行为上表现为对自己好。不会为了省钱而节衣缩食,而是合理满足对自己的关爱。比如,买衣服时"该出手时就出手"。

当代社会对职业女性的要求越来越高,既要上得厅堂又要下得厨房。得体、有品位的穿着对塑造职场形象很有帮助。

2. 享受他人美誉

逛商场的过程很享受。因为,每个专柜的导购都青春靓丽,嘴甜心细。毕竟,不是每个女人都美,不是每个女人都年轻。但到了这样一个舒适、暂时脱离了残酷竞争的生存处境的环境中,每个女人都很容易放松下来,尽情享受"被服务、被赞誉"的过程。

外形再普通的女人,在这里都可以获得女孩子们真诚美好的称赞"您好有气质""您好有品位""您的包包好漂亮""您的皮肤保养得真好"……一番称赞下来,你发现,原来自己如此"美丽",许多自己从未注意的优点被挖掘出来。尤其对于到了中年的女人来说,可能好久没听过老公或是周围人对自己外形的赞美了。所以,商场太有诱惑力了!

"醉翁之意不在酒。"不买衣服,买个乐子也是值得的!

3. 满足幻想

女人天生爱做梦,包括很理性的女子。由于日常忙碌的生活,可能很少有时间专门让自己独处一下,做做白日梦,幻想未来,想象一个别样的自己。而逛街的时候,当你不厌其烦地试穿各种品牌、各种款式的服装时,你在镜子里发现,原来自己可以是这种风格,也可以是那等模样:可以淑女一点,可以风情万种,可以英姿飒爽……服装在一定程度上有魔术师的效果,让女人发现未知的自己。

因为,每个人都有着多重性格。大多数人了解的是自己的主导性格,而对其他的性格特征,是比较模糊不清晰的。所以大多数女人买衣服,也主要是限于一种风格。其实,你可以更丰富的。

4. 为悦己者容

女为悦己者容,是老生常谈,是人之常情,是众所周知的。把它放在后面,还有个原因:女人越来越独立了,对男人的眼光已不像原来那样重视了。男人的喜爱可能只算得上是锦上添花,而不是必须的。

当然,人各有志。有些女人还是很在乎这个的。不过,这个"己"已不限于丈夫,或者就是除丈夫以外的"悦己"的男性,如领导、同事、客户、朋友等。这也算是时代的进步吧,女性在各个职业领域发挥着越来越重要的作用。

5. 宣泄情绪

逛街购物还有安抚、疏导情绪的作用，这应该是很多女性惯用的招数。此举有利有弊。好处自不必多言，逛街刷卡，的确能淡化和忘记当时的负面情绪，买一大堆东西回家，很有成就感，负面能量找到很好的出口；弊端也是显而易见的，money 是活生生地从自己口袋跑到别人那去了，再也回不来了，在“激情”下购物，常常买的是中看不中用的东西，放在家里占地方无从处理。

（资料来源：整理自新浪博客，http://blog.sina.com.cn/s/blog_sebe3f7101ooroto.html，作者：曲菁华，2011-06-16，选文有删改）

## (四)关于服装动机的研究

迪尔伯恩从人的防卫需要出发，对服装选择的动机进行了研究。他认为，人为了保护自身可能出于如下原因之一选择服装：(1)担心被人嘲笑；(2)担心受到“寒酸”的评价；(3)担心受到无能或愚蠢的评价；(4)担心引起皮肤的不舒服；(5)担心引起身体疾患；(6)担心受到“不正经”的评价；(7)对安全的担心；(8)担心有失尊严；(9)担心缺乏良好品位；(10)担心“出风头”；(11)担心第一印象不好的评价；(12)担心缺乏协调美。

爱德华·李·桑代克对服装满足哪些需要，以及为满足这些需要大约花费多少费用等问题做了调查。结果发现：(1)对寒暑风雨的防护方面大约花费 41％；(2)为防止蚊虫、野兽和疾病大约花费 6.75％；(3)为获得他人的评价大约花费 12.5％；(4)为了自我满足大约花费 7％；(5)为了吸引异性和显示性魅力大约花费 10％；(6)为了和他人交往大约花费 8％；(7)为体验幻想的愉悦大约花费 6％；(8)为了显示对他人的优越感大约花费 3.5％；(9)为了得到他人的好感大约花费 3％。

心理学家赫洛克 1929 年对 16 岁~51 岁年龄段的人进行研究，在获得的 1400 份问卷调查中，检验了着装动机是否是为了取悦同性或异性，是否是为了显示自己的经济地位或提升自己的身体体质等。结果发现，人们的着装行为可能出于为了赢得尊敬和赞誉、获得社会承认、表现财富和社会地位、寻求一致和害怕嘲弄、突出自己等动机。

1930 年 Flügel 提出，着装动机是由于人们的自我的扩张，即人们着装是为了增强自我感受，产生重要感、高贵感、权威感，增强自尊。哥伦布大学的服装学者和社会学家曾共同研讨过服装与个人喜欢以及社会知觉的关系。其中，罗森·克兰茨认为，即使在某个简单的情境中观察，着装者的服装动机仍旧是复杂的、多变的，而且带有伪装性质，因此必须考虑到服装行为的社会情境。

凯瑟 1985 年在概括着装动机时提出，没有什么单一的目的能恰当地解释个体的着装行为。羞耻、美化、保护的目的可能是相互联系的。因此，某种特定的着装方式可能会通过服装信号展示出一种以上的动机。

1996 年，刘春采用动机诱导和服装作品分析与文献分析等方法收集、确认 90 项着装动机目标，在此基础上对现代人们着装动机主要因素进行分析，结果表明，着装行为的动机目标由 12 个主要因素构成：(1)寻求表现能力地位的外观；(2)寻求表达礼仪的外观；(3)追求表现美的外观；(4)寻求身心舒适的外观；(5)追求理想的自我形象；(6)寻求新奇气派的外观；(7)寻求团体认同的外观；(8)寻求便利的外观；(9)寻求年轻的外观；(10)寻求整齐适用的外观；(11)寻求符合习俗的外观；(12)寻求正面角色的外观。

综上所述，关于原始人类的着装动机至今还没有完全确定的解释，因为它是心理和生理共同作用下的偶然行为。总体而言，人类着装的动机除了满足生理需求外，还跟个体所处的社会环境、认知水平等因素有关。随着社会的发展，人们的着装动机愈来愈复杂和多样化，对于设计师、广告工作者、服装营销者等而言，了解和把握人们的着装动机是极为重要的。

## 三 本能与服装行为

### (一)弗洛伊德本能学说

**生与死的本能**

一是生的本能，弗洛伊德称之为“利比多”，它代表着爱和建设的力量，指向于生命的生长和增进。二是死的本能，弗洛伊德称之为“达那多斯”，它代表恨和破坏的力量，表现为求死的欲望。死的本能有内向与外向之分。当冲动指向内部的时候，人们就会限制自己的力量，惩罚折磨自己，变成受虐狂，并在极端的时候毁灭自己；当冲动指向外部的时候，人们就会表现出破坏、损害、征服和侵犯他人的行为。

**人格结构理论**

按照弗洛伊德的人格分析说，人的心理是由三个部分构成的：本我、自我和超我。

所谓本我，是指人格中无意识的冲动，由人的先天本能（主要是性本能）和基本欲望组成。本我是盲目的、非理性的、非社会化的，它由快乐原则支配，按照快乐原则活动，即它的目的在于最大限度地获得快乐、减少痛苦，可以看作是人格中的生物成分。它是人们行为的所有能量来源，比如，生与死的本能，或者性冲动和侵犯性本能。在本我发挥功能的时候，个体希望寻求立即和完全释放能量，或者解除兴奋和紧张感。例如，婴儿饥饿时的觅食行为。本我是人格中最原始、最难接近的最基本部分。

所谓自我，是指自我意识的存在和觉醒，处于本我和超我之间，它的作用是既满足基本需要，又要控制和压抑本我的过分冲动。自我遵循现实原则活动，它只允许个体获得为外界和现实所许可的快乐，从而保护个体不因本我的盲目冲动而遭到伤害。根据现实，来自本我的要求可能被延迟、阻碍、转移或被慢慢释放。自我能够把本我的愿望从幻想中分离出来，使个体能够忍受紧张和妥协。例如，希望占有一切的欲望会促使人们尝遍天下美食，当占有的冲动刺激个体的时候，自我会利用现实来缓解本我的非理性，现实中人们没有足够的财力和精力来实现这个不切实际的愿望，于是，个体会选择其他方式满足本我的需求。自我不能脱离本我而单独存在，自我消耗的能量是由本我提供的。自我和本我的关系正如司机和发动机的关系，发动机不断地提供能量，司机则驾车沿着可行的方向前进。

所谓超我，是指人格中的道德方面。超我有两个组成部分，一部分为良知，另一部分为自我理想。它代表社会的伦理道德，代表一个力求完善的维护者来监督自我的行动。超我遵循理想原则活动，根据社会标准控制人们的行为，对好的行为给予奖赏，如自豪感、自尊自爱等，对于坏的行为给予惩罚，如罪恶感、自卑感、内疚感等。同时，超我中的自我理想由积极的雄心和理想所构成，它希望个体为之奋斗。

**焦虑学说**

在本我、自我和超我之间，总是会存在一定的矛盾和冲突，本我总想冲破自我和超我的束缚，追寻最大程度的快乐，反映在心理活动上便是各种各样的焦虑或烦恼。焦虑是由紧张、忧虑、焦急、恐惧、担心等感受交织而成的一种复杂的情绪反应。弗洛伊德把焦虑分为三类：现实焦虑、神经质焦虑和道德焦虑。

现实焦虑来源于人们对外部世界真实的、客观的、危险的感受，只要采取一些必要措施就可以从客观方面解决这种焦虑。例如，女孩认为自己在相亲过程中屡屡失败的原因是眼睛不够大，她就可以去美容院进行整容，一旦手术成功，女孩的这种焦虑就得以解除。

神经质焦虑是由于担心本我的冲动会战胜自我，导致个体做出某些将会受到惩罚的事情的一种恐惧感。人们的意志有时候能够战胜外界的威胁，但有时无法战胜自己的某些本能欲望或冲动。步入提前透支消费时代，很多年轻人明明知道无力还款，还是受不了漂亮衣服、电子产品的诱惑，过度消费，从而出现了“月光族”，每个月的工资大部分用于返还信用卡的透支款。

道德焦虑是指自我的行为受到超我惩罚的威胁时，个体产生的情绪反映。追求名牌服装或奢侈品的女孩很多，但有些女孩为了攀比甚至做出一些有违社会道德的事情。当获得名牌服饰之后，本能欲望得到了满足，但超我的监控会让她们感觉羞愧不已。

长时期忍受心理上的焦虑会引发一系列身心疾病。弗洛伊德提出了解决焦虑的方式。

1. 压抑

压抑是人的心理最基本的防御机制，是将激起焦虑的愿望和想法阻止在无意识当中。压抑的对象可能来自本我的冲动，也可能来自生活中的某些痛苦经历。在心理问题治疗中心，有个女孩因为曾经遭到穿着牛仔服的男性侵犯，此后看到穿牛仔服的男性就十分害怕，禁止男朋友穿此类服装，痛苦的人生经历让这个女孩开启了内心的防御机制，试图将与此经历有关的信息都压抑到潜意识里以保护自己。

2. 移植

移植是人们用另外一种可以获得的对象代替现实中不可获得的对象的行为。有些渴望展现自己身上阴柔气息的男性倾向于用女性化的服饰装扮自己，如粉色外套、可爱的挂饰或玩偶等。韩剧能够俘获人心的原因之一在于,现实生活中的爱情总有些磕磕绊绊,或者不够理想,而韩剧中男女主人公都是俊男靓女,男主人公一般具有良好的家世,女主人公则身世悲惨,于是上演着王子与灰姑娘的童话故事,男女主角不断变换的服饰造型也深深吸引着观众,从而满足了人们追求完美的欲望。

3. 投射

投射是一种个人将引起焦虑的事情不自觉地转嫁到其他方面的防御机制。例如,孩子在学校读书成绩不好,有些家长认为这是"教师教得不好"。有些女孩发现购买的服装不够理想,认为是导购的误导或者是服装本身有问题,而实际上可能是自己挑选得不够细致。

4. 升华

升华是指个体美化和文饰本能的冲动,使其得到社会赞许。弗洛伊德将人类在科学、文艺上的工作和成就都解释为本能冲动的升华。例如,一个攻击性非常强的人可以成为一名职业军人或者拳击手,这样的话,其攻击性欲望就会被社会认可或赞扬;贪欲强烈的人可以驰骋商场;爱撒谎的人可以写小说、做编剧,使自己的欲望升华……在服装行为中,老年人看不惯年轻人的超短裤、露背装、超级迷你裙等着装,认为是世风日下的表现,而后者则会嘲讽老年人思想保守,不懂欣赏和潮流。很多后现代艺术和先锋艺术充斥着暴力、血腥和扑朔迷离的关系,普通人无法理解,实际上它们仅仅是创作者内心本能冲动的爆发,可能只有自己理解,甚至不太了解,但一旦冠上"艺术"的名义,反而变得高尚了。(图 3-19)

图 3-19 先锋艺术

5. 反向作用

人们可能通过激烈的言行表达相反的动机，掩盖自己的真实想法，这种倾向就是反向作用。情窦初开的男孩可能不知如何表达对某个女孩的喜爱之情，或者担心自己的真实想法被人发现后尴尬，就会采取公开抨击，或者采用讨厌的方式对待喜欢的女孩。魏晋时期的士大夫常用归隐山林的方式表达对政局的态度，著名的“竹林七贤”公开以放浪形骸的着装方式挑战儒教传统服饰礼仪，这样的处世态度反而为他们赢得广泛的社会知名度。（图 3-20）

6. 补偿

补偿是当个人追求的目标受挫或者因某种缺陷而陷入自卑时，用其他能够获胜的方式来弥补因失败或缺陷失去的自信或自尊。按照补偿的性质来分，有对象补偿和手段补偿。“失之桑榆，收之东隅”就是典型的补偿现象。可可·香奈儿的童年是在修道院度过的，心灵的孤独和物质上的缺乏使她成年后的服装风格以表达女子的自尊、自强、独立为主。另一方面，很多物质丰富的人为了填补内心的空虚，也会追求华美奢侈的服装风格。

7. 退缩

退缩是指人的心理发展到某个阶段，可能因为恐惧而倒退到早期发展阶段，以此来回避现实的危机或挑战。有的人害怕承担某种社会责任，总是有意识地将言行和心态停留在天真烂漫的状态。有的成年女子感叹光阴似箭，不想被岁月和潮流催老，总是选择粉嫩可爱的少女装扮，选择性地忽视时光在身体上的印记。

8. 自居作用

自居又叫作认同，指的是个体把他人的特征加诸到自己身上，模仿他人的行为。东施效颦就是典型的自居，东施相貌丑陋，面对貌美的西施，心生自卑，于是模仿西施手捧胸口的病弱姿态，希望能够像西施一样漂亮。当人们遇到挫折时，常常模仿成功人士或者偶像的行为，以减轻自己的焦虑和痛苦。在购买服装时，有些人看到模特穿着某件衣服十分时尚、漂亮，就认为自己也适合穿着，却忽视了自己的身体条件与模特大不相同。

图 3-20　竹林七贤

### (二)服装行为中的本能欲望

正如弗洛伊德和阿德勒所分析的,本能欲望为人类行为提供了原始驱动力,超出现实的本能欲望一般受到压抑,人们总是在不同的焦虑或自卑情绪中生活着。例如,死亡本能被自我投射于外界而变成破坏欲、攻击欲、控制欲、支配欲、剥削欲和竞争欲等。为了缓解或解除这些本能欲望带来的痛苦,外界中的对象被用来替代本来是针对人自身的对象选择。只要使本能的能量从自身吸引开,转而发泄到外界对象中,危险就可以被转移,焦虑也就随之消失,服装便是解除和缓解焦虑的方式之一。

美国俄亥俄大学的一项研究对2500名受试者进行调查,调查发现人类所有行为是由15种基本欲望和价值观控制的,具体包括:好奇心、食物、荣誉感、被社会排斥的恐惧感、性、体育运动、秩序、独立、复仇、社会交往、家庭、社会声望、厌恶(对疼痛和焦虑的厌恶)、公民权(对服务公共和社会公正的渴望)、力量(希望影响别人,常常在独裁者身上被过度表达)。在服装行为中,这些基本欲望幻化为明显的占有欲、破坏欲、控制欲、探究欲、完成欲等,在不同的时代以不同的方式表现出来。

**服装行为中的占有欲**

占有欲是指人们对客观存在的事物有想据为己有的欲望。人的欲望是相对于资源的稀缺而产生的,因此,一旦现实允许,人类本我中的占有欲就会爆发出来,突破超我的理想管制,变本加厉地满足本我想要追求的快乐。如酷爱古董的收藏家们宁愿倾家荡产,也想将一件小小的古董买到家中把玩。现代社会的人们收入水平和生活质量不断提高,对有些人而言,购买服装已经不仅仅是为了满足生理需求,更多的是为了从购物中获取快乐,满足其占有本能,具有这种心理现象的人就被称为购物狂。据研究,有购物癖的人在不购物的状态下会感觉“没劲儿”,当购物癖发作时,会变得焦躁不安(前文所述的焦虑感)、不知所措。一旦进入能够购买服装的地方,他们会变得兴奋起来,对每件商品都表现出很大热情,忘记了自己的经济承受能力。研究表明,追求物质享受的人和自我意识感很强的人都容易患上“购物癖”,内心的占有欲促使他们以大肆购物的方式进行“自我修复”。在购物癖人群中,大约90%为女性。女性购物癖对时装的占有欲望很强,她们喜欢用能够改变形象的时装来“修补”自己。实际上,当购买过程结束后,这些人内心产生的失落感比一般购物人群大得多。

扩展阅读:女人对衣服的占有欲

每次逛天猫都耗去我不少时间,琳琅满目的衣服看得我眼花缭乱,最要命的是心也在蠢蠢欲动,又怕买回家来不合适,于是反反复复地看模特穿的效果图和买家评价,再经过对比权衡方会下单。这就是我每次逛天猫的真实写照。

说实话,衣服买了不少,但是每次打开衣柜,还是有不知要穿什么的困惑,翻来翻去,眉头小皱,最后还是拿了平时常穿的。有些衣服貌似没怎么穿过,就只是一年又一年地挂在那里,有的是感觉跟哪件搭都不太出彩,有的是感觉自己穿不出衣服的“味道”所在,犹豫到最后就只能挂在柜子里独享“寂寞”了!

今看到一博主在博文中对自己搁置柜中的裙子称:“看着这些没有穿过的裙子,我知道,占有欲才是我真正的病。”呜呼,我顿悟,女人对衣服的占有欲是与生俱来的,女人的衣柜中永远都缺少一件衣服!

（资料来源：新浪博客，作者：晨曦，2013-03-11，选文有删改）

【分析】占有欲源自人类心理上的缺失。我们的祖先诞生于荒蛮时代，对于任何可以据为己有的事物表现出了强烈的占有欲，这种缺失在人类精神中传承了下来，成为现代人的一大心理力量，只不过，这种缺失以一种不同的方式表现出来。

**服装行为中的破坏欲**

破坏欲是指打破社会观念中的完美事物，使其出现缺陷或瑕疵的欲望。幼儿时期的人类没有社会观念，内心的破坏欲表现得比较明显。有的儿童倾向于将玩具弄坏，探索其中的秘密。成人在自我和超我的控制下，破坏欲被压抑着，但一有机会，这种欲望就以各种形式表现出来。人们关注娱乐明星出丑、官商下台等社会丑陋面的新闻，就是破坏欲的外显。破坏欲在服装行为中表现为形式的破坏和理念的破坏。

如图 3-21 所示，文艺复兴时期十分流行的切口装是人们内心破坏欲的一种表现。据说，欧洲勃艮第大公酷爱华丽而新奇的服装，即便两军对战也要穿着时髦。1477 年，勃艮第大军与瑞士军队在南希地区进行大战，结果勃艮第人全军覆没。瑞士官兵在大公的帐篷里发现了许多华美精致的服装、挂毯、丝织品、珠宝配饰等，欣喜若狂的士兵们抢得这些战利品后，将服装和丝织品撕碎，将其填塞在破烂不堪的战服上。凯旋归来的官兵们身着奇装异服，受到瑞士人的热烈赞颂和无限钦佩，后者开始模仿英雄的服装样式，故意将自己的服装撕出一条条裂缝，塞进不同颜色的碎布，后来发展成色彩斑斓的切口装，并在欧洲流行开来。

20 世纪 80 年代，日本设计师川久保玲和山本耀司推出的“破烂式”和“乞丐装”改变了巴黎时装界的服装审美，该风格一度让人无法接受，但现在这种破坏式美学已经成了流行的设计手法。（图 3-22）服装设计师们将人类的破坏欲升华到艺术的高度，出现反完整、反对称、反常规的设计。在服装的形状、色彩、比例和细节处理上，服装的整体形态呈现破损缺落状态，例如，采用抽纱、撕裂等方式破坏面料的完整结构，通过水洗、磨砂、烧灼等方式进行面料做旧处理，使最终的服装呈现出想要的效果。在现代社会中，希望突破传统审美，追求个性外

图 3-21　文艺复兴切口装

图 3-22　破坏性服装和乞丐装

表的年轻人倾向于穿着满是破洞、补丁、做旧的服装，故意将里衣外穿，或者外面的衣服短于里面的衣服，形成里长外短的搭配。服装中部分面料被拉撕成具有垂坠感的条状，与经过轻微破坏处理的毛边牛仔短裤十分搭配，是年轻人喜爱的酷酷装扮。

图 3-23 显示的这款服装将“呸”和“浑”两个日常生活话语编织到服装上，不同色彩的碰撞、长短裤的搭配以及甩来甩去的发辫让观众想起了不谙世事的小孩，这种恶搞设计是时下十分普遍的现象。还有的设计师将严肃的国旗元素与网络笑脸混搭在一起，或者将地图与高科技时代的鼠标、键盘等元素拼接在一起，其目的就是解构和颠覆传统服饰文化，这种玩世不恭的破坏性设计为精神紧张的现代社会提供了发泄渠道。

扩展阅读：吐槽时尚 街头时尚恶搞奢侈大牌

英国著名政治家兼文学家查斯特菲尔德勋爵曾说，如果一个人时尚，他做什么都是对的。许久以来，时尚似乎一直是一个高高在上的词汇，它代表的是奢华、优雅、潇洒与精致的生活，普罗大众只能对它望洋兴叹。但查斯特菲尔德勋爵或许不曾想到，在两个多世纪以后时尚文化铺天盖地、时尚产业吸金猛如虎的今天，时尚反而被请下了神坛，不再享受大众的一味崇拜，非但不是“做什么都是对的”，甚至大有“怎么做怎么错”的趋势，成了时下所谓吐槽与恶搞的众矢之的。

1. 恶搞是对时尚的终极奉承

“我一个人的时候，喜欢假装我活在电影里，那种我看不太懂的电影”，美国女星丽兹·卡潘耳语般娓娓道来，“有时候我在心里用法语和自己对话，听 60 年代的老唱片……”近期，一部名为《时尚电影》的短片在网络上引起了不小的关注。片中，丽兹·卡潘一会儿两臂在胸前交叉，双眼凝视镜头，一会儿躺卧在花丛中抚摸着自己的脸颊，模仿尽了时尚行业中最常见的视觉语言，拿奢侈品广告和时尚电影开起了玩笑。

图 3-23 恶搞设计

丽兹·卡潘对时尚电影的恶搞演绎，在网络上引起了强烈的共鸣。近年很多奢侈品广告和微电影，都不免让人觉得有些匪夷所思，难解其意，就像 2012 年布拉德·皮特在 Chanel No.5 香水广告意识流的独白。美国零售百货巨头 Target 似乎早已看出了看似严肃的时尚广告中的诙谐因素，在今年年初推出了一则仿效恶搞时尚广告的日用品广告，让美丽的模特在面粉和鸡蛋满天飞的情景中忘我陶醉。

时尚圈值得"吐槽"的当然不只是影视作品而已。当今年4月Saint Laurent Paris新掌门人艾迪·斯理曼邀请到了玛丽莲·曼森和科特妮·洛芙等颇具争议性的摇滚人物担该品牌新季平面广告模特的时候，大众用Photoshop模仿斯理曼的风格把查理·西恩、林赛·罗韩等多位和Saint Laurent Paris品牌气质更加不合的问题明星请到了广告中，以此表达对此季代言模特的无法苟同；Brian Lichtenberg和SSUR等潮牌带动了恶搞高级时装品牌Logo和经典设计的街头服饰潮流，于是Hermès成了Homiès（意为"哥们儿"），Comme des Garcons成了Comme des Fuckdown（意为"他妈的冷静点"），如此有叛逆精神的恶趣味很快成了蕾哈娜等一线巨星们的至爱。（图3–24）

有"毒舌奶奶"和"美国最幽默的女人"之称的主持人兼喜剧演员琼·里弗斯近期接受采访时说："时尚应该让你愉快。我们都是自己的芭比娃娃。只有傻瓜才会对时尚严肃认真。"有娱乐价值、经受得起恶搞的，或许才是最货真价实的时尚。

连爱时尚如命的英国纨绔文豪奥斯卡·王尔德都曾说："时尚就是一种让人难以忍受的丑陋，以至于我们不得不每6个月就更改一次。"想要调侃时尚，开开它的玩笑，实在不是什么难事，因为时尚的哲学本身就有些不循常理，又太喜欢锋芒毕露。从影视作品到平面广告大片，再到讽刺漫画和服装本身，大众恶搞时尚，可谓千方百计。

2. 影视作品——不费毫厘的广告投放

丽兹·卡潘嘲讽时尚电影和广告的《时尚电影》被网友称作"期盼已久的最佳时尚电影"，但它不是第一部嘲讽时尚的恶搞影视作品。美国晚间综艺节目《周六夜现场》可以说是时尚讽刺小品鼻祖级的电视节目。克里斯汀·韦格曾在该节目中出演了一部恶搞女性香氛广告的短片，这款名为Red Flag的虚构香水，广告风格和奥斯卡影后查理兹·塞隆的某香水广告如出一辙，却做尽了恶搞之能事，最后还以"Red Flag，唯一一款警告男人'我是疯子'的香水"这样的爆笑广告语作结。

3. 恶搞广告 ——善意的才情发挥

时尚品牌的平面广告大片，或许因为技术含量最低的恶搞，成为大众最爱调侃时尚的形式。除Saint Laurent Paris以外，从Dolce & Gabbana、Burberry、Alexander McQueen、Kenzo等奢侈品牌，到H&M和Urban Outfitters这样的高街品牌，一概在劫难逃。随着一季季全新广告大片的推出，总会

图3–24　炙手可热的说唱歌手ASAP Rocky是街头潮牌SSUR的Comme des Fuckdown系列最忠诚的代言人

有天马行空的篡改与模仿在网络上出现，其中让人津津乐道的恶搞，还不时会走上主流时尚媒体。著名时尚网站 Fashionista，甚至从 2012 年起自发创作起了名为“因喵星人而加分的广告大片”的恶搞广告大片的固定栏目，把可爱的猫咪用 Photoshop 放进了奢侈品牌的广告中。

和其他形式的调侃相比，对广告大片的恶搞其实往往更多是善意的，毕竟只有品牌知名度高、广告风格最为鲜明的大片才会成为大众发挥才情的工具。品牌方似乎也非常了解，不然 Kenzo 不会在官方 Twitter 账户上大赞艺术家 Francis Phommisai 对该品牌广告片的创意再造。

4. 漫画——时尚的讽刺

《安妮日记》中的犹太小女孩安妮·弗兰克抵制设计师约翰·加利亚诺、波兰超模安嘉·鲁比克是“厌食时尚偶像”……时尚圈的新闻事件被当作国际时事一样画成颇具讽刺意义的漫画，只有在时尚文化如此丰满的今天才会发生。著名时尚讽刺漫画博客 Humor Chic 以博主 AleXsandro Palombo 为首的艺术家们，好像战争前线的新闻记者一样，眼光锐利地观察和传播着时尚行业的最新动态，无疑为这个本已热闹纷呈的圈子增添了更充沛的谈资和娱乐精神。

频繁被讽刺漫画恶搞的时尚大腕们为何不会愤怒？因为漫画般的时尚圈更像是一张行业的权力榜单，只有卡尔·拉格菲尔德和安娜·温图尔这样最能呼风唤雨、最有话语权的人物才会出现在其中。

5. 服装——踩在巨人的肩膀上

曾经买和奢侈品原货毫无二致的“A 货”是省钱又有面子的精明选择，如今对奢侈品牌经典 Logo 与设计边恶搞边模仿的街头品牌才更能证明你的时尚敏感度——时尚就是这样让你难以捉摸。

把 Hermès 拼作 Homiès，把 Céline 拼作 Féline 不是大意失误，而是刻意为之。为什么？因为这样一来，穿者传达出来的信息是：我对奢侈品了如指掌，但我更有幽默感，更有叛逆精神，而穿着价格不菲却缺乏时装设计的正品货 Logo T 恤传达的信息则只是：我很有钱。

正如趋势预测公司 Trendstop 的创始人 Jaana Jatryi 所说，这并不是街头服饰品牌第一次恶搞奢侈品牌，“模仿奢侈品 Logo 早在 90 年代滑板运动品牌就做过”。比起直接仿制奢侈品，恶搞既不直接涉及侵权，又幽默时髦，深受青年族群的欢迎。而如今以 Brian Lichtenberg 为首的街头潮牌再次捡起这个并不新鲜的点子，却能在全世界大卖特卖成为最潮单品，则要感谢小天后蕾哈娜、超模卡拉·迪瓦伊和说唱歌手 ASAP Rocky 等人的推崇，是这些青年偶像们的亲身穿着让大众集体意识到了恶搞奢侈品的街头服饰的时髦。

模仿恶搞奢侈品牌 Logo 的街头服饰，无疑是沾尽了奢侈品的光。以 Brian Lichtenberg 为例来说，该品牌的服装曾经在高街品牌店售卖，而现在有蕾哈娜撑腰，该品牌不但卖得火爆，身价也随之暴增，据悉，从下季开始，该品牌将会在 Harvey Nichols 和 Lane Crawford 等高级时装品牌的店面里出售。

不过，对于被嘲弄、被仿效的奢侈品牌来说，如此风潮却让它们有些无所适从。一些品牌选择无视，另一些品牌如 Cartier，却不愿看到自家品牌的形象受到影响，正在借助法律手段，希望这个恶搞奢侈品牌的潮流早点退去。

（资料来源：YOKA 时尚网，编辑：何方，2013-05-07，选文有删改）

【分析】不论是恶搞时尚明星、政治人物，还是恶搞奢侈品牌，都满足了大众的娱乐心理，而娱乐心理的背后则是人的破坏欲望在作祟。

**服装行为中的探究欲**

探究欲是人类与生俱来的想弄清事物真相的欲望。对孩童而言，没有接触过的事物永远是新鲜刺激的，他们喜欢在家里翻来翻去，这是探究欲的体现，也是好奇心的驱使。

从某种程度上说，探究欲推动着人类文明不断进步。牛顿如果对砸到头上的苹果熟视无睹，不去探究其原因，就不会发现万有引力定律。瓦特之所以能发明蒸汽机，也是看到烧开的水能将壶盖顶起来而好奇，一步步探究其中的奥秘而成的。

在服装行为中，探究欲也无处不在。中国古代社会的小脚文化实际上也是由探究欲所推动的，宽宽大大的裙子下，露出女子的小小脚尖，这种"犹抱琵琶半遮面"的感觉总能激起人们的好奇心，引得文人墨客纷纷写诗唱和或者歌颂。据邹英在《葑菲闲谈》中记载，清朝的浙江宁波各地有赛小脚的风俗，每年的上元节前夕，妇女们都要集体走七条桥，走路时务必提起外面的裙子，让三寸金莲露出来，供月下参观者评论。

图 3-25　性感服装

现代社会，一些女孩为了提高自身魅力，给观者制造悬念，往往穿着轻薄的透视装，或者是低胸、低腰的服装，引起观者无限遐想。如图 3-25 所示，设计师采用纱网样的面料和挖空设计使模特的手臂、大腿和胸腹部不同程度地裸露着，而身体的关键部位用不透明的宝蓝色闪光面料遮蔽着，并恰到好处地勾勒出女性柔美的曲线，这种虚实相对、轻重不一的透视感随着模特的走动，仿佛琴弦拨动着观者内心深处的探究欲。

**服装行为中的控制欲**

控制欲是当人们对自身不够自信或感到自卑时，希望控制他人和事物，以证明自己的力量。控制欲在人们的行为当中表现为两种：自控和外控。自控一般是个体根据现实原则，压抑本我的冲动。自控能力较强的人受到外部环境的影响较少，但长期的过度自控容易演变成压抑情绪，会体验到无力感。善于外控的人往往将无法满足的本能欲望投射到他人或外物上，试图决定他人的行为方式、思想观念、穿衣打扮等。在获得过奥斯卡金像奖的电影《黑天鹅》中，妮娜的母亲就是一个控制欲极强的人。她为了女儿放弃了芭蕾舞事业，因此希望女儿能够实现自己的梦想。妮娜已经28岁了，在日常生活中，还由母亲为自己脱去衣服、摘掉耳环，房间也被布置成粉红系列，睡前要听着音乐入睡。

古代女子被束缚在家庭生活中，社会地位低下，她们必须服从各种社会伦理道德，婚姻关系中的危机感使她们懂得“女为悦己者容”，这虽然说明女性在感情上的无力感，但也表现了女性试图利用姿色和服饰控制男性情感的方式。现代社会的女性地位日益提高，工作和社会活动的机会很多，出现了不同领域的女强人。在跟男性同台竞争时，职业女性往往选择中性化的服装款式和色彩，实际上是将内心的焦虑投射到服装上去，以增强其气场，满足在社会交往中的控制欲。（图3-26）

图3-26 职业装

**思考与练习**

1. 运用马斯洛需要层次理论分析某一服装现象。
2. 分析某一消费群体的着装动机。
3. 运用弗洛伊德本能学说分析某个影视剧人物的服装行为。

高等院校服装专业教程

服装心理学

# 第四章 服装社会心理（上）

# 一 服装社会心理概述

## (一)服装社会心理的含义

服装社会心理是指在社会情境中个体或群体的着装心理状态和着装心理过程。具体而言,是指团体中一定社会、历史、文化背景下的个体着装心理和方式。不同社会的个体或群体都不可避免地在着装的状态下存在着,但如果不探究他们所处的社会情境,就无法真正了解其着装的动机和意义。

如图 4–1 所示,图中的两个男孩面对镜头笑容满面,左边的男孩选择了女性化的黑色丝袜与红色休闲板鞋搭配,并佩戴着偏女性化的项链,笑容有些羞涩。右边的男孩着装休闲而慵懒,脚上的鞋子也是偏女性的款式,从他的手势上观众会觉得他很开朗。如何解释他们的服装和行为呢?我们必须考虑他们所处的社会情境,他们的身份、两个人之间的关系,同时还要考虑到装扮背后的文化和历史情境。例如,在现代社会中,女性化的装扮会让人们觉得这两个男孩显得有些阴柔,他们为什么会选择这种风格的装束,是社会风气使然,还是他们的兴趣爱好所在?人们甚至会联想他们之间的关系。

## (二)服装社会心理研究内容

**对社会群体服装行为的研究**

服装是有生命的人与无生命的衣的结合物,它既是物质产品,又是精神产品。当今人们对服装的心理需求重于生理需求。同时,人们的大多数社会行为是在个人与群体,或群体与群体之间产生的。个人离不开群体,无时无刻不属于群体中的一员,而个人的服装行为必然会受到群体的影响,受到群体规范的约束和限制。

**社会交往与服装行为**

作为社会人,个体最常见且最重要的经历便是与人交往,在社会交往中,我们会有愉快、烦恼、幸福、怨恨等情感体验。不同的体验往往取决于人们之间亲近或疏远的社会关系,服装则是见证人们社会关系的外在物品之一。有时候,看见某件衣服会联想起与某人经历的事情,或者是经历过的某个重要人生时段。同时,服装也是影响人际关系的重要因素。在人际交往中,为了与别人建立良好的人际关系,人们总要通过服装向对方传递一些关于自身的信息,传达一定的态度和想法。

图 4–1 着不同风格服装的男孩

**社会角色与服装行为**

如上所述,从社会情境中可以判断人们的着装行为和心理,反过来,人们的服装行为也受制于社会情境。社会对人们的不同角色期待制约着人们的着装行为,在不同的场合应该有相应的着装,也就是说,着装应该与自己的年龄、职业、性别等相符合,因此,人们往往会通过服装来反映自己在社会中所扮演的角色和地位。想象一下,一名交警穿着便装在街头指挥交通,与他穿着正规的工作服比较,其在指挥交通上的效果是大不相同的。

**社会阶层与服装行为**

一般情况下,人们的服装、相貌、身高等能够反映其社会阶层类别。在古代等级社会中,服装的社会象征意义是十分明显的。服装层数的多少,服装拥有量的多少,服饰的颜色、图案、长度等都是有规定的,不同等级的着装是不能混淆和逾越的。现代社会中的等级制度基本消失了,代之以分层。人们可以按照自己的喜好着装,但不同社会阶层的着装习惯和爱好因经济实力、职业要求、生活品位不同而不同。服装的品牌、质地和颜色等越来越具有社会象征意义,如象征着装者的身份地位,以至于出现了畸形的炫耀性着装现象。

**服装流行与传播**

从某种意义上说,流行现象是区别于自然环境现象的特定形式,是人为的社会现象,这种人为的社会现象也突出地反映在服装的流行过程中。服装流行是对时代文明的理性认同,是大同小异的社会组合。流行是大同,个性是小异,大同的共性寓于小异的个性之中。服装的流行是思想观念、审美意识的新变化,同时也离不开人的心理活动的变化,它也是探讨某个社会风貌和科技发展水平的重要窗口。

## (三)服装社会心理学的研究意义

掌握了服装在社会交往、群体规范中的作用后,可以帮助人们减少服装行为中的盲目和错乱,学会对自己的外观进行自主操作,使自身的着装更符合社会期待。比如,毕业生在面试前都要选择合适的衣服, 如果面试单位是政府机关, 应聘者最好选择比较严谨的西装或套裙,一般而言,中规中矩的服装符合此类机构对员工的期待。

服装是表达社会权力、体现社会角色的重要载体,与社会结构、经济发展和观念转变有着密切联系。现代社会经济高度发达,人们不再只是为了温饱而工作和生活,有了自由选择服装的购买力和服装的偏好,相应地,人们的行为方式、生活方式、价值体系发生了明显的变化。在服装产业、广告等媒体的影响下,一些消费者的服装购买心理和行为出现了偏差,而服装心理学有助于正确认识转型期社会问题的类型和性质,把握其发展规律及特点,正确选择解决社会问题的路径和方法,比如,帮助人们形成正确的服饰消费观、价值观等。

## 二　社会群体与服装行为

人是社会性动物,这个世界是由许多群体构成的,在日常生活中,个人的态度和行为常常受到他人或所属群体的影响,希望与群体保持一致从而获得认同感和归属感。人的服装行为不仅是个体的个性使然,更能够体现出群体当中的人的社会性,也就是说,一个人的穿着打扮也会受到社会群体成员和群体规范的影响。本节主要介绍社会群体对服装行为的影响,包括无组织大群体、有组织大群体以及小团体对个人心理及其服装行为的影响。

### (一)什么是群体

群体是指具有一些共同社会心理特征的人,是由两个或两个以上,具有一套共同的价值规范、价值观或信念的个人构成的,群体成员之间存在着明确的或模糊的关系。我们都生活在错综复杂、相互重叠的群体当中,我们可以在学校、公司或行政机关工作,又同父母、配偶、子女生活在一起,同时跟邻居、朋友、同事交往。一些群体是为了共同的利益和目标组织起来的,如学校、公司等。有些群体则以共同的兴趣爱好、生活方式等聚集在一起。社会中最重要的一类群体则是以婚姻和血缘关系建立起来的,如家庭。总之,这些群体都以不同方式相互影响着群体成员的心理和行为,而随意聚集在一起,不能相互作用,没有共同活动的一群人,不是心理学意义上的群体。

### (二)群体的分类

群体可以按照不同标准进行分类。

**假设群体和现实群体**

根据群体的真实与否可以将群体分为假设群体和现实群体。假设群体常用于科学研究,研究者将那些具有共同社会心理特征的人归为一个群体,带有一定的人为性质和抽象特征。如青少年群体、都市女性群体、儿童群体等。现实群体则是进行共同活动、相互作用的群体,可以分为实验群体和自然群体。实验群体是在实验条件下,人为地将成员进行分组,根据实验要求举行某类活动的群体。自然群体则是没有外来因素干扰的、生活在自然状态下的实际群体。

**大群体和小群体**

按照群体规模和群体成员间的接触方式可以将自然群体分为大群体和小群体。大群体一般规模较大、人数较多、人员之间较少直接互动。典型的大群体是像阶级群体这样的利益群体。如革命者群体、消费者群体、汉族群体等。这类群体人数众多,活动方式和组合形式有的超出了作为实体的群体范围,甚至还可以划分出许多具有实体形式的群体。小群体则是指那些规模较小、成员之间能够直接互动的群体。小群体的主要特征是:成员间有面对面的联系,行为上相互作用、相互影响;成员在心理上彼此留意对方,保持着直接的思想沟通;具有共同认可的群体规范。

**松散、联合群体和集体**

按照群体发展水平、群体成员间的紧密程度以及稳定程度来划分,有松散群体、联合群体和集体之分。松散群体如公共汽车上的乘客、马路上看热闹的人群、影院观众等,联合群体和集体如机关的一个科室、企业中的质量活动小组、大学中的课题组等。

**参照群体和一般群体**

根据群体在人们心目中的形象来划分,可将自然群体分为参照群体和一般群体。参照群体是指被某一群体成员用来作为某种参照对象并试图效仿的群体。参照群体的概念是由自然科学中的"参照系"一词演化而来的,有"目标""标准"的含义,所以也叫作"标准群体"或"榜样群体"。参照群体的概念,是由美国社会学家海曼提出的。后来,一些研究者把参照群体概念扩大到个人对自己的社会地位、行为和观点评价的标准等问题上。

参照群体不是人们所属的群体,它是个人心目中想要加入或理想中的群体,它的价值观和规范体系常常是参照者个人的目标或标准。如大学生群体往往是那些想考入大学的高中生的参照群体,某个著名球队往往成为一些球迷的参照群体等。不同性质的参照群体有不同的特点,其权威性和影响力也不尽相同。一个人如果把一个或多个群体看作自己的参照群体,就会自觉或不自觉地用参照群体的价值观和规范来对照自己的行为,指导自己的行动。

**正式群体和非正式群体**

正式群体和非正式群体是以群体的关系结构和组织功能为标准而进行的一种群体分类。正式群体是为完成组织任务而建立起来的正规社会群体,这类群体是任务型的或命令型的,分工明确,并受到法律的保护。非正式群体与正式群体不同,它不是由上级社会结构组织起来的,而是在成员个人倡议的基础上建立的,它是群体成员之间以利益或感情为纽带而自发形成的。因此,非正式群体是一种自发形成的、无正式组织结构、无正式章程的群体,如朋友群、游伴群等。非正式群体既可以存在于正式群体之外,也可以在正式群体内部形成。

### (三)群体影响个体的方式

**暗示**

心理学中的暗示是指人接受外界或他人的愿望、观念、情绪、判断、态度影响的心理特点。它是人或环境以非常自然的方式向个体发出信息,个体无意中接受这种信息,从而做出相应的反应的一种心理现象。接受暗示是人的心理特性,它是人在漫长的进化过程中,形成的一种无意识的自我保护能力和学习能力。当人处于陌生、危险的境地时,人会根据以往形成的经验,捕捉环境中的蛛丝马迹,迅速做出判断;当人处于一个环境中时,他会无时无刻不被这个环境所"同化",因为环境给他的心理暗示让他在不知不觉中学习。

在社会生活中,人们常常使用暗示效应达到某种目的,即在无对抗的条件下,用含蓄、抽象、诱导的间接方法对人们的心理和行为产生影响,从而引导人们按照一定的方式去行动或接受一定的意见,使其思想、行为与暗示者期望的目标相符。如班主任在集体场合对好的行为进行表扬,就会对其他同学起到暗示作用。房地产商雇佣一批房托混在购房者中间虚张声势,形成抢购热潮,这也是一种暗示。在服装和化妆品购物广告中,常常有影视明星做代言,这是利用明星的名人效应作暗示。

赵本山和范伟演绎的小品《卖拐》是暗示效应的幽默体现。买者说,自己虽然"脸有点儿大,但自己的腿没问题"。卖者则说,"脸大,那是腿部末梢神经坏死,把脸憋大了"。买者说,"自己的左腿没毛病,只是小时候右腿摔过"。卖者说,"那是转移了,你把左腿跺麻后走一圈儿,肯定会有不适应感"。"末梢神经坏死"以及"转移"等,都是医学的常用语,有极强的暗示效应。结果,买者对自己的"左腿有病"便深信不疑,于是,一场骗局便大功告成。(图 4–2)

暗示效应的目的是使人在认识上进行改变，是单向进行的，影响暗示效果的因素有三种。一是暗示者的威信。这种威信可能是暗示者的社会地位、学识、所属团体等。二是受暗示者的特点。研究表明,年龄越小越容易受到暗示;女性比男性容易受到暗示;个性软弱者容易受到暗示。三是群体比单个人更容易受到暗示。

**感染**

心理上的感染是通过某种方式引起他人相同的情绪和行动。它实质上是情绪的传递与交流,在互动中具有很大的作用。一个人总是不自觉地接受别人情绪的影响,并且使这一情绪蔓延到其他群体成员中去。在文字出现之前,人与人之间或许就是依靠动作和表情来沟通的。一张充满恐惧的脸可以向同伴传达出这样的信息:此地有危险!如果感受到强者的愤怒,弱者就知道该小心谨慎,免得受到攻击。在现代社会交往中也是如此,看到欢乐的笑脸,你的心情也会愉悦。有时候我们会说:"我能感受到你的悲伤。"事实上是他的情绪感染了你。看到穿着色彩明亮、搭配适宜服装的青春少女,你会觉得世界真美好,而看到穿着色彩灰暗、样式老旧服装的中年人,你会觉得被暮气沉沉的气息包围着。

图 4–2 小品《卖拐》漫画

感染是双向的,是相互加强的一种心理活动。西式婚礼中,新娘身穿洁白的婚纱,婚礼现场有纯白的玫瑰和白纱,给人一种纯洁、庄重的感觉,参加婚礼的人们受到感染,往往不会大声喧哗,为现场增添一种庄重的气氛(图 4–3)。而中式婚礼则不同,传统的新郎装和新娘装都以红色为主调,在婚礼现场,你能看到红喜字、红对联等红色装饰,而现场的人们也会被这种热闹的色调所感染，情绪激动、兴高采烈、人声鼎沸,整个场面更加热闹。

图 4–3 圣洁的教堂婚礼

感染可以使某群体很快接受一系列服饰，感染的程度取决于人们的态度、价值观以及信念的一致性。如果某一群体成员的凝聚力较强，具有共同的价值观和信念，某一成员非常自信地着装的新款服装则容易被其他成员接受。

**模仿**

所谓模仿，是指在没有外界控制的条件下，个体受到他人行为的影响，仿照他人的行为，使自己的行为与之相同或相似。榜样是模仿的条件，人们总是自觉或不自觉地效仿一个榜样。

在人的一生中，模仿心理有着重要的作用，我们从生下来就开始模仿别人说话、走路、吃饭和做事情，模仿伴随着我们的一生。没有模仿心理，就没有人类的成熟和进步。在家里我们模仿的是父母，在学校里我们模仿的是老师，在社会上我们模仿的是成功人士。模仿也是服装时尚流行的推动力，国际时装周上的名模服装不久便会被明星模仿，而在淘宝网上，追星族能很快找到明星的同款服装，这种滚雪球一样的模仿是服装领域的常见现象。(图 4–4) 当然，模仿的影响力取决于榜样的威望和地位，也取决于榜样行为的大众化、实用化程度。有时也取决于榜样的专业性质和地域范围。

模仿现象有两种：虔诚性模仿和竞争性模仿。虔诚性模仿的前提是模仿者对被模仿者的尊敬，主要存在于等级界限较为严格的传统社会，在那里统治者是至高无上的，谁也不能在任何方面同他进行较量和挑战。这时，下层阶级在一些不存在严格禁令的方面可以模仿上层阶级，但一般不会出现超过上层阶级的现象。在斐济的原始部落中，如果酋长和部下沿山路往下走，不小心摔了跤的话，他身后的随从们也会立即按他的样子倒下去。这种模仿不仅说明了随从们对酋长的无限崇敬，同时也表明他们的愚蠢。现代社会的人们逐渐变得理性，服装行为的自我意识大大提高，出现了有选择性的、创造性的模仿，即竞争性模仿。竞争性模仿是现代大众社会人们追逐时尚的常见方式，它的存在前提是：一方面，人们在现实社会中存在着这样或那样的差异，但另一方面，这种差异又不是绝对的。正因为差异的存在是相对的，是能够缩小甚至反超的，才使得人们尤其是地位相近的人们之间会发生竞争性的模仿。一些社会心理学家认为，女性在服饰上追逐潮流的真实动机是为了相互竞争，而不是为了吸引异性，这种相互间的模仿最终导致一种流行的行为方式走向极致，这也常常是时尚产生的原因之一。但现代社会也存在对模仿对象不加分析的盲目模仿现象，这就容易导致东施效颦的结果。因此，人们应该根据自己的条件，穿出个性，发扬自己的优点，掩盖(抑制)自己的缺点，把自己最美的一面展示给别人。

图 4–4 《辣妈正传》主人公网络同款服装

### (四)社会群体对服装行为的影响

**群体从众现象及其影响因素**

1. 什么是从众

从众是指在群体直接或隐含的引导或压力之下，个人的态度或行为向着与多数人相一致的方向变化的现象。通俗地解释就是“人云亦云”“随大流”，大家都这么认为，我也这么认为，大家都这么做，我也跟着这么做。一般说来，群体成员通常有跟从群体的倾向。当自己的行为与判断跟群体不一致的时候，或者与群体中大多数人有分歧时，群体成员会感受到一种压力，从而会怀疑并改变自己的知觉、判断或行为，朝着与群体大多数人一致的方向变化。

2011 年 3 月 12 日，日本福岛第一核电站核泄漏后，我国民众十分紧张，担心核污染会通过空气和海水扩散到中国，污染土壤和未来的食品来源。民众最怕的就是没盐可吃，于是出现了“抢盐”风潮，这是典型的从众现象。(图 4-5)

在日常生活中，商家利用消费者从众购物的消费心理，恰到好处地采取促销手段，营造一种“大家都购买”的火爆氛围。于是，我们经常见到这样的画面：

某大型商场一楼有辆促销花车，所售商品为各款女士皮鞋，花车周围围有众多女士。售货小姐一边忙着给交钱的顾客包装皮鞋，一边喊道：“时尚女鞋，7 折促销。”来商场底层超市购物的王小姐本来不准备买皮鞋，但是看到这种场景，也忍不住挤进去看看，她挤到台前，发现大家好似不花钱一样抢着试穿、购买。她也赶快把注意力放在鞋子上，终于看中一款自己还算满意的鞋子，看看质量，还是真皮的，7 折下来 210 元，省了 90 元，赶快交钱，挤了出来，脸上露出满意的笑容。可是，过了几天，她在该品牌专卖店发现同款皮鞋，店里标价也是 210 元，王女士大呼“失败！”其实根本没有打折。

图 4-5　抢盐风波

2. 典型的从众行为实验研究

阿希请大学生们自愿做他的被试者，告诉他们这个实验的目的是研究人的视觉情况的。当某个来参加实验的大学生走进实验室的时候，他发现已经有 5 个人先坐在那里了，他只能坐在第 6 个位置上。事实上他不知道，其他 5 个人是跟阿希串通好了的假被试者(即所谓的“托儿”)。

阿希要大家做一个非常容易的判断，比较线段的长度。他拿出一张画有一条竖线的卡片，然后让大家比较这条线和另一张卡片上的 3 条线中的哪一条线等长。事实上这些线条的长短差异很明显，正常人是很容易做出正确判断的。(图 4-6)

判断共进行了18次。然而,在两次正常判断之后,5个假被试者故意异口同声地说出一个错误答案。于是许多真被试者开始迷惑了。实验结果发现,所有被试者平均做了总数三分之一的从众反应,即12次中有4次从众。对此,阿希认为,一旦个人处于群体之中时,就与该群体融为一体了。当他独自一人时,他可能以一种十分冷静和明朗的态度看待某一事物,但是一旦置身于某一群体而且该群体表现出自己的倾向时,他就不会再单独依赖自己的判断看待事物了。他可能以不同的方式对待该群体:或采取与群体一致的倾向,与群体妥协;或与之抗衡;再或者根本无视群体的倾向。但即使在最后一种情况下(表面看起来似乎不存在群体影响),也完全和前述情况一样,群体的存在有着明显和决定性的影响。

阿希的实验程序成为后来许多实验的标准程序,他的实验结果是令人惊讶的,因为他并未涉及明显的从众压力——既无团队合作的奖励,也没有独树一帜的惩罚。那么影响从众行为的因素是什么呢?

3. 影响从众行为的因素

影响从众的基本因素之一是信息。在许多情境中,人们由于缺乏进行适当行为的知识,而必须从其他途径获得行为引导或参照。例如,我们常常从朋友、网络、电视等渠道寻求帮助或获得时尚信息,了解什么样的服装适合自己,从而跟上时尚潮流。在商场里,人们会更愿意到人多的商店购买服装,因为人们会自然假定那么多人去购买自然有他们的理由。因此,一些不法商人会利用人们这种信息缺乏导致的从众心理,利用"托儿"来达到不正当促销的目的。

影响从众行为的另一个基本因素是群体规范。"木秀于林,风必摧之"这一格言提醒人们偏离群体的话,会面临群体的强大压力乃至严厉制裁。也就是说,一个群体具有的正式或非正式规范规定了群体成员受欢迎或不受欢迎的行为。任何群体都有维持群体一致性的显著倾向和执行机制。初来乍到的公司员工如果想很快得到同事的接纳和喜欢,办法之一就是了解公司文化,观察同事乃至上司的衣着喜好等,使自己的服装行为能够符合公司规范。

影响从众行为的因素还有群体自身的一致性、群体的凝聚力和群体规模大小等。如果个体对多数人的信任度降低,群体对成员的吸引力下降,那么群体成员的认同感也会下降,群体对成员的影响力同样会相应地降低,反之则不然。另外,阿希的从众实验指出,在3~4人的群体中最容易产生从众行为。也有研究表明,群体规模越大,越容易产生从众行为。

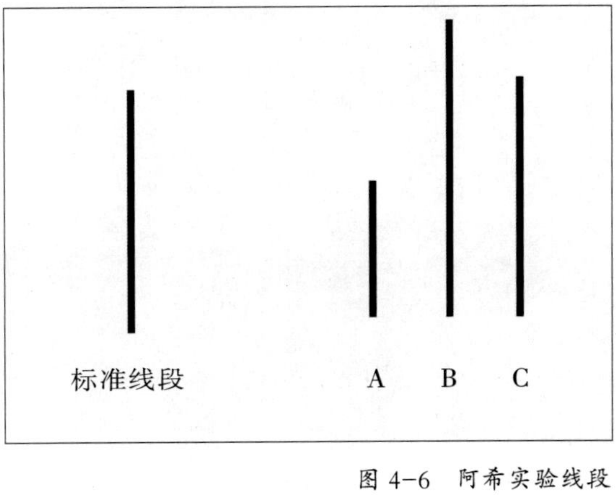

图4-6 阿希实验线段

刺激物的性质、社会地位以及时间因素也会影响从众行为的产生。整体来说,愈不熟悉的行为愈易吸引大众兴趣,从众行为愈加明显。朋克造型出现之初就吸引了年轻人的眼球,并受到一群叛逆青年的追捧。时至今日，朋克风潮历久弥新、长盛不衰，甚至出现了 Lady Gaga 之类的代表性人物，这样的造型没有受到主流社会的淘汰，反而生存并流行起来，为想博眼球而出名的年轻人群起效仿，一时间，“穿不惊人死不休”的造型出现了（图 4-7）。当然，社会地位也会影响从众行为的产生，处于中层社会地位的人容易从众，处于高层社会地位的人认为自己无需从众，而社会底层的人觉得无法跟上时代，所以不必从众，这也是“怪咖”造型在社会高层和底层无法施展的原因之一。

此外，个人的自信心、能力、年龄差异和文化水平的不同，也是影响从众的因素。一般来说，情绪不稳定、智力较低、意志力较薄弱、缺乏自信的人更容易产生从众行为。“冲动是魔鬼”，这句话用在头脑发热的购物者身上是最合适不过了，在情绪不稳定和意志力薄弱的时候，购物者会购买许多不太需要、不太合适的服装，买了之后便束之高阁或者悔不当初。而缺乏自信的人总是希望从参照群体那里寻找服装信息和安稳。另外，研究表明，青少年时期及其以前的年龄阶段是个体容易从众的时期，此时他们处于生理和心理的发展阶段，也是所谓的可塑期，容易受别人的影响。

**群体中的服从现象**

1. 什么是服从

服从是指主体在特定社会情境中，通过对客体提供的社会信息的概括、判断和推理，为寻求奖赏或免受惩罚而产生的与客体一致的行为或态度。可见，服从行为往往是屈从于他人或权威的命令、要求，做出的行为多多少少会带着消极情绪。比如，学校要求学生必须穿着校服，工厂要求员工必须穿着厂服上班，虽然有些成员产生抵触情绪，但迫于学校或工厂的制度不得不照做。

图 4-7　90 后的服饰风格

2. 米尔格拉姆的服从实验

在米尔格拉姆组织的实验中，受试者被告知将扮演“老师”的角色，其任务是给隔壁房间的另一名受试者进行记忆力测试。事实上“另一名受试者”是由实验人员假冒的，这一切只是米尔格拉姆布置的一场局。受试者被告知，只要对方给出了错误的答案，他将按下一个按钮，控制器将使隔壁的“学生”受到电击。此外，一名身穿实验室工作服的工作人员将在旁边指导和监督（事实上，并没有真正的电击发生，当然受试者并不知道这一情况）。受试者还被告知，实验中的初始电击为45伏特,每逢作答错误,电压值将随之提升。受试者每次按下按钮,“学生”在隔壁房间假装疼痛,发出尖叫声,请求受试者停止测试。

结果,在实验进行到某一程度(如电击330伏特)时,许多扮演老师的受试者表示开始感到不舒服,并质疑是否继续实验。然而,穿实验室工作服的工作员每次都鼓励他们继续实验。在得到无须承担任何责任的保证后,大多数“老师”都选择了继续提升电击电压,给予受害者一次又一次的电击。一些受试者则在听到“学生”的尖叫声后甚至紧张得笑了出来,因为当电流传向另一个人的躯体却无能为力时,恐怕笑是最好的良药。

最终,隔壁的“学生”会开始痛苦地敲打墙壁,恳求检查自己的心脏状况。在电击继续提升后,来自“学生”房间的声音将突然消失,以暗示他已经死去或者失去知觉。这个时候,有多大比例的“老师”将会继续给予电击呢?

实验结果显示,在“学生”可能已经陷入昏迷或者死亡的情况下,约61%~66%的受试者选择继续实验,直到电击达到最大电压450伏特。重复的实验研究表明了同一结果:只要实验室里的那名工作人员认为没有问题,“老师”将无意识地对一个无辜的陌生人施加痛苦。大多数受试者在电击达到300伏特之前都不会提出质疑或反对,0%的受试者在此前要求停止实验(请注意,在某些情况下100伏特的电压就足以使人丧命)。

3. 影响服从的因素

影响服从的因素之一是要实施适度的奖惩。公司员工的谈吐举止、着装情况直接关系到公司的形象,如果对员工的着装行为完全放任不管,有可能造成公司形象受损,尤其在跟时尚相关的公司中,员工的着装品位可能都会受到监督。当然,如果团体的奖惩制度过于严苛,会使成员无法承受,从而出现相反的结果。

从米尔格拉姆的实验可以看出,影响服从的另一个因素是与受害者之间的情感距离。当实验中的“老师”听不到受害者的抗议声或哀嚎声的时候,几乎所有的“老师”都会服从命令,镇静地把实验做完。当要求“老师”把“学生”的手强制性地按在电击板上时,那么完全服从实验命令的“老师”比例只有30%。这就是二战中许多德国纳粹士兵能够服从命令,残忍杀害犹太人的原因之一。在日常生活中也是如此,有些人会服从团体压力,去嘲笑某个服装品位低下的陌生人,或形体肥胖的路人甲,这是因为他们之间情感距离较远。假如这个人是他的朋友或亲人,相信他就不会大胆地嘲笑,甚至可能会为之辩护。

**社会群体促进现象**

社会促进也叫社会助长,是指人们在共同活动或有人在旁边观察的时候,活动效率比单独活动时升高或者降低的社会现象。最早用科学的方法研究社会促进的是心理学家特里普利特,有一次他偶然发现,自行车运动员训练的时候,单独训练时骑车的速度要比和多个运动员共同训练时慢20%。后来,他又找来一些小孩,让他们绕鱼线,干的时候分成两组,一组是一个人单独绕,另一组是集合起来一起绕。结果发现,一起绕线比单独绕线的效率要高10%。他据此得出结论,个人在集体中活动的效率要比单独活动的效率高。后来,心理学家孟斯特伯和莫德做了类似的实验，发现社会促进作用下活动效率有时也会降低。例如，背诵诗歌、写作文或做数学题的时候，还是单独一个人效果好一些。如果和别人一起做，或者做的时候旁人盯着看，反而会感到心慌意乱，从而降低学习效率。据此可见，社会促进可以从两个效应中表现出来，一个是共同活动效应，一个是观众效应。

1. 共同活动效应

共同活动效应又叫结伴效应，是指在他人参与的情境下，个人活动的积极性或效率会提高。如果一个宿舍或一个班级的大多数女生都不爱打扮，那么会形成朴素的着装风气，爱打扮的女生也不会过于追逐时尚。相反，这个宿舍或班级则会形成相互攀比的着装风气。

2. 观众效应

观众效应是指在他人旁观的情况下，个体行为出现正向提高的现象。一些宅男宅女在家着装随意，一旦出门，可能会精心打扮，这是因为大街上有人看着，如果过于随意则有碍观瞻。一群男生在一起吃饭喝酒往往狂放不羁，如果有大部分人喜欢的“女神”在场，估计一些男生的行为举止会发生变化。

**社会群体中的去个性化**

去个性化又叫个性消失，亦可叫去压抑化、去抑止化，这一术语是由法国社会学家 G.L.博恩在其经典著作《人群》一书中提出来的。去个性化指个体在群体中或与群体一起从事某种活动时，个体对群体的认同，或以群体自居，使个体的个性溶化于群体之中，从而失去了个性感，甚至会出现自我导向功能削弱或责任感丧失的现象，个体在群体的保护下，做出一些个人单独活动时不会出现的行为，或者违反他们在社会情境中常常遵守的社会准则的事，表现出非正常的行事倾向。如集体起哄、相互打闹追逐，甚至成群结伙地故意破坏公物、打架斗殴，集体宿舍楼出现乱倒污水垃圾等，都属于去个性化现象。

去个性化是一种自我意识下降，自我评价和自我控制能力降低的状态。去个性化可以通过穿着相同服装的方式实现，20 世纪 70 年代，在几亿中国人的衣柜里，绿、蓝、黑、灰等几种颜色的衣服占据了绝对的“统治地位”。中国人因为服装样式的单一和色彩的沉闷被西方人形容为“蓝蚂蚁”(图 4–8)。最壮观的场面是下班时分，从国营大厂矿的大门涌出的人流都着蓝色、灰色工作服，远看呈灰暗一片。片刻工夫，黑压压的人群跨上自行车，迅速消失在归家的路途中。那时候，艰苦朴素是良好作风，值得提倡，讲究吃穿是资产阶级思想，是会受到批判的。因此，人们用服装掩盖自己的个性，努力融入艰苦朴素的群体，以免受到批判。

图 4–8　被称为“蓝蚂蚁”的着装现象

**社会群体中的冒险转移**

冒险转移也叫风险转移，是指人们在群体条件下做出的选择比个人单独做出的选择是更加冒险的，或者更有风险性。关于冒险转移的经典实验案例是某人得了心脏病，做手术会改善他的身体状况，但这种手术是有风险的，手术失败后可能造成更严重的后果。研究人员请了一些测试者分别给这位患者提一个建议，请他们在如下的手术成功率中做选择：10%、30%、50%、70%、90%。测试者在选择时平均认为，成功率在50%时可以接受手术。现在，找7个人来讨论一下再给患者一个建议。经过小组讨论，最后被测试者给病人的建议是，有30%成功率就可以动手术，等于风险率增加到了70%，出现集体冒险现象。

一般认为群体决策集思广益、博采众长，小组讨论的结果应该比个人决策更为合理、有效。但是集体在决策时，由于出现责任分摊、社会比较作用、领导人倾向作用等因素，群体决策往往比个人决策更趋于冒险。

这种群体增强个人冒险行为倾向的现象在日常生活中比较常见。一个想展示自己奇装异服的学生起初可能没有勇气，但如果得到众多朋友的鼓励和支持，再加上一个人跟他一起穿上奇装异服，那么他的信心和勇气就会大增，敢于冒着被人鄙视的风险走上街头。

## 三　社会交往对服装行为的影响

马克·吐温说过："文明姑娘的一大部分是她的服饰——事情原应如此。某些文明礼貌的妇女如果没有服饰就会失去一半的魅力，有些会失去全部的魅力。一个最大限度地打扮起来的现代文明的姑娘，是以精致、优美的艺术和金钱造就的奇迹。所有国家、所有地区和所有艺术都被贡献出来，让她打扮自己。"可见，服饰在两性关系中的作用之大。作为社会性动物，人类生活在错综复杂的关系网中，彼此之间会形成不同的社会关系，如经济、政治、法律、宗教、血缘关系等，并不可避免地进行着社会交往。在社会交往过程中，人们彼此之间的社会认知、印象形成、人际吸引和人际交往等活动都离不开服装行为，而服装能够成为你刻画自己形象、散发外观魅力、吸引他人、增进人际交往的有力工具。假如一个公司招聘职员，面试官与求职者素不相识，前者往往会将后者的能力与其衣着服饰、谈吐仪态等联系起来，求职的成功不仅取决于求职者的简历，有时也取决于外观给人的第一印象，或者在回答问题中体现出来的社会交往能力。这里涉及诸多方面的问题。首先，人们在社会交往时，总会对他人形成某种印象，如精明强干、诚实可靠、油腔滑调等。其次，社会交往是一个双方相互作用的过程，人们可以通过语言或非语言的方式来沟通，如表情、肢体、服饰行为等。本节的目的是介绍人际知觉、印象形成和人际交往与服装行为之间的关系。

### (一)人际知觉

人际知觉也称为社会认知或社会知觉，是指对人与人之间关系的知觉，包括对人的外部特征、个性特点了解以及人行为的判断和理解。这种知觉主要是在人际交往中发生的，以各种交际行为为知觉对象，即人们通过相互接触和交换的言语、态度与动作，包括礼节、交谈、表情、援助、侵犯等行为判断、推理其职业、年龄、性格等内在特征。

**人际知觉的特点**

由于人际知觉过程中有明显的情感因素参与，人们不仅相互感知，而且彼此间会形成一定的态度，在这种态度基础上又会产生各种各样的情感，因此，人际知觉具有复杂性和特殊性。

人的外在特征都是某种信息载体，是认识其内在特点的信息线索。但由于人类心理的复杂性，凭借有限的外部感觉信息做出的判断并不总是正确和全面的。正所谓“知人知面不知心”，有些人的外在表现或服装行为与其真正的品格会截然相反。

人际知觉的复杂性和特殊性还体现在缺乏客观标准来检验人的知觉是否正确。不同的群体、地域、文化、国家等对人际的认识标准存在差异，这在时下流行的相亲节目中十分普遍，如一个男嘉宾出场后，众多女嘉宾对他的看法有时候差异很大：有的认为男嘉宾的着装打扮有些奇怪，有的却认为这是时尚的表现，有的认为男嘉宾不够稳重没有安全感，有的却认为男嘉宾魅力无限……总之，各花入各眼，每个人的价值观、生活经历等因素影响着她们对男嘉宾的人际认知。

**制约人际知觉的因素**

在社会交往中，人知觉的复杂和不易把握的特征促使我们探索其背后的制约因素，以便能够客观把握与人交往的尺度、节奏等。

1. 知觉情境

我们在推测或了解一个人的时候，往往会根据当时所处的环境或时间等因素。比如，我们看到一个身穿比基尼的女孩，如果她所处的环境是海边，我们可能会推测她是来游玩的游客；如果她的背景是舞台，我们可能会认为她在参加选美比赛。同样，一个神情自若的年轻人走在熙熙攘攘的大街上可能不会引起我们的注意，因为他太像闲逛的路人，但如果突然有两个便衣警察将他摁倒在地，戴上手铐，你很快会意识到他肯定是罪犯，如果这时不远处有一些摄像机在拍摄，你又会想到，这是在拍戏吧。总之，复杂的知觉环境赋予了人际知觉复杂而特殊的特性，而服装会传递一些信息，也会掩盖一些信息，这需要我们调动不同感觉和知觉器官对诸多信息加以分析，从而得出相对客观而正确的结论。

2. 知觉主体

在人际交往过程中，个体本身的社会阅历、个人动机、当时的情绪状态等都会影响到他的人际知觉结果。如果某企业老板急需推广自己的品牌，这种商业动机驱使他寻找有助于宣传品牌的关键人物，当遇到此类人的时候，相信这个企业老板会主动与对方交流，向对方介绍自己的产品。同样，知觉主体的年龄、社会阅历、情商等也会影响人际知觉的结果，如果一个人的情商不高，不懂人情世故，在社会交往中必然会出现各种纰漏，相反，经验丰富、人际交往能力强的人，则会如鱼得水。

3. 知觉客体

人际知觉的过程是双方互动的过程，需要双方的配合。如果知觉主体热情洋溢、积极主动地跟知觉客体交流，后者却拒之千里，前者会犹如冷水浇头，热情顿减，人际知觉的结果会大打折扣。如果知觉客体也是一个乐观、开朗、外向的人，容易与人沟通，那么人际知觉的过程可能会相对顺利一些。

**人际知觉规律**

1. 首因效应

首因效应是指人与人第一次交往时给人留下的印象在对方头脑中形成并占据着主导地位的效应。首因效应又叫首次效应、优先效应或第一印象效应。心理学研究发现，与某人第一次会面，45 秒钟就能产生第一印象，可见第一印象的形成时间一般比较短暂，因此带有一定的片面性和表面性。但它在社会交往过程中作用最强，持续的时间也长，比以后得到的信息对于事物整个印象产生的作用更强。

2. 晕轮效应

晕轮效应又称光环效应，是指人们对他人的认知判断首先是根据个人的好坏得出的，然后再从这个判断推论出认知对象的其他品质的现象。这是人们在人际交往中形成的一种夸大的社会印象，正如日、月的光辉在周围云雾的作用下扩大到四周，形成晕轮或光环。由于人们对他人的多数判断最初是根据好坏得出来的，一个人被认为是好的，他就被一种积极的光环所笼罩，从而也就被赋予其他好的特质。如果他被认为是坏的，他就被一种消极的光环所笼罩，从而也就被赋予其他不好的特质。

有时候晕轮效应会对人际关系产生积极作用。著名的钢琴家肖邦在成名前曾默默地流浪在巴黎街头。一天，在一个美妙的夜晚，文学家纳撒尼·霍桑高兴地对参加聚会的朋友们说："钢琴大师李斯特将为我们演奏新曲。让我们熄灯灭火，在黑暗中聚精会神地欣赏吧。"一曲终了，大家都陶醉在美妙的琴声里，继而爆发出热烈的掌声。在掌声中，霍桑手执蜡烛，挽着"李斯特"离开钢琴走向大家。这时，大家才发现钢琴的演奏者是一位陌生的年轻人，顿时醒悟过来。聪明而伟大的霍桑利用名人的光环效应，击垮了世人的偏见，使肖邦脱颖而出。这个故事表明人们首先认可的是钢琴大师"李斯特"的名声，而不是名不见经传的肖邦，这便是晕轮效应的积极影响。

在今天的商业社会里，晕轮效应也很常见。生活中有很多人在初次见面时总爱向对方夸耀自己认识某位名人，即使攀不上关系，也要说很熟，是朋友，或朋友的朋友，这在某些情况下能够达到提升个人形象的目的。各类粉丝对明星的疯狂追捧也是被明星的光环所吸引，从而忽视了明星"人"的一面。

3. 优先效应和近因效应

优先效应就是指事物最先给人的刺激具有强烈的印象。有人曾对四组大学生做过一次有趣的实验，实验者将一个陌生人分别介绍给大家：第一组被告知这个人是外倾型的，第二组被告知这个人是内倾型的，第三组先告知这个人的外倾特征，然后再告知这个人的内倾特征，第四组先告知这个人的内倾特征，然后再告知这个人的外倾特征。最后，让这四组学生分别想象出对这个陌生人的印象。结果第一、第二两组的想象是相似的，第三、第四两组的想象则是完全按照提供信息的顺序，第三组大多数人把陌生人描述为外倾型，第四组大多数人把陌生人描述为内倾型。也就是说，总是先提供的信息占优势，这个实验充分说明了优先效应的客观存在。

近因效应是指最后给人留下的印象往往对人具有强烈的影响。例如，按照上述第三、第四两组学生的实验顺序去描述一个人，只是其间插入了一段不太复杂的作业，即让学生完成一些不太难的数学题，然后再让学生描述他的性格特征，结果发现后半部分介绍的性格特征在学生的头脑里留下了深刻的印象。这就是说，近因效应在起作用。

近因效应与优先效应一样，都在人的人际知觉中起着重要作用。一般而言，在感知陌生人的时候，优先效应往往起到更大的作用，而感知所熟悉的人的时候，近因效应会起到更大的作用。例如，一场精彩的文艺演出，编导者往往十分注意它的开头和结尾，因为开场和结尾的节目，最容易在观众的心目中留下深刻的印象。这就是人们常说的要唱好开场戏和压台戏的道理。

根据这两种效应的不同作用，在现实生活中我们还可以按照信息出现的不同顺序给人以不同的影响来加强宣传工作的效果。例如，在讲演或做报告的开始阶段，就向听众鲜明地提出自己的正面观点，利用优先效应使之在人们的头脑里对这些观点形成深刻的印象。最后，在结尾的部分再次用新的论据有力地证明自己所阐述观点的正确性，这样就同时利用了优先效应和近因效应，在客观上达到很好的宣传效果。

4. 刻板印象

刻板印象是指社会上部分人对某类事物或人物所持有的固定的、笼统的、呆板而没有变通的印象，它反映的不是一种个体现象，而是一种群体现象。它是思维定势的一种表现，一旦形成就很难改变。如说到商人，人们总会和“唯利是图”联系起来；说到军人，就认为威武、刚强、守纪律；说到艺术工作者，就会想起大胡子、长头发、非主流的装扮……这是在职业上的刻板印象。

刻板印象的形成主要是由于我们在人际交往过程中，没有足够的时间和精力去和某个群体的每一个成员进行深入交往，而只能与其中的一部分成员交往，因此，只能“由部分推知全部”，由所接触到的部分去推知这个群体的“全体”。当然，在一般情况下刻板印象还是有一定道理的。因为“物以类聚，人以群分”，居住在同一个地区、从事同一种职业、属于同一种族的人总会有一些共同的特征。但是，刻板印象毕竟只是一种概括而笼统的看法，并不能代替活生生的个体，因此“以偏概全”的错误也在所难免。克服刻板印象，还需要双方平等地接触和了解。多参加交往，增加与不同群体的人之间的接触，可以通过亲眼所见了解对方的品质、能力、喜好等，这样可以消除刻板印象，克服偏见观念。

5. 投射效应

心理学研究发现，人们在日常生活中常常不自觉地把自己的个性、好恶、欲望、观念等心理特征归属到别人身上，认为别人也具有同样的特征，这便是投射效应。因此，投射效应是指个体依据其需要、情绪的主观指向，将自己的特征转移到他人身上的现象，其实质是个体将自己身上存在的心理行为特征推测成在他人身上也同样存在。

投射效应在人际认知中存在着积极作用。假设你经历了千辛万苦，考上了梦寐以求的大学，在收到通知书的那一刻，心情必定十分愉快，顿时会感觉天格外蓝，风格外柔，看谁都会觉得顺眼。一个关于苏东坡的经典小故事也反映了投射效应。相传苏东坡去看望好友佛印禅师，问他："禅师你看我像什么？"佛印回答："你像佛。"苏东坡心中欢喜，但又想跟禅师开玩笑，就问："禅师怎么不问我看你像什么？"禅师不答。苏东坡继续追问，佛印只好遂其心愿，问道："你看我像什么？"苏东坡说："我看你像狗屎。"回到家中，苏东坡洋洋自得，认为自己赢了佛印，就将此事告诉小妹。结果，苏小妹听后哈哈大笑，说："你输了，佛印禅师以佛心看人，故看你像佛；你以狗屎心看人，故看人像狗屎。"

这些社会心理效应都有助于我们理解人际交往过程中的服装行为。

扩展阅读：罗夏墨迹测试

罗夏墨迹测试是非常著名的投射型人格测试。举个形象的例子，罗夏墨迹测试很大程度上就像是盯着云彩看：当你看到毫无意义的形状，大脑会将其组织成图像，试图搞清楚它的含义。这种测试可以揭示驱使人们行为与情绪活动的秘密特征，对心理健康进行评估。（图 4–9）

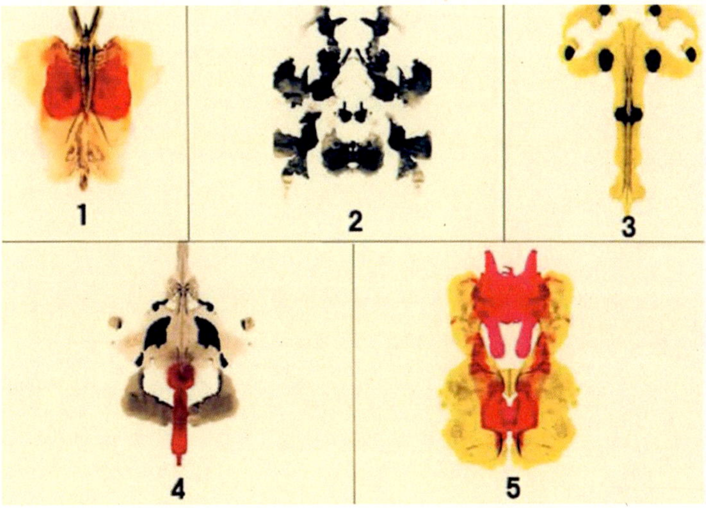

图 4–9　罗夏墨迹测试

从右面的五张图片里面，你看到什么？

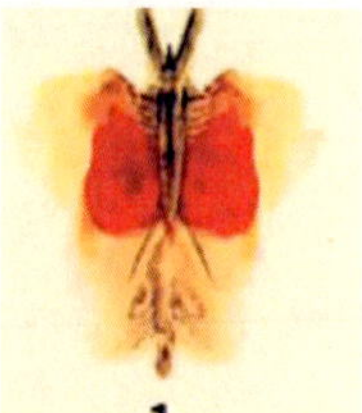
1

图 1. 你认为上图最像什么？

A. 显示鲜红心脏、肺部和血液的胸部 X 光片

B. 古怪的大鼻子教授，头发四周有白发，头顶还盘发

C. 黄貂鱼或鳐鱼

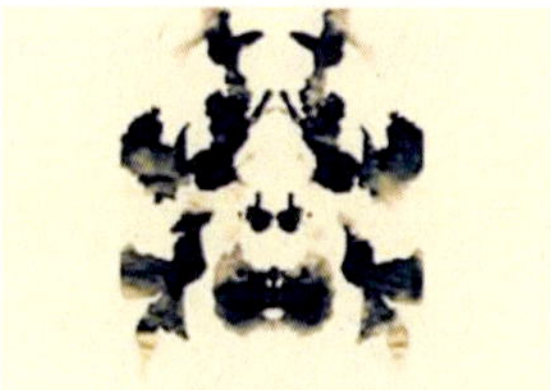
2

图 2. 你认为右图最像什么？

A. 两只披着羽长围巾、彼此相对的鸥鹊

B. 甲虫或圣甲虫，可能还长着蟹爪

C. 眼镜、胸罩或胡须

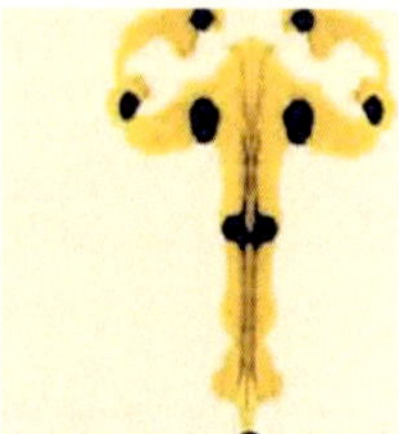
3

图 3. 你认为右图最像什么？

A. 展示肌肉力量的猛男

B. 蝎子

C. 输卵管

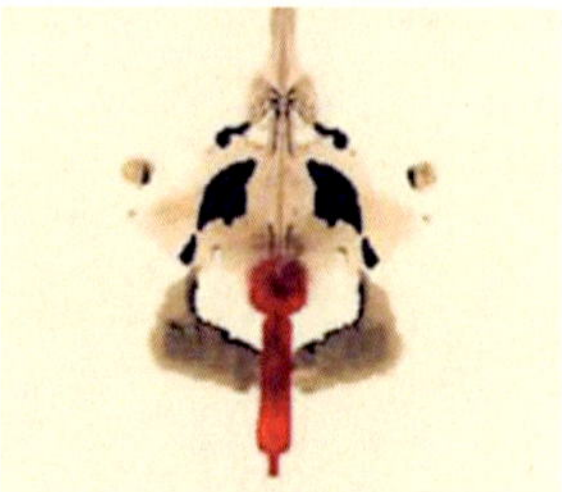
4

图 4. 你认为右图最像什么？

A. 流鼻涕的小丑、动人面孔，或是伸舌头的人

B. 穿连衣裙的女士，裙子下面是两只跳跃的海豚

C. 丢失已久的可爱玩具

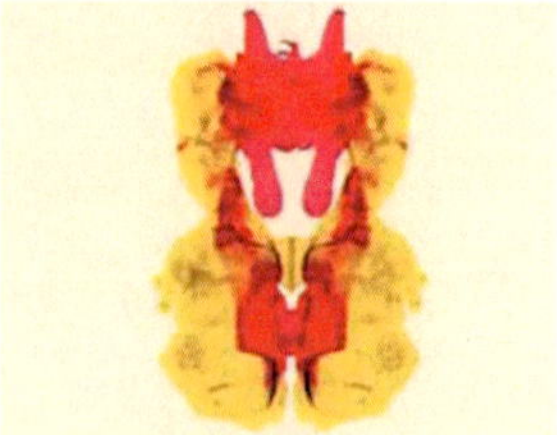
5

图 5. 你认为右图最像什么？

A. 有舌头、扁桃体和咽喉的一张嘴

B. 两只黄色雏鸟啄食

C. 一只有胡须或爪子的红猫，可能还在吃蝴蝶，或是毒蛇嘴巴

测试结果：

图 1 解析：

A. 胸部 X 光片：这表明你情感丰富，内心有思想需要表达，但你更喜欢默默承受，不愿给别人添麻烦。一般情况下，你很难拒绝别人的请求。

B. 大鼻子教授：为人和善，低调谦逊，善于思考，是值得信赖的良师益友。

C. 黄貂鱼或鳐鱼：总是觉得低人一等，习惯了更有资历之人的排挤，虽然心里不一定舒服。

图2解析：

A. 鸸鹋：你感受到奢华生活的魅力，虽然有时第二天一觉醒来，并不喜欢这种感觉；你摇摆于两种极端情绪之间：一种是目空一切，太把自己当回事儿，另一种则是妄自菲薄，毫无根据地看轻自己。

B. 甲虫：工作非常勤奋，自然而然会获得成功；你详细制订了计划，并付诸于实施。

C. 眼镜、胸罩或胡须：喜欢打扮，对别人对自己的看法过于敏感，总是希望通过购买新车、新衣来化解内心的空虚与无助。

图3解析：

A. 猛男：这说明你非常有能力，无论什么工作交到你手中，都能轻松驾驭。你非常有天赋，意志力极强。由于能应付得了任何挑战，你总为自己感到骄傲。

B. 蝎子：适应能力很强，就像体操运动员，饮食和睡眠可能存在问题，你的身体非常敏感，还好不属于"神经质"，虽然一切有点像治疗的事情都会令你紧张起来。

C. 输卵管：总是感觉自己的潜力没有得到充分挖掘，仍然期待着一切从头再来。你对未来生活做好了详细规划，例如，应该与哪些人交朋友，如果现实与你的期望有一定距离，即使你取得了相当大的成就，仍会感到有些失落。

图4解析：

A. 小丑、面孔或伸舌头的人：这说明你善于社交，喜欢结交朋友——没人会说你是遁世者。不过，你给人感觉十分冷淡，这一习惯让朋友很为你担心。

B. 穿连衣裙的女人：你颇具感召力，表面看上去常常郁郁寡欢。这种性格使人十分关注你的一举一动，虽然这能充分体现自我，却不一定对增强你的自尊心有多大帮助。

C. 可爱玩具：有时，当你身陷困境时，你常常沉湎于往事，那个时候，你感觉自己属于这个世界，不必付出多大努力就能证明自己。

图5解析：

A. 嘴：你体现了真正的力量——坚强的性格、巨大的成就和宽广的胸怀，当你走进某个房间，会带来很强的"气场"。

B. 雏鸟啄食：你彬彬有礼，很有教养，真心真意地对待别人，永远不求回报。你对自己的付出是否会赢得别人的敬重根本没有把握。

C. 红猫或毒蛇嘴巴：有时，你的人际关系就像是慢撒气的自行车胎，即便你打足了气，仍然不确定关键时候能否靠得住。许多工作你都不胜任，至于原因，自己也不清楚。

（资料来源：壹心理，http://www.xinli001.com,2014-04-24，选文有删改）

## (二)印象形成和服装行为

### 印象形成的特点

日常生活中的人们总会受到大量外部环境信息的刺激,当你走到大街上,有汽车噪音、店铺招徕顾客的音乐、触目可及的广告、多姿多彩的霓虹灯、飘然而过的男男女女身体散发出的味道等,也有一些来自社会或人际交往的信息,争吵的场面、微笑地打招呼、愤怒的脸庞等。可以说,我们处于一个热闹甚至"乱哄哄"的世界里,我们的感觉器官不断接受各种信息,在认知世界、认知他人的过程中似乎会觉得无所适从。然而,事实并非如此。巴克指出:"我们不断地接收信息,几乎是无意识地记住环境中熟悉的情况,不注意许多生疏的东西,而对我们接触到的不熟悉的东西则尽可能提问、分类。把社会环境和自然环境都组成可以分辨的成分,并使其适合我们已有的实际知识。"也就是说,人们会通过大脑有选择地、加以甄别地接收外部信息,认知世界的过程是有序而稳定的。这种认知规律同样适用于人际交往中的印象形成过程及其特点。

首先,第一印象在印象形成过程中十分重要。在上文所谈及的首因效应中讲到第一印象在人际知觉中的作用,它是印象形成过程中的重要环节。在人际交往中,有些人我们十分熟悉,如家人和闺蜜;有些人只是点头之交,虽然认识,但并不熟悉;有些人可能只是一面之缘,相对陌生。对于陌生人,我们几乎完全依赖初次见面时的印象来评价他们。对于熟悉的人和相对熟悉的人,我们可以通过继续交往或间接渠道了解,形成客观的、稳定的印象,即便如此,由于首因效应,交往过程中的第一印象也会长时间地影响我们对他人的态度和评价。正如社会心理学家奥尔波特所描述的:"用最简单的视觉,在 30 秒钟这样短暂的时间里,就能唤起一个复杂的心理过程,对一个陌生人的性别、年龄、体态、民族、职业和社会地位做出判断,同时估计他的气质、优势、友情、整洁,甚至可靠性和诚实。如果没有进一步的了解,许多印象可能是错误的,但是它们显示了我们快速的总体判断的天性。"

其次,认知对象信息资料中的核心特性会影响到印象形成的总体特征。人们对他人印象的形成总会带有一定的评价性。如初次相识,我们可以通过对方的体貌特征、衣着服饰等信息,评价他为热情洋溢的人、有品位的人、冷漠的人、谨慎的人等。但是,影响评价的信息资料中可能某些资料的比重较高,能够影响到印象形成的整体特点,这种比重较高的信息资料即核心特性。

阿希曾经做过一组实验证明为了形成对人的印象, 我们通常必须至少掌握此人的几项特征。但是,对人的印象不是由几种不同的特征拼凑而成的,相反,你会对一个人形成一种整体的印象。假定一个人有 5 种不同的特征:分别以 A、B、C、D、E 代替,阿希总结了两种理论,用来解释人是怎样组织这些特征并形成印象的。第一种理论假设认为,印象就是把这些特征简单相加:A + B + C + D + E = 印象。这意味着你是根据这些互不相关的特征来形成对某个人的印象的。第二种理论主张你采用了一种更加一体化的模式,好比是把这些互不相干的因素投入到一个容器中充分搅拌,使其融合成为一体。这种观点认为每个人个性中的各个特征是彼此关联的。事实证明,第二种理论更符合人们的实际经验,较为合理。

另外,阿希又做了一个实验,证明核心特性对印象形成总体特征的影响力。他以大学生为实验对象,列出七种有关人物性格的词语作为参考,让被试者对具有这种特征的人做个简单描述。学生分为两组,第一组接受的词语是聪明、灵巧、勤奋、热情、果断、实际、谨慎,第二组接受的词语只将“热情”换成“冷淡”,其余不变。实验结果发现,学生们可以根据提示词描述一种人物形象,但两组大学生描述的人物形象完全不同。第一组学生认为该人物是一个热情、慷慨大方、受人爱戴、快乐幽默的人,第二组学生描述的则相反,认为该人物是个斤斤计较、毫无同情心、十分势力的人。由此,阿希认为,“热情”和“冷淡”是决定印象形成的核心特征词,也就是说,当这两个词相互替换的时候,实验对象的印象形成结果出现了巨大反差。他的另一个实验表明,用“文雅”和“粗鲁”来代替“热情”和“冷淡”时,两组学生形成的评价差别并不显著,这说明“文雅”和“粗鲁”是决定印象形成的边缘特征词。

总之,阿希的一系列实验说明:印象形成是所有信息综合作用的结果,其中某种信息是左右印象形成的主导因素,而最早出现的中心词决定了人们的第一印象。

**服装在印象形成中的作用**

玛丽琳·霍恩在《服饰:人的第二皮肤》一书中写道:“在当今变动的都市化的社会里,人与人之间的频繁接触自然是短暂的、不受个人感情影响的,最初印象往往是形成的唯一印象,而且为了实用的目的,服饰成为包括一个人在内的感知领域的不可分割的紧密部分。服饰不仅提供有关自我、角色和地位的线索,而且还有助于限定感知一个人的场景。”可见,一个人的服装及其外观作为披露个人信息的“载体”,由于人际认知规律中的首因效应,在印象形成过程中起着重要作用。

不仅如此,人际认知中的服装刻板印象形成也较为普遍。因为我们生活在服装群体之中,个人的生活体验有时候沉淀为生活习惯或思维定势,这种思维定势有时可能是一种民族或文化习惯,有时候会成为一种偏见。例如,人们对明星的服饰刻板印象是时尚、前卫或高档的,如果哪个明星被狗仔队拍到衣衫平常,形似路人,其公众美誉度可能会降低,八卦杂志也可能胡乱猜测其个人生活出了问题,这样才能满足公众的心理需求。当然,也有例外情况,如果某位明星在公众心目中的形象是低调有内涵的,那么他或她的服装形象又可以另当别论。再如,人们对医生的服饰刻板印象是白大褂,这是来自职业的心理要求,结果,电视上就会出现某个身穿白大褂的医生之类的人向我们推荐:“我建议使用舒适达,舒适达是针对敏感牙齿研制,它的有效成分能够渗透入牙齿内部,舒缓牙神经末梢,缓解牙齿敏感……”这种广告便利用了公众对专业医生的刻板印象,从而获得公众的信任,达到广告效应。不过,生活中也有很多虚假广告和虚假营销者利用了这一点,骗取人们的信任,随便找个人,戴上眼镜,穿上白大褂,自称某领域的教授或专家,最终造成恶劣影响。实际上,这里说的服装刻板印象形成的心理基础与人际知觉规律中的晕轮效应是直接相关的。当人们对专家或医生的服装特性形成了习惯印象后，就倾向于推断穿着此类服装的人就是学识渊博、值得信任的权威人士。

印象形成过程中也会出现服装近因效应和服装优先效应。例如，当我们观看一场新品服装发布会，模特最先穿着的服装和最后压轴出场的服装往往能够形成强烈刺激，让观众印象深刻，这是商家利用了公众的心理接受规律的结果。

总之，掌握印象形成的特点以及人际知觉的社会心理效应，有助于人们正确客观地理解人们的服装行为。

### (三)人际交往与服装行为

#### 增强人际吸引的条件

1. 外观

爱美之心人皆有之，这不仅仅指个体美丽的外观会增强人际吸引力，同样，在人际交往中，对方如果具有美丽的外观和优雅的谈吐也会吸引他人与之交往。早在两千多年前，古希腊哲学家亚里士多德曾说道："美丽比一封介绍信更具有推荐力。"现代社会亦是如此，很多女孩会大胆宣布：我就是外貌协会的！其实，很多公司、企业在招聘人才的时候，除了个人能力、工作经验等条件之外，也会考虑求职者的外观，这也是近年来一些毕业生在找工作的时候会进行微整容的原因之一。

2. 邻近性

空间距离越小的人们，彼此之间越容易产生吸引力，在人们交往的初期阶段更是如此。一般情况下，当某人刚进入一个陌生环境，周围的人们并不熟识，最先接触的可能是距离自己最近的人。相反，关系很好的朋友如果在毕业后各奔东西，几年难得一见，其关系可能不如在工作中新结交的朋友更亲密。

3. 类似性

俗话说"物以类聚，人以群分"，人们与那些跟自己在某些方面类似的人容易交流，或者抱着惺惺相惜的善意态度。这里的类似性有很大的感性成分在里面，是自身知觉到的类似性，既包括信念、价值观、个性等品质，也包括外在的着装打扮、年龄或经历等。一对恋人或者好朋友能够互相吸引，其原因之一肯定是两人具有共同的兴趣爱好或者相同经历等。如果在大街上看到某人穿着一款你垂涎已久的服装，或者跟你相同款式的服装，你马上会被吸引过去，甚至可能产生一种英雄所见略同的感受：看，她的爱好跟我一样！

如图 4-10，男女相亲过程中，女方说："我平时的爱好是看书，有空写点小文章，自娱自乐。"男方说："透露一个小秘密，我很喜欢文笔好的女孩。"相似的爱好会马上拉近二者的心理距离。

图 4-10　相亲中的男女

4. 互补性

在人际交往中，当双方的需要正好成为互补关系时，往往会一拍即合，产生强烈的吸引力。比如，正在寻找扮演某一角色的张艺谋突然发现了合适人选，而这个演员正好渴望能够成为“谋女郎”，那么二人之间的交往必定十分顺利。再如，立志成为全职太太或小女人的女孩遇到支配性较强的男性，往往容易形成恋人关系。

5. 熟悉性

在社会心理学中有个概念叫“曝光效应”，是指当人们反复接触或经常与某人交往，会因为熟悉而增加喜欢他的程度。有人做了这样一个实验，让被试者看一些人的面部照片，有些照片被看 25 次，有些只看一两次，然后问被试者的喜欢程度，结果发现，看的次数越多的照片，被喜欢的程度越高。这在当今社会很常见，一些明星背后的宣传公关团队就利用了“曝光效应”，费尽心思让明星参加各类电影节、颁奖礼，甚至制造新闻，其目的就是让观众更多地看到明星的面孔，增加其受欢迎程度。

如图 4–11，小明星的经纪人：“走啊，去参加巴黎时装周，各大秀场都看一遍，争取坐到前排，混个脸熟。”小明星：“好吧，为了成为国际大腕，向颁奖礼、向时装周前进！”

6. 个人魅力

个人的个性、特长、衣着品位、身体形象等也会影响人际吸引力，特别是在第一印象形成过程中，交往双方的个人魅力非常重要。美国学者奥尔波特研究了一群陌生人首次集会时的人际吸引力，发现个人的内在属性如幽默、涵养、礼貌等因素是主要的吸引力因素；其次是外表的特点，如体形、服装等也是吸引力的依据；第三是个人所表现出的特殊行为，如新奇的、令人喜爱的动作等，亦能增加吸引力；最后是地位和角色，这也能引起他人的爱慕与尊敬，从而发生吸引力。1988 年的美国总统大选辩论中，布什刻意拉长和迈克尔·杜卡基斯握手的时间，就是为了让大家清楚地看到布什比较高，可见线条匀称、人高马大的身体和优雅机智的谈吐增加了布什的个人魅力，这也是他赢得选举的原因之一。(图 4–12)

图 4–11　明星逛时装周

图 4–12　布什与迈克尔·杜卡基斯握手

**非语言性人际交往**

人际交往也叫人际沟通，指的是人们在共同活动中，个体通过一定的语言、文字，或肢体动作、表情等表达手段，将某种信息传递给其他个体的过程，它是一种动态系统，交往双方处于相互作用的状态中。在人际交往过程中，沟通双方具有各自的动机、目的和立场，他们事先设想过或拟定过自己发出的信息会得到怎样的反馈。人际交往借助的符号有很多，分为语言类和非语言类两种，这两类符号往往被同时使用，可能一致，也可能相互矛盾。本节着重围绕服饰行为介绍非语言性的人际交往方式。

1. 服饰语言

在日常生活中，某些服饰具有一定的符号象征功能，人们可以通过服饰的选择和穿着有意识地向他人传递一些特定信息。2013 年 10 月，彭丽媛陪同国家主席习近平参加在印度尼西亚举行的 APEC 会议，在印尼总统夫人举行的活动中，彭丽媛佩戴着印尼传统服饰“纱笼”，表示对当地传统服饰文化的尊重。而在同一天的其他活动中，彭丽媛以一袭中式传统旗袍亮相，棉麻质地的面料加上传统的中式立领，尽显中国民族风。此前，彭丽媛也曾身着苍蓝色仿汉服大襟袍式连衣裙出席活动，这样的服饰行为表明了主席夫人对中国传统服饰文化的喜爱和推广。

相应地，人们可以通过分析某人的服饰来了解此人的其他信息，从而促进交往。例如，有些人经常以休闲或运动装为主要着装方式，这说明他喜欢健康、舒适、自由的生活理念。服装也是表达感情的语言，鲜艳明快的服饰可能反映了着装者愉快的心情，或者透露出此人开朗乐观的个性。总之，作为人际沟通的媒介之一，服饰所传递出来的语言是不容忽视的。

2. 自我暴露

自我暴露是人们自愿地、有意识地将自己的真实情况暴露给他人的行为，它所透露的情况是他人不可能从其他途径获得的。在自我暴露过程中，人们可以通过语言方式，也可以通过非语言方式。前者的优点是能够让对方深刻记住，后者需要对方猜测分析，如采取正面、开放的交流姿势，保持不断地正面目光接触，或者积极的面部表情，也可以通过服饰行为表达。不论男孩女孩，如果碰到心仪的异性，为了引起对方注意，进行有效的人际交往，他们每次见面都会精心装扮自己，希望给对方留下一个好印象，或者向对方传达自己的个性、爱好等信息。还有一些女孩子喜欢穿着薄、露、透的服装，其目的也是为了展示自己动人的身材，以吸引他人注意，达到理想中的人际交往效果。

需要注意的是，在人际交往中，有些自我暴露是有风险的，可能会给暴露者和接收者带来心理压力，而以服装为主的自我暴露能够间接表达一些想法，给对方猜测空间，相对来说心理负担小一些。

**服装在人际交往中的作用**

1. 人际关系的传达功能

人们的衣着服饰在一定场合能够反映出人际交往过程中的人际关系。热恋中的情侣可能会选择颜色或款式相同的“情侣装”，类似地，感情很好的女孩子们也会穿上“闺蜜装”。假设你在餐厅里用餐，如果仔细观察周围正在用餐的人，通过着装，你可以推测出他们之间的关系如何。例如，如果两男女衣着随意，吃饭过程中交谈不多，最后由女方买单，那么他们有可能是夫妻关系；如果两个人西装革履，细声交谈，不紧不慢地吃饭，旁边放着公文包或者文件，那么两个人可能是生意伙伴。

2. 人际交往中的符号相互作用

(1)监狱实验的启示

美国心理学家菲利普·津巴多曾做过一个有名的“斯坦福监狱实验”，他将斯坦福大学心理系的地下室改建成一个模拟监狱，然后通过报纸广告招募男性大学生志愿者。这些志愿者被随机分为 12 名狱警和 12 名囚犯，津巴多自己为监狱总监。

这个实验主要是为了了解监禁的心理效果而设计的，“囚犯” 们像平时一样一大早出门的时候被响着刺耳警报的警车“逮捕”，然后被采集指纹，蒙上眼睛关进监狱。接下来，“囚犯”

们被剥光衣服、搜身、去虱子、理发，拿到囚服且得到一个号码，并在一只脚上拴上链子。

刚开始一切都很正常，可是到了第二天，"囚犯"们做出了反抗，狱警们迅速而残忍地采取了报复，他们把"囚犯"全身扒光，搬走了他们的床，逼迫"囚犯"裸睡在水泥地上，强迫他们做羞辱性的训练，并要求他们用手清洁马桶。

不久之后，"囚犯"们开始无条件地服从狱警。经过仅仅几天逼真的角色扮演后，"囚犯"扮演者报告说他们之前的身份似乎已经完全被抹去了，成了监狱中的号码。同样的情况也发生在"狱警"身上。"囚犯"们迫于精神压力，出现了各种疾病的征兆，如愤怒、抑郁等，最后不得不"提前释放"。结果，原定两周的实验，只进行了六天就结束了。

在这个实验中，促使囚犯和狱警行为发生变化的因素之一是他们所穿着的服装。狱警们穿着土黄色制服，带着反光墨镜，手拿象征权力的警棍和手铐等，囚犯们则身穿胸前和后背印有囚号的囚衣，头戴囚帽。这是参加实验的志愿者们在脑海里早已形成的狱警和囚犯的形象，因此，扮演者穿着的服装形成了象征符号，起到了确定两组志愿者相互关系的媒介作用，使他们对自己的身份有了生动形象的认知，从而出现了实验中的种种现象。

(2)符号相互作用论

监狱实验说明服装在人际交往过程中具有符号标识和象征功能，美国社会学家乔治·赫伯特·米德曾用"符号相互作用论"来解释人际互动机制。他指出，人类互动与动物的重要区别在于：动物只能通过无意义的姿势，即用记号进行互动，而人类既能通过记号又能通过符号进行互动，正是符号互动把人与动物区别开来。象征符号是社会生活的基础，人们通过语言、文字、手势、表情等象征符号进行交往，达到共同理解的目的。

符号相互作用论的观点主要包括三个方面：首先，人们根据赋予客观事物的意义来决定对他人的行动；其次，人们赋予事物的意义是社会相互作用的结果；最后，在任何环境下，人们都经历着一种自我内部解释的过程。服装作为象征符号的一种，在人际交往中也充当着相互作用的工具。例如，某位姑娘在约会男朋友前特意换了新发型和新衣服，希望能够得到男方的关注和夸奖，如果男方情商较高，注意到这种服饰行为，他可能会对这一情境进行解释和自我反问：姑娘的行为是什么意思？是不是表示姑娘对自己颇有好感，十分重视这次约会？我应该如何应对？如果男方给予适当的赞美，这次约会便可能十分成功。假如这位男士不解风情，反应冷淡，忽略了女孩的服饰变化或不懂对方的意思，那么女孩会感到不快，这次交往可能不够愉快。

3. 自我表现功能

服装是一种无声的语言，任何有关身体的装饰，无论是发式、服饰、化妆，还是所用的物品，都在向世人展示着自己的个性、兴趣、职业、年龄、价值观等信息。例如，崇拜高档品牌的人，喜欢将服装的标志显露出来；以学校为荣的人，喜欢穿着印有校徽和校名的T恤衫；追逐时尚的人，时刻注意着流行元素，并顺风而行；以自我为中心，希望获得回头率的人，总是穿着另类的服装，留着奇怪的发型。(图4–13)

图 4-13　造型夸张的服饰

图 4-14　某校老师的规范着装

外观上的自我表现通过服饰特有的象征意义向他人传递一定的社会信息。在现代社会中，人们可以无拘束地使用各种象征物来表现自己。随着经济和教育水平提高，人们的思想也越来越开放，越来越懂得如何利用衣着服饰来表现和美化自己。近年来，“美容整形热”在某种程度上便反映了这种情况。

4. 印象管理功能

一般来说，人们很难或无法改变自己的基本体貌、性别和年龄，但是可以利用服饰或者巧妙地化妆来掩饰自身的不足，彰显自己的优势，展现自己的个性特征，这便是印象管理。印象管理是由心理学家库利、戈夫曼等人提出的，有时又称印象整饰或印象操作，是指人们在人际交往过程中，通过一定的方式试图影响或控制他人对自己所形成的印象的过程。

在人际交往中，人们总是有意识或无意识地选择适当的表情、动作、言辞或服装等，向交往对象传达一定的信息、态度、形象等，使对方对自己产生某种特定的认识。如果交往主体希望与客体保持良好的关系，他往往会选择一种与当前的社会情境或人际背景相吻合的形象来展示自己，以确保他人对自己做出愉快的评价，这在情侣交往中十分常见。不论男孩女孩，在初恋阶段，他们往往十分注重印象管理，希望自己能够符合对方的期许。

在调解人际关系过程中，人们通常运用诸多印象管理策略，概括起来有以下几种方式。首先，按照社会常规模式管理自己，使自己的行为符合社会角色的规范，表现出与自身担负角色的一致性。如果你是教师，就应该表现出为人师表的风范；如果你是服务人员，就应该在公众面前表现出热情、谦和的态度……（图 4-14）

其次，根据交往对象的倾向来进行印象管理，即常见的投其所好。当人们处于不熟悉的环境中，一般会参照交往对象的特性进行自我管理，通过增加与对方的相似性来加强人际吸引力，目的是为了得到别人的肯定和好评。比如，在求职面试中，招聘面试的目的就是为岗位选择合适的人，重点考核应聘者是否有能力胜任这一份工作。但是，面试情景与时间的局限性常常使面试考官无法完全准确判断应聘者的素质特征，应聘者此时可以抓住面试者的要求，将自己打造成对方希望的形象。在准备面试时，他不仅要思考如何回答对方的问题，还要认真打理自己的外观，如前所述，外观在人际认知、印象形成，特别是第一印象形成中有着重要意义。因此，干净整洁的着装、适当的发型等是有“心机”的应聘者考虑的形象。

最后，通过解释、道歉、事后弥补等方式寻求一致的印象。有心理学家做过这样的实验，如果一个人有良好的自我印象，偶然间的行为违背了这一良好印象，事后，他会在行动上做出明显改变，以弥补受到损害的形象，以使别人保持对他良好印象的一致性。例如，某人一贯注重服饰档次和服装整洁，一旦其经济实力下降，无法维持其着装水平，或者心情不好，忽略了服装卫生，他有可能通过其他手段保持自己一贯的服饰行为，或者事后进行弥补。学校里也存在这样的现象，一些学生盲目跟随服装潮流，相互攀比着装档次和品位，甚至不惜借钱打扮自己，这便是印象管理的另一个极端了。

**思考与练习**

1. 根据群体对个体的影响方式，分析某个服装现象。
2. 什么是人际吸引？举例分析服装在人际交往中的作用。
3. 举例分析服装在印象形成中的作用。

# 第五章 服装社会心理（下）

## 一　社会角色与服装

社会是由多种单元构建起来的纵横交错的有机整体，对活动于其间的所有社会成员来说，个体的着装心理和方式会受到社会环境和文化的影响与制约。人们之所以会对某种社会群体产生刻板的服装印象，其原因在于个体所承载的社会角色和地位往往具有一套规范化的着装形式。但是，每个人在一生中需要扮演多种角色，甚至在一天中根据社会关系的需要会不断地变换角色，社会对角色的期待与个体所扮演的角色之间总会出现这样或那样的冲突或矛盾。本节将从文化、社会和个性等不同角度，阐述角色、地位和自我三者之间的关系，解释服装在其中所发挥的作用。

### (一)社会角色

**社会角色的含义**

“角色”本来是戏剧中的名词，指的是扮演者扮演的剧中人物。20 世纪 20~30 年代，一些学者将该词引入社会学理论。社会角色是指与人们的某种社会地位、身份相一致的一整套权利、义务的规范与行为模式，它是人们对具有特定身份的人的行为期望，它构成社会群体或组织的基础。

社会角色的形成需要个体经历社会化过程。社会化是个体通过学习知识、技能和规范，接受社会文化的过程。刚出生的婴儿可以被认为是自然属性占主导地位的状态，随着年龄的增长，个体接受到家庭、学校、公司等不同群体的社会教育，从而转化为一个能够适应一定社会文化、履行一定社会角色的“社会人”。从“生物人”向“社会人”转化的社会化过程是个体与社会相互作用的动态过程，是持续终生的行为。在社会化过程中，个体在社会大舞台上扮演着各种角色，为了不断适应社会环境，个体必须主动而积极地学习社会知识和行为规范，根据新的社会标准或要求，改变自己原有的思维方式、审美情趣等，以更好地履行自己的社会角色。

社会角色是一种文化现象。在不同的文化背景下，相同的性别担当的社会角色差异会很大。美国著名的社会心理学家和人类文化学家玛格丽特·米德曾对新几内亚三个原始部落进行研究，发现引起性别角色和气质差异的因素之一是它们各自不同的文化环境。在阿拉佩什部落中，男女都具有女性特征，性格温和，反对侵犯、竞争和占有。而附近的蒙杜古马部落男女攻击性非常强。昌布部落的女性精力充沛，是家庭的主要劳动力，不喜好佩戴饰物，男性则在家照看孩子，情感丰富、细腻，热爱艺术。

在中西方的传统社会里，人们对女性的要求是做母亲和妻子，其活动的范围应该是家庭，法国存在主义哲学家西蒙娜·德·波伏娃在她的《第二性》中指出，女性的社会角色和被广泛认同的性别特征并不是天生的，而是男权社会文化在长期发展中强加给女性的。男权为主导的文化要求女性具有温柔与美貌并存的品质。但随着女权运动的兴起和发展，现代社会女性的自主意识开始觉醒和增强,原先的社会角色也出现变化。女性拥有丰富的经济、政治、文化等空间和资源,依靠自己的能力能够获得与男性同等的财富和社会成就。在每年的胡润百富榜上,很多女性企业家都名列其中,这足以说明女性已经打破了传统社会角色的束缚。在服装领域,时装的生产、制造与传播主导权也主要围绕着女性时尚开展。

社会角色也是一种心理现象。男人通常认为自己是男人,女人也通常认为自己是女人,但心理学研究表明,每个人在心理上都是雌雄同体的,只是社会角色的分工不同而已。弗洛姆指出,男性与女性之间截然相反的原则存在于每一个男子和每一个女子身上。正像在生理上每一个男子和女子都具有相反的性激素一样,他们在心理上也是两性的。他们自身带有接受和渗入的本性、肉体和精神的性能。荣格是最早观察到人类心理中雌雄同体现象的心理学家。他指出,在男人伟岸的身躯里,其实存在着阴柔的女性原型意象,荣格将其称为"阿尼玛"。相应地,在女人娇柔的灵魂中,也隐藏着一个男性原型意象——阿尼姆斯。在社会生活中,男人身上的女人气和女人身上的男人气都会受到人们的歧视。从人出生开始,大人们总是希望自己的孩子成为符合社会标准的男人或女人,从而压抑阿尼玛或阿尼姆斯两种原型的发展。男人在展现其男人阳刚、坚强的一面的同时,他无意识中的女性气质就受到了压制,从而处于未开化的面貌,所以一个表面上十分男人气的男人,其内心往往是十分敏感和软弱的。当这种不平衡达到一定程度时,阿尼玛原型就会以一种极端的方式表现出来。例如,一个男人不顾自己所承担的社会角色应呈现出的行为,他会表现得十分女性化,喜欢模仿女人的动作与语言,总是穿一些鲜艳的女性化服装,有的甚至成为女人气的同性恋者。而女性无意识中的阿尼姆斯原型同样会以极端的方式表现出来,使女性成为男人气的同性恋者。

**社会角色的分类**

1. 先赋角色与自致角色

从人们获得角色的方式上可以将其分为先赋角色与自致角色。所谓先赋角色,也称归属角色,指建立在血缘、遗传等先天的或生理的因素基础上的社会角色。如婴儿一出生就能判断其为男性或女性,属于亚洲人还是欧洲人。所谓自致角色,也叫自获角色或成就角色,指主要通过个人的活动与努力而获得的社会角色。自致角色的取得是个人活动的结果,体现了个人的自主选择性,在现代社会中,每个人扮演的角色大多数属于自致角色,比如,通过努力成为某公司的CEO,成为某个学校的优秀教师……这样的角色要求个体必须具备一定的能力,并且经过长期社会训练才能获得相应的社会表演技巧。

2. 自觉角色与不自觉角色

根据人们承担社会角色时的心理状态可以将其分为自觉角色与不自觉角色。所谓自觉角色,指人们在承担某种角色时,明确意识到了自己正担负着一定的权利、义务,意识到了周围的人都是自己所扮演的角色的观众,因而努力用自己的行动去感染周围的观众。自觉角色与以下因素有关:首先,一个人在刚刚充当某一角色时,往往容易表现为自觉的角色;其次,在他人在场或他人对此角色提出了明确希望的条件下,容易出现自觉的角色;再次,特定的环境与任务常容易使人表现出自觉的角色;最后,经常的自我提醒也是实现自觉角色的重要条件。例如,刚刚上任的干部会自觉地注意自己的外观形象、言谈举止,重视自己在下属心中的角色效果。所谓不自觉角色,指人们在承担某一角色时,并没有意识到自己正在充当这一角色,而只是按习惯性行为去做。如马路上的行人、正在玩耍的儿童,他们可能不会在意自己正在扮演的角色。

3. 规定性角色与开放性角色

从角色规范化的程度上可以将其分为规定性角色与开放性角色。所谓规定性角色指有比较严格和明确规定的角色,即对此种角色的权利与义务、应当做什么、不应当做什么都有明确规定。例如,警察所承担的责任,他们拥有的权利和义务,包括其在上班期间的着装和行为都有严格规定。所谓开放性角色,指那些没有严格和明确规定的社会角色,这类角色的承担者可以根据自己对角色的理解和社会对角色的期望而从事活动。如父母、子女、同事、朋友等,每个人对这些角色的认识不同,所选择的行为方式就存在差异。

4. 功利性角色与表现性角色

从社会角色的追求目标角度可以将其分为功利性角色与表现性角色。所谓功利性角色指那些以追求效益和实际利益为目标的社会角色,如银行家、企业家、商人等,他们主要追求效率。所谓表现性角色,指不是以获得经济上的效益或报酬为目的,而是以表现社会制度与秩序、社会行为规范、价值观念、思想道德等为目的的社会角色,如学者、教授等,主要发挥社会公平作用。

### (二)社会角色扮演

社会角色扮演是指个人具备了充当某种社会角色的条件,承担和再现此社会角色的过程与活动。社会角色扮演包括以下四个方面。

**角色确定**

社会角色的确定实质上是回答“我是谁”的问题。在社会舞台上,个人不能随心所欲地扮演角色,角色的承担首先要有一个确定的过程,或者说需要经过“认同”,才能证明一个人的实际地位、身份等与其承担的角色相一致。角色确定是在长期社会互动中完成的。角色确定也常有失误的情况,如不能胜任角色、未承担合适的角色、选择了不适当角色等。角色的确定是否有效也是角色确定中的重要环节,它需要个人的努力,但最终是由社会决定的。

**角色距离**

角色距离是指个人自身的素质、能力、水平等与其所要扮演的角色之间存在着差距的现象。例如,那些行为、品质达不到角色规范的人:军纪不严的士兵、名不副实的教授等。角色距离现象也包括那些素质远在角色规范之上的人,如大材小用者或与儿童玩耍的成年人。当然,当个体不承担某种角色时,其行为便不构成角色距离。角色距离表明,现实自我与理想的角色模式是分离的,它妨碍一个人进入角色。

**角色表现**

社会角色的表现需要一系列手段。与舞台上的表演需要装饰一样,社会角色表演也需要布景和道具,所不同的是社会舞台上需要的是真景实物。一方面,布景和道具起着象征性作用,既作为角色表演的标志,也是角色活动的场所;另一方面它们也具有实用性。与社会角色表演者联系更密切的是外观仪表和言谈举止。前者是角色的外部再现,后者是角色内在品质的反映。社会角色表演也有台前、台后之分。台前表演指人们正在扮演某种角色,台后表演指正式表演前的准备活动。将这两种表演区分开来具有实际意义,如宾馆、饭店等服务人员就必须避免混淆两种表演。要使角色有出色的表演,还需要实现角色之间的配合,否则某一个角色的失误就可能导致整个演出的失败。

**扮演过程**

社会角色扮演需要经过两个环节:一是对角色的期望,人们在承担某一角色时,首先遇到的是社会或他人的期望;二是对角色的领悟,即角色承担者对角色的实践,这是期望与领悟的进一步发展,是在个人实际行动中表现出来的角色。总之,人们在现实中进行角色扮演的过程是在期望角色的指导下,领悟角色的支配,扮演实践角色。由于主观和客观因素的制约,实践角色、领悟角色与期望角色之间往往存在某种差距。

### (三)社会角色失调

社会角色失调是指个体在角色扮演中发生了矛盾, 遇到了障碍甚至遭到失败的社会现象。常见的角色失调有以下四种。

**角色冲突**

角色冲突指的是具有一定地位的个体与不相符的角色期望发生矛盾、对立,从而妨碍角色扮演的顺利进行。

在社会生活中,任何一个人都不可能仅仅承担某一种社会角色,而是承担着多种社会角色,他所承担的多种角色又总是与更多的社会角色相联系,这种相互联系、相互补充和相互依存的角色组就构成了角色集。角色集有两种情况,一种情况是多种角色集于一人身上。这主要强调的是一个人内部的关系。以一个男性社会成员为例,他在公司是市场总监,但同时也是董事长的下属,是其他公司职员的同事,在家里,他是丈夫、父亲、儿子,如果出席某个商业活动, 他可能又化身为嘉宾……当某个人不能同时实现两个或更多的角色期望而产生的矛盾被称为“角色内冲突”。当一个人所承担的多种社会角色同时对他提出要求,使他难以胜任并在时间与精力上出现紧张感,称为“角色紧张”。例如,作为丈夫,这位男士的妻子和孩子要求他关爱家庭,多留出时间陪伴家人,但作为公司部门总监,他的工作比较繁忙,还有一系列的社交应酬无法推脱,这个时候就会出现多种角色无法兼顾的情况,他内心的矛盾和冲突就容易爆发出来。因此,角色承担者应减少过多兼职,解除过重负担。当一个人所承担的几种角色间出现了行为规范互不相容的情况时,也会发生角色冲突。防止角色冲突只能根据不同情况采取相应对策。解决角色规范冲突的问题则应该使人的角色单一化，即在一种场合只扮演一种角色。另一种角色集是一组相互依存的角色，这主要强调的是人与人之间的关系。如一位女医生在医院里要同病人、病人家属、护士、化验员、药剂师、医院领导、医院行政人员等多种角色打交道，由此形成了一个角色集。在特定条件下，多种角色不相容的时候，就会发生角色冲突，这种冲突被称为“角色间冲突”，如夫妻冲突、婆媳冲突等。它常是由角色利益上的对立、角色期望的差别以及偏离角色规范等原因引起的。

**角色不清**

角色不清即社会大众或角色扮演者对于该角色的行为规范认识不清楚。在社会与文化急剧变迁时期，很多社会角色的行为规范都超出了过去人们习以为常的范围。在变迁中，当一个新角色初次出现，社会还没来得及对其权利和义务做出规定，这也会造成角色不清。

**角色中断**

角色中断指处在某一角色地位的人，由于主观或客观的原因不能将该角色扮演到底而出现的中途间断的现象。它的发生可能是由于人们在承担角色的前一阶段时没有为后一阶段所要履行的角色义务做好充分准备，如职工突然失业。或者是因为角色的前一阶段的一套行为规范与后一阶段所要求的行为规范直接冲突，如进入另一文化群体的移民，由于客观情况的变化，不能继续充当原来的角色。

**角色失败**

角色失败亦称角色崩溃。这是一种最严重的角色失调现象，是指角色承担者被证明已不可能继续承担或履行该角色的权利和义务，不得不中途退出舞台，放弃原来角色的一种现象。

### (四)服装在社会角色扮演中的作用

如上所述，社会角色的扮演或表现需要具备多种条件，外部条件包括舞台、道具、背景、成员间的配合等，内部条件包括角色扮演者本身的心理、能力、仪表、谈吐等。在社会角色扮演过程中，服装可以作为标识和象征角色特点的物质载体，从而发挥重要的作用。

**角色标识**

在人际交往过程中，为了形成有效的交流和沟通，人们会通过各种手段协助自己达到目的，除了语言，一般还会通过各种非语言形式，如肢体、表情，而服装是最为直观的一种非语言形式，能够表明自己的角色特征，如性别、职业、地位、身份等。

**角色强化**

不同的社会角色具有不同的特点，如形象、规范等。服装可以帮助角色强化自身特点。在戏剧或表演舞台上，演员可以借助服装强化角色特点，如摇滚歌星一般着装大胆、夸张和个性的服饰，目的是为了配合其角色定位，试想让他们穿上观众的普通服装，结果会怎样？在社会舞台上，“演员”们也要借助服装来强化角色特征。如图 5-1 所示，法国国王路易十四通过奢华的皮毛、富含象征意味的图案、高耸的假发、手中权杖等服装和道具来呈现国王的权威和神圣，在臣民心中强化自身的角色。

**角色掩盖**

在生活中，有些人可能对自己正在扮演的社会角色认同度不高，或者因为外部原因需要弱化自身某个角色特点，就会利用服装进行掩盖，被称为角色掩盖。如果领导想走到群众中去，与下属拉近关系，就会考虑方法和途径，办法之一就是弱化自己的领导角色，与下属寻找共同语言，例如，采用与下属接近或一致的着装，这会令后者产生熟悉感和亲近感。英国女王伊丽莎白一世在执政时代就利用服装弱化其女性特征，当时的信息传播途径较少，一般通过徽章或版画来展示君主形象，作为女性君主，容易让臣民产生不信任或不安全感，如图 5-2 所示，女王采用当时流行的填充式服装，几乎看不到其女性特征，服装轮廓整体看来挺括、硬朗，呈现出阳刚、威严的视觉效果，以满足民众对君主的角色期待。

**角色转换**

正如变色龙根据周围环境变化肤色一样，人类扮演着不同的社会角色，而服装是人类的第二皮肤，可以帮助人们转换角色。现代社会中的人们生活节奏加快，有时候一天之内要跟不同领域的人打交道，这就需要迅速转换角色，服装则成为重要的道具。一些时尚杂志会指导职场女性在繁忙的工作中，如何在不同场合穿着不同服装，以符合该场合所需要的角色形象。

### （五）性别角色与服装

女性和男性都是人类社会发展的主体，但由于两性的生理差异，社会文化环境造成的社会性别差异，两性的性别角色呈现出截然相反或者模糊的特征，正所谓“男女有别”，既指生理性别差异，又指社会性别差异，而这些差异都能够在服装上较为直观地体现出来，从而影响着装者与观看者的心理和行为方式。

图 5-1　路易十四

图 5-2　伊丽莎白一世

**生理性别差异与服装**

生理性别差异指的是生物学意义上的性别差异。从身体构造和生理特点上看，两性之间的区别一方面表现为不同的生殖系统，随着年龄增长，两性的第二性征显现出明显不同，男性一般呈现出肩膀宽阔、骨盆狭小、毛须旺盛、喉结明显等特征；女性则身量纤巧、脂肪丰满，胸、腰腹等部位曲线起伏。在欧洲文艺复兴时代，两性之间的生理特征在服装部件上明显表现出来。男性为了强化自身的阳刚和力量之美，通常用马鬃、亚麻等衬料填充到肩膀、袖子中，这种服装呈方箱形，形成典型的上宽下窄的倒三角轮廓。柔软的紧身袜将男性健硕的肌肉勾勒得一览无遗。而女性则通过敞开的领口、紧身胸衣、裙撑等服装器具突显其柔美的脖颈、起伏的胸部、纤细的腰身，整体轮廓属于夸张的X形。

从心理层面上看，两性之间的知觉水平也存在一定的差异。美国斯坦福大学心理学家麦考比在《性别心理差异学》中对人们公认的50项男女心理差异情况进行调查研究，发现只有4项差异具有科学依据，不足以肯定的差异有6项，其余40项所谓的差异都缺乏科学依据，不足为信。这说明，两性之间的心理虽然有一定的差异，但并不如生理特征差异那么明显。相对来讲，女性的感官敏感度比男性要高，对生活知识关注度高于男性，而男性则侧重于社会意识。有资料显示，女性比男性更容易陷入多愁善感的状况，更倾向于寻求他人关爱，而男性比女性更容易冲动，产生侵犯性行为。因此，女性相对而言更注时尚潮流的变化，并容易接受这些变化，而男性的思维稳定性相对较强，多注重抽象思维，对服装潮流的敏感度相对较低。

**社会性别差异与服装**

社会性别差异指的是男性与女性的社会差异，这是由于男性与女性生理差异而形成的对男女两性不同的社会期望、要求和限制。社会性别是社会学家用来描述在一个特定社会中因文化不同而形成的两性群体特征、角色、活动及责任的范畴。它强调的是性别角色的社会性，即一定的文化传统、制度安排、习俗观念等社会因素区分了两性不同的社会性别，并由此引申出社会性别分工、价值判断和权利结构等差异。它一旦形成便具有了相对稳定性，影响着社会对两性的服装行为期待以及两性的着装心理和行为。

性别角色的认同和差异是社会化过程中角色学习的结果，因此，影响社会性别差异的另一个因素是不同的教育类型，尤其是父母的教育。在生活中，服装是区别社会性别的重要手段。在婴儿时期，父母就开始根据孩子的性别对其进行服装行为教育。男孩家长一般会选择冷色系的、简洁稳重的服饰，女孩家长一般会选择暖色系的、装饰性较强的服饰。在成长的过程中，家长的服饰行为会强化孩子对其性别的认同，促使其进一步选择与其性别相一致的服饰或行为。除此之外，学校教育、工作环境、人生经历等因素也会强化或改变两性的社会角色认同。

**现代社会中的性别角色与服装行为**

随着社会的进步和人们观念的更新，传统的性别角色分工出现了变化，社会对女性的社会期待不仅仅是妻子和母亲，也延伸到职场。例如，男性寻找妻子的标准是：上得了厅堂，下得了厨房。相应地，一些男性也逐渐改变了传统的性别角色认同，认为只要家庭和谐美满，做一个“家庭妇男”也未尝不可。在日益激烈的生存竞争环境中和日益宽容的时代文化背景下，社会性别角色之间的差异开始模糊起来，男性人格中阿尼玛原型和女性人格中阿尼姆斯原型开始外显，很多新的社会现象不断表现出来，而且逐渐被人们所接受。在服装领域，传媒和娱乐业的刺激使时尚界悄然兴起了一股“中性”之风，中性化气质的偶像、中性化的服饰品、中性化的装扮等随处可见，“中性”日渐成为流行文化的关键词，呈现出颠覆传统审美和性别区分的迹象。(图 5-3)

湖南电视台曾经推出的电视选秀节目《快乐女声》捧红了李宇春、周笔畅等明星，但是两个人在公众面前的造型总会遭到思想传统者的诟病，李宇春的短发、中性化的着装掩盖了她的女性特征，喜欢她的人认为这是酷酷的表现，不喜欢她的人会觉得难以辨认其性别。

从心理学角度看，在性别角色的划分上，除了典型的男性和女性外，双性化是一种可能存在的性别角色。而社会心理学的一个假说是，就社会化的人格成长来说，双性化的性别类型比通常的男性或女性性别类型更可取。同性别特征典型的个体相比，研究发现双性化的男性和女性更受人喜欢，更富有创造力、更乐观、更具有适应性、能更好地适应各种情境的需要，他们在应付压力时更灵活，能更好地减少别人的压力，人际关系更为满意。在现代社会中，男女平等地参与社会生活也使得男女中性化特质日趋明显。女性期望能够在事业方面得到与男性同等的尊重和机遇，必然要发展出与男性特质相一致的积极、独立、行动和创造等特征，而在一个相对宽松稳定的社会环境中，男性也逐渐表露出温和、文雅等女性特征，这些都是社会生活的需要。当双性化的气质被认为是具有现代感的、时尚的特征时，中性化服装作为表达社会性别角色的媒介，其流行也是水到渠成的。

图 5-3　中性装扮的男青年

因此，按照表达性别角色功能的标准来分类，现代社会的服装行为出现男装女性化、女装男性化以及表达双性气质的中性服装。服装可以分为以下七大类。

1. 男性化男装。这类服装具有典型的男性特征，男装元素突出。如西装、茄克、硬领衬衫等。

2. 女性化男装。这类男装是类似男装尺码的女装，在近几年来的国际时装秀中经常出现此类设计，乔治·阿玛尼、约翰·加利亚诺、川久保玲等设计师试图通过极端的形象扩大男装范围，颠覆传统的性别着装方式。如图 5–4 所示，男装尺码的牛仔胸衣刺激着人们的眼球。

图 5–4 T 台上的女性化男装

3. 中性化男装。这类服装是男装廓型，但融入某些女装元素，此类着装者的外观具有“双性化”角色特征。早在 17 世纪与 18 世纪的欧洲，王公贵族喜欢穿着的巴洛克式样服装就包含大量的女性服装元素，如蕾丝、花边、饰带、褶皱等，色彩也十分艳丽花哨。后来的男装逐渐趋向于简洁、稳重。到了 1967 年，设计师哈代·艾米斯提出“孔雀革命”口号，男装不再局限于传统的黑、白、灰、深蓝等色彩，开始转向使用大量鲜艳亮丽的女性化色彩。

4. 女性化女装。这类服装具有典型的女性廓型、图案和色彩等，女装元素突出。如旗袍、文胸、吊带衫等。

5. 男性化女装。男装元素突出，形似女装尺码的男装。如女西装、女茄克等。

6. 中性化女装。融入某些男装元素，能使着装者的外观具有“双性化”角色特征的女装。如 Y 廓型的女装，上宽下窄，上面是夸张的肩部设计，中间收紧小摆。这种廓型原本是为了体现男性“倒三角”的身体轮廓，运用到女性着装中能够表现出女性硬朗、沉稳和干练的性格特征。

7. 中性装。这类服装的性别界限模糊，男女皆可穿着。从服装廓型上看，中性服装没有宽厚且棱角分明的肩部，没有温柔的三围曲线，没有太多的花边、镶滚等装饰，而是女性和少年的融合体态，相对轻松、大方和利落，给人自然随意的感觉。从色彩上看，中性服装中常见的色彩是简洁经典的黑白色，当然也有其他表达现代抽象感的色彩，如红色和金色。在图案上，中性化服装一般会用简约明快的格子、条纹、几何纹样、旋涡状的图案等。总之，中性服装让人产生自由休闲的中性状态，一切回归自然，精干、开朗、明快的线条和造型，让人摆脱了两性角色的区分，让男性的外观趋向于柔和，让女性外观柔中带刚，满足了时下人们追求休闲自然、干练高效的心理需求。如 H 廓型服装强调肩部，自上而下不收紧腰部，具有修长和简约之感，是中

图 5–5 中性服装

性化服装中常见的廓型。由于衣身宽大，身体不受服装限制，又具有足够的活动空间，所以多用于男女大衣、T恤等款式。(图5–5)

总之，现代社会的性别角色趋向于模糊化，阿尼玛原型和阿尼姆斯原型在人们意识和服装行为中的适当表现，对于人们的心理健康发展是有益处的。但需要注意的是，这种表现一定要适度，而且要适当调节以达到平衡，否则会造成极其不好的结果。如男性酷爱穿着女性化服装，或女性青睐男性化服装，都是着装心理失调的结果。

### (六)年龄角色与服装

年龄角色是指社会对某一特定年龄人群的行为期待。如对于儿童，我们希望他们活泼好动，对于成年人，则被赋予较高的道德期望，希望他们对工作、家庭等方面有所贡献。在人生的不同年龄阶段，生理和心理特征不同，并逐渐趋于成熟，社会对不同年龄段的角色认同和期待也不同，恰当适宜的着装和服装行为能够将每个年龄角色生动地表现出来。(表5–1)

**表5–1　不同年龄段的心理特征**

| 年龄分期 | 年龄 | 社会活动 | 兴趣特征 | 心理特征 | 着装心理 |
|---|---|---|---|---|---|
| 婴儿期 | 0~2岁 | 父母家庭 | 玩具、学步 | 无意识、初级模仿 | 宽松、容易穿脱 |
| 幼儿期 | 3~6岁 | 幼儿园 | 听故事、看动画片、玩游戏等 | 自我意识开始萌芽并成长，求知欲强 | 宽松耐磨，有自主选择服装的意识 |
| 学童期 | 7~12岁 | 学校内外活动 | 喜好运动，求知欲更强 | 生理和心理上的发展时期，爱幻想，情绪冲动 | 喜爱休闲一类的服装，并喜好模仿明星 |
| 青少年期 | 13~17岁 | 学校内外活动 | 重视与同伴交往，有了异性吸引的萌芽，追星 | 独立性与依赖性并存，具有叛逆情绪 | 具有自己的着装意识，有从众和追求新奇的着装动机 |
| 青年期 | 18~25岁 | 大学或社会人群，社交关系逐渐复杂 | 社交、恋爱 | 个性形成期，情感丰富，进取心强 | 追求时髦，爱虚荣，主张革新，是服装流行的先锋 |
| 成年期 | 26~35岁 | 社会活动较多，社会地位已经确立 | 事业、家庭、子女 | 个性较为成熟，自我意识较强 | 服装选择较为自觉，一般与自己的职业、地位和身份相适应 |
| 壮年期 | 36~45岁 | 在家庭、职业等方面进行多角色扮演 | 事业有成，担负着家庭责任 | 个性成熟、理性，容易走向保守 | 着装风格稳健，重视整体效果 |
| 中年期 | 46~59岁 | 社会地位稳定，角色成熟 | 关心下一代 | 个性较强，考虑事情周全 | 往往具有保守的着装观念，趋于朴素、休闲式着装 |
| 老年期 | 60岁以上 | 逐渐退出社会活动，以家庭和老友为活动中心 | 关心第三代成长 | 心态保守，难以追求革新 | 喜欢保守、舒适式样的服装 |

图 5-6　17 世纪的欧洲儿童服装

图 5-7　现代儿童着装成人化

**儿童的年龄角色与着装现象**

图 5-8　儿童仿生服装

儿童的着装可以反映他们所处的社会地位和角色。从心理层面看,儿童的好奇心和求知欲十分旺盛,学习感知能力较强,应该享受的是无忧无虑、天真烂漫的童年生活,但由于生理和经济原因,他们在购买服装和着装上不够自觉自主。从中世纪到 18 世纪,欧洲的儿童服装完全是父母服装的翻版,小女孩的着装体现了当时成年女性的服装潮流,由于从小要接受淑女教育,她们也要穿着紧身胸衣和裙撑,一方面反映了当时社会对女童未来社会角色的重视,另一方面也体现出社会对女童年龄角色的忽视。当时的男童也被按照绅士的标准来装扮,在外国服装史上被称为“小大人”。(图 5-6)

随着文明的进步,儿童的年龄角色逐渐被发现和还原,在现代社会,虽然仍旧存在小大人式的着装(图 5-7),但符合儿童心理和生理构造的服装仍是主流。儿童感知周围世界的主要途径是视觉和触觉,所以童装中的仿生设计既有助于孩子认识自然、热爱自然、增长知识,又具有趣味性和浓郁的装饰性。如仿小兔子的童帽、传统的虎头鞋、用于服装造型的各种动物。(图 5-8)

**年轻人的年龄角色和着装现象**

与儿童和老年人相比，年轻人的着装行为更容易遵循“从众”和“求异”原则。一方面，年轻人有着寓于激情、活力和冲动的特性，不安于现状，渴望尝试，敢于尝试新鲜事物，也喜欢将内心的激情直观地表达出来，希望得到他人的承认和尊重，因此，在服装行为上喜欢不同程度地标新立异。另一方面，年轻人的冲动和激情导致他们的注意力容易转移，容易受到其他信息的影响，人生观、价值观等不够成熟，没有稳定理性的审美，在服装行为上容易追逐潮流，走向从众。

处在人生不同年龄阶段的年轻人以及相同阶段的年轻人的角色心理特征差异很大，着装行为也千姿百态。心理学家研究表明，初中生将服装视作社会交往和沟通的方式，希望在服装上能够得到他人认同。到了青年阶段，恋爱是他们的敏感话题，而服装成为表现自我优势和心情的重要工具，这个年龄阶段的年轻人最为注意服饰打扮，在服装的选购中，往往注重款式、色彩等美观性，而不是服饰面料的舒适性。

年轻人的着装心理和行为具有一定的时代特征，这和年轻人的社会角色与时代发展有密切关系。20世纪的“文化大革命”时期，阶级斗争的政治口号燃烧着年轻人的激情，他们被称为“早晨八九点钟的太阳”，是新世界的改造者和拥有者，战天斗地的革命热情不需要描眉画眼和鲜艳的着装，而朴素的白衬衣、蓝裤子、绿色的仿军装、蓝白相间的条纹汗衫等服装正符合无产阶级审美，因此是正确的、应该流行的着装。总之，这个时期年轻人的服装审美被深深打上了政治烙印，服装的个性化消失了，取而代之的是趋同着装现象。而此时的西方社会中，出现了对传统不满，对社会、对政府教育和经济不满的年轻人群体，如美国的披头士和嬉皮士、英国的朋克群体、法国的茄克族、意大利的国会族、东欧的阿飞族等。他们创作出疯狂、激情的爵士与摇滚等音乐，穿着怪异的服装，戴着夸张的首饰，留着长发、胡子，怪异的妆容，穿大喇叭牛仔裤、瘦腿裤、流苏、宽皮带、夸张的图案等，这些服装不仅在叛逆的年轻人群体中大行其道，也影响了当时主流服装样式，如青年女装中的裙摆越来越高了。

21世纪的信息技术高度发达，世界上不同地方的年轻人都可以分享同类着装，但正由于信息的庞杂和迅捷，年轻人接受着多样的着装文化，着装方式也日益多元化。社会对年轻人的着装宽容度也日益提高了，他们可以选择不同的生活方式、消费方式，行为的个性化趋于明显。在主流的着装方式之外，非主流的着装心理和行为大量存在着。

**老年人的年龄角色和着装现象**

随着年龄增长，老年人的皮肤失去光泽和弹性，身体机能逐渐减弱，行动趋于缓慢，体型发生较大变化。这些变化使得他们在注重舒适和方便的同时，更迫切地需要通过服装来修饰自己，以弥补生理方面的不足进而增添活力。

在传统社会，老年人的服装式样大多端庄、严谨、大方，色彩不求鲜艳跳跃，不愿过分标新立异，体现和谐含蓄之美。正如一位西方服装专栏作家所说：“一位穿着有魅力的长者，人们关注的是他拥有的外貌气质，而不是他所穿的服装。”在中国，经历过“文革”的老年人更加追求服装的结实耐磨，整体风格单一，缺少变化。这种单一化几乎成为一种模式，并被人们所默认。传统的社会规范对中老年的着装也有着诸多限制，穿出个性与追求流行是不同的概念，中老年人过分追求着装的流行，很大程度上是一种冒险，在日常生活中不易被人接受。

如今,“新三年,旧三年,缝缝补补又三年”的老年消费观念早已落伍。随着社会经济的发展和进步,生活在城市的老年人的着装心理也发生了明显转变,他们在家庭、事业趋于稳定的同时,传达个人的品位和生活处境、社会地位和层次,使自己得到社会的承认与尊重,求得一种认同感,越来越多地关注自身的着装打扮,展示老年人独特的魅力。对于高龄老年人而言,他们一般需要穿脱简便的服装,舒适自在、洗涤方便、耐脏耐磨;低龄老年人则追求款式、图案、色彩、布料的多样化,甚至追逐时尚潮流。(图 5-9) 据预计,到 2050 年,我国 60 岁以上的人口将达到 4 亿,占总人口的 25%,届时每 4 个人中就有一个老年人。因此,老年人的服装市场潜力很大,服装设计师应该及时把握老年人年龄角色的转换、社会地位的变化,设计出符合时代需求的老年服装。

### (七)职业角色与服装

职业角色就是人们在一定的工作单位和工作活动中所扮演的角色,具体是指社会和职业规范对从事相应职业活动的人所期待的行为模式,也是以广泛的社会分工为基础而形成的一整套对权利和义务的规范、模式,具有专门性、盈利性、相对稳定性、合法性和社会性等特征。随着社会的发展,职业角色作为一个最重要的社会角色越来越受到人们的关注,服装在职业角色扮演过程中发挥着重要作用。

图 5-9 打扮时尚的老人

服装常常用来标识着装者的职业。如图 5-10 所示,中国的法官袍为黑色散袖口式长袍,它不是常人穿着的服装,对法官而言,穿着场合和时间也是有规定的。

职业服装有助于着装者进行角色扮演。教师的职业角色内容比较丰富,既是传道授业解惑者,又是管理者,还是示范者、研究者和知心朋友等角色,因此,教师在上课的时候着装尽量端正、大方,而跟学生做思想工作或学习探讨的时候就应该着装随和,增加其平易近人的特点,容易让学生打开心扉,解决学生心理和生活等困扰。

扩展阅读:法官穿背心异地执法被疑诈骗 遭当地警方控制

今年 7 月底,河北武邑县法院 3 名法官前往成都执行一起民事案件时,一名法官穿着背心短裤,引起当事人对其身份的质疑。几名法官认为一家与案件无任何关联的物业公司“拒不配合法院调查”,冻结了该公司账

图 5-10 法官袍

号，罚款30万元，之后就罚款金额讨价还价。警方怀疑这几名法官的身份，将其控制。

京华时报记者了解，当事3名法官为武邑法院执行局的张书其、张保东和高勇。8月29日下午，记者致电武邑法院纪检组长刘文龙。刘文龙称，张书其等3人均正常上班，经过调查，确认这3人在成都期间正常执法，不存在违法行为。对于蜀佳物业与唐勇案件是否有关系，有没有协助义务的问题，刘文龙称，该院认为从法律上来说，蜀佳物业就是有义务。8月30日、31日，武邑法院还称，其上级法院对此事件进行了调查，也认为张书其等3人的执行过程程序合法、执法得当，没有违法行为。

中国政法大学诉讼法学研究中心教授谭秋桂表示，最高人民法院的《人民法院审判制服着装管理办法》规定，法院工作人员在依法履行法律职务或在公共场合从事公务活动时，应当穿着审判制服，佩戴法徽。武邑法院法官穿背心裤衩执法，明显违反管理办法，极不严肃。

（资料来源：节选自京华时报，2014-09-05，选文有删改）

## 二　社会阶层与服装行为

### （一）社会阶层

#### 社会阶层的含义

社会阶层是指根据一定等级标准将全体社会成员划分为相互区别的社会集团。社会分层是一种社会固有的现象。“分层”这个概念本来是自然科学家用来说明地层、土地等物质结构的概念，西方社会学家借用来说明社会差别、社会的不平等现象。而社会分层是指人们由于在各种社会资源上占有的差别所导致的人们在社会地位上的差别，从而形成了高低有序的社会差别现象。

不同时代的人类社会都存在社会分层，并且在一段时期内这种社会分层都有一定的稳定性。但是，随着人类社会的变迁，社会分层也会出现不同的变化。例如，古代社会的社会分层标准可能按血统、姓氏等。在印度历史上，种姓制度延续了几千年，每个人自出生起，他所属的社会等级就是固定不变的。第一等级是婆罗门，主要是僧侣贵族，拥有解释宗教经典和祭神的特权。第二等级是刹帝利，主要是军事贵族和行政贵族，他们拥有征收各种赋税的特权。第三等级是吠舍，属于自由平民阶层，他们从事农、牧、渔、猎等劳动，政治上没有特权，必须以布施和纳税的形式来供养前两个等级。第四等级是首陀罗，绝大多数是被征服的土著居民，属于非雅利安人，他们从事农、牧、渔、猎等劳动以及当时被认为低贱的职业。

到了现代社会，人们开始把经济收入作为社会分层的标准，在评价社会地位时，更加看重经济收入这个要素。目前，单纯用经济收入划分阶层已经不适应我国和世界各地的实际情况。很多地方由于劳动力短缺，体力劳动者的工资可能高于普通脑力劳动者。因此，社会分层的依据开始呈现多样化、多元性特征，社会层级的结构也开始多种多样。20世纪80年代，美国学者保罗·福塞尔就注意到，决定人们所处的社会阶层的是人们的品位而不仅仅是经济收入。他在《格调：社会等级与生活品味》一书中研究了美国各个社会阶层成员在服装、家居用品摆设、休闲消费、文化消费、谈吐等方面存在的明显差异，认为人们的消费品位决定了人们所属的社会阶层。无独有偶，皮埃尔·布迪厄在他的《区隔：趣味判断的社会批判》一书中也提出，除了财产、受教育程度、权力等之外，消费者的文化资本和品位也是划分社会阶层的标准。

**社会阶层的特点**

1. 差异性

从纵向来看，社会层级存在高低有序的等级关系，而社会的各个层级之间有着较为显著的差异。不同社会阶层的人群占有不同的生产资料和社会权利，享有不同的社会资源以及拥有不同的社会声望。在同一社会阶层的不同群体之间也存在着社会差异和等级关系。

2. 类似性

从横向来看，相同社会阶层的人群在社会生活中拥有较为一致的社会资源，他们在政治倾向、受教育程度、经济地位等方面表现出一定的相似度，因此，在生活习惯、价值观念、兴趣和行为方面拥有共同的偏好。

3. 流动性

由于社会阶层是根据职业、经济收入、受教育程度、生活品味等综合因素划分的，所以，其中每个因素的改变，都能导致社会群体中的成员从某一个社会阶层向另一个社会阶层转移，因此，社会阶层不是稳固不变的，而是可以垂直流动的。在古代社会，寒门子弟可以通过用功读书，考取功名，改变布衣黔首的命运，上升到官员层级。在近代社会的欧洲贵族没落时期，贵族们有时候不得不与社会地位较低的商人阶层联姻，以获得经济收入，维持贵族的体面。现代社会的人们也可以通过经济收入、职业的变换以及生活品味的提高来改变自己的社会地位。

### (二)社会阶层与参照群体

**参照群体的分类**

如前文所述，参照群体是个体期望归属的向往群体。在不同的社会阶层中和同一个社会阶层内部，都存在着人们向往归属的某个群体，即参照群体，人们的着装行为实际上受到参照群体的影响最大。玛丽琳·霍恩说道："如果把'他人'概括为'参照群体'这个更为宽泛的概念，我们将能够理解群体意见对于决定个体服饰行为的影响。"可以说，与个人的评价、追求或行为有重大相关性的真实的或虚构的个体或群体就是参照群体，如身边的同学、朋友、同事或具有某俱乐部共同身份的成员等。

根据个体的期望能否实现这一衡量标准，参照群体又可以分为期望性参照群体和象征性参照群体。

1. 期望性参照群体

期望性参照群体指的是个体期望将来某个时候能够成为其中成员的群体。一般情况下，个体跟该群体成员有过直接或间接接触，并且在某种情况下有可能实现自己的期望。例如，年轻人通过自身努力有可能成为金领阶层或者实业家，通过化妆品或者高档服装等装饰，青年可以提升自身形象，成为品位独特、气质高雅的艺术家。

2. 象征性参照群体

象征性参照群体指的是个体虽然十分渴慕，但最终不太可能实现的群体。但是，个体可以通过与此类群体相关的服饰或外观建立起与此类群体之间的替代性联系。青少年对某类特别喜爱的影视角色的崇拜和追随会通过服饰图案表现出来，时下流行的动画人物如奥特曼、喜羊羊、海绵宝宝等角色在儿童服装上的出现频率很高，得到儿童的喜爱。

据英国《每日邮报》2013 年 9 月 8 日报道，来自菲律宾、现年 35 岁的赫伯特·查韦斯因为迷恋超人，从 16 年前至今已经花费了约 42267 元人民币，经过 19 次整容，把自己的外形塑造成了超人模样。赫伯特·查韦斯从 5 岁开始就迷恋上了超人，此后兴趣一直未改。为此，他做了多次整容手术，其中鼻子、嘴唇、下巴等部分都有整动，把自己整成了克拉克·肯特扮演的超人模样。他说这是为了给孩子塑造个道德榜样，同时为大家的生活增添乐趣。而他也因为电视和网络的传播，成了菲律宾人眼中的“超人”。（图 5-11）

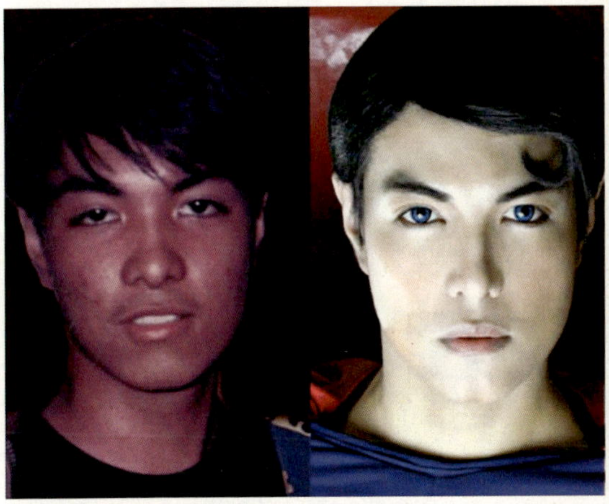

图 5-11　赫伯特·查韦斯通过手术整成“超人”

**参照群体对人们行为的影响**

在服饰行为方式上，参照群体对人们的影响可以通过以下三个方面进行。

1. 信息性影响

当个体在做出某个决策而缺乏相关信息的时候，可能会从参照群体的行为和观点中寻找潜在的参考信息。在现代社会中，人们的生活节奏很快，接收到的信息也十分庞杂，人们更容易从参照群体身上获得有用的信息。例如，对服装搭配和购买不够擅长的个人可以从专家或与服装有关的专业人员那里寻求品牌信息或搭配信息，也可以从那些被认为擅长着装打扮的朋友和同事那里获得关于服饰方面的建议，当然，也可以通过影视剧作品、时装杂志、广告等渠道观察参照群体成员的外观，选择适合自己的服饰。

2. 规范性影响

规范性影响也被称为功利性影响，指的是个体为了获得赞赏或避免惩罚而做出群体期待的行为。每个人的穿着打扮会受到朋友和家庭成员等群体成员的影响，如果个人的穿着不符合他们的审美，就会受到后者的嘲笑或批评，那么这个人可能会放弃或改进自己的着装。同样，个体的服装行为也会受到与之交往的社会成员的影响，如前去进行商业谈判的人肯定会考虑什么样的服装能够适合谈判的情境，获得对手的信任或赞赏，为自己的成功添砖加瓦。

3. 价值表现影响

社会中的个体希望形成良好而稳定的自我认同感，一般会从参照群体中寻找形成这种认同感的途径和方法，而服装就是较为直观而方便的手段。例如，希望有文艺范的女孩会观察文艺青年群体的着装方式和行为习惯，了解某类品牌或某类风格的服装会让她找到清新文艺的感觉。（图 5-12）而希望自己具有国际范的女孩可能会参考欧美女性的着装方式，选择具有欧美元素、体现欧美风情的单品或服装。

### （三）古代社会阶层的划分与服饰行为

在古代社会中，阶层的划分一般是根据出身、政治地位或职业为标准的。如前所述的印度种姓制度便是根据出身和职业来划分的。中国元代，在蒙古人的统治下，统治者按照百姓归顺的顺序将人们划分为蒙古人、色目人、汉人和南人四个等级。服饰是一个人身份地位的外在标志，也是古代社会了解某人社会层级的重要工具，俗语说道：“只认衣衫不认人。”刘禹锡在著名的《陋室铭》里说道：“谈笑有鸿儒，往来无白丁。”这里的“白丁”指的是平民百姓，当时的社会规定，他们穿的衣服不准有纹饰，因而被称为“白衣”。又如，《史记·春申君列传》中记载：“春申君客三千余人，其上客皆蹑珠履以见赵使。”此后，珠履成了豪门宾客的代称。因此，李白在《寄韦南陵冰》中写道：“堂上三千珠履客，瓮中百斛金陵春。”朝廷命官或皇帝微服私访，想要了解民间疾苦或调

图 5-12　文艺风格

查某个案情,必须脱去官服或帝服。

现代社会的人们可以按照自己的喜好穿衣服,很难想象在古代社会,不同社会阶层的人们,其着装也是受到法令约束的。汉高祖八年的时候,他在洛阳看到当地的商人衣着华丽,十分生气,根据古时“士农工商”的社会等级顺序来看,商人虽然经济收入高,但社会地位很低,穿着过于奢侈会扰乱社会风气,而农民是立国之本。因此,汉高祖当即下令“贾人毋得衣锦绣绮縠絺绮纻罽”(《汉书·高帝纪下》),意思是不让商人穿着枭做工精细、装饰华丽的服装。试想一下,古代社会的商人倾向于穿着华丽服装的目的不仅仅在于此类服装的舒适性,还希望通过服装向参照群体靠拢,而他们的参照群体便是官员们。

西方社会也是如此。17 世纪的法国宫廷里,裙子是贵族女性表现淑女风范的服装。一般来说,一个有身份的女士一次不能穿得少于三件裙子。第一件裙子叫作“端庄裙”;第二件裙子叫作“调皮裙”,因为如果主人的情夫没有耐心的话,会将它弄皱;第三件裙子叫作“秘密裙”,因为只有她们的丈夫或者男友才能知道它们的秘密。这些裙子都是用缎带、花边交错缝制而成,要想脱下来绝非易事。最有特色的是,外面的裙子还有一个拖裾,好像是她们的“尾巴”一样。在路易十四时代的法国,“尾巴”可是有法令规定的,它的长度根据主人的身份而定。一个公爵夫人“尾巴”长度为 3 奥诺(法国古尺名,1 奥诺合 1.2 米);一个纯血统的公主享有 5 奥诺的权力;国王的孙女是 7 奥诺;长公主 9 奥诺;王妃 11 奥诺,这算最高级别了。礼宾部门严格地掌握着这个标准,贵妇们也不敢僭越。

## (四)现代社会阶层的划分与服饰行为

### 现代社会阶层的划分

现代社会的阶层划分十分多样,但大多仍以组织资源、经济资源和文化资源为基础来划分社会阶层,不同层级的人们对服装的选择和消费方式各不相同。

1. 社会上层

社会上层主要是由国有和外资大企业经理人员、高级专业人员及大私营企业主等构成。这个阶层的人脉资源、经济资源占有率相对较高,受教育程度也相对较高,导致了他们在服饰选择和消费方面具有独特的品位和个性。在选择服装的时候,他们更多关注的是服装的文化和审美价值,不太注重服装的品牌标识含义,选择服装时低调而自信。这个阶层中的有些人拒绝千篇一律的高级成衣,他们会穿着显示自己文化倾向和价值观倾向的服装,在有时间的情况下甚至自己制作服装。在购买服装的时候,这个阶层的人们对服装的价格并不太在意,却很关心购物环境和服务质量。

2. 社会中上层

社会中上层主要由大企业中层管理人员、中小企业经理人员、中级专业技术人员及中等企业主构成。这个阶层家庭收入来源稳定,日常生活开支比较宽裕。在服饰行为上以社会上层为榜样，购买服装的时候既注重品位与时尚，也讲究服饰品牌的价值观内涵和社会标识意义，会光顾高档专卖店和精品店，对奢侈品牌也情有独钟。

3. 社会中中层

社会中中层主要是由初级专业技术人员、小企业主、办事人员、个体工商户、中高级技工、农业经营大户等构成。这个阶层的竞争意识和竞争压力较大，安全感不够，他们比较在意人们对自己的看法，内心容易焦虑。在服饰选择上，特别关注流行趋势和较高社会层级人们的穿着，希望跟他们一样过上体面的生活，容易受到广告商的欺骗。在购买服装过程中，对服装的功能、质量要求较高，对价格比较敏感，喜欢在网络和大众商场购买服装。

4. 社会中下层

社会中下层主要由个体服务者、工人及农民构成。这个阶层的家庭存款不多，没有多余的资金购买时髦而有档次的服装，但十分了解并注重服装的社会功能，因此，会在不知名的小店或网络上购买高仿或山寨版名牌服装，处于服装流行链的低端，属于盲目追随潮流者，偶尔会购买超出自己经济能力的服装。（图 5–13）

图 5–13　务工阶层

5. 社会底层

社会底层是指生活处于贫困状况并缺乏就业保障的工人与农民和无业、失业、半失业人员。这个阶层的人们几乎没有存款，家庭收入仅够维持日常生活，因此，对服装的要求不高，对时尚潮流没有概念，便宜和实用是他们购买服装的标准，购买地点往往是批发市场或路边小摊。

## （五）不同社会阶层的服装消费特征和消费行为

齐美尔在其著作《时尚的哲学》中谈到："消费是都市生活的心灵状态，消费与独特性、风格、自我认同密切相关。"可见，服装消费与每个社会阶层的自我认同、社会心理、生活目标密切相关。社会层次越高，其经济收入就高，受教育的机会更多，掌握的社会资源也多，其服装消费水准相应较高。

**现代社会阶层的服装消费特征**

1. 示异性服装消费

所谓示异性服装消费，是指借助服装消费显示与其他社会阶层之间的差别、不同和社会距离。古代社会的统治阶层往往通过成文或不成文法令规定每个阶层应该穿着的服装款式、颜色和材料，显示与其他社会阶层之间的差别。韦伯伦在《有闲阶级论》中考察了 19 世纪末美国上流社会的服饰消费情况，他指出社会上层属于不劳而获的有闲阶级，即拥有资产和闲暇。优雅的服装不仅价格昂贵，而且也是闲暇的证明，如妇女的高跟鞋、紧身连衣裙和过长的头发等。可见，对社会上层人士而言，服装只是显示他们“富裕的生活”“独特的品位”“精致的享受”的手段。

2. 示同性服装消费

所谓示同性服装消费，是指人们借助服装消费来显示自己与所认同的社会阶层的相同和统一。这里所认同的社会阶层往往是同类阶层或较高一级的参照群体。古代欧洲的骑士们要购置铠甲、马、剑，贵族们为了获得同类阶层成员的认可，不得不制作价格不菲的假发、鞋子、毛皮大衣、织锦饰物等。现代社会的白领阶层一般要关注每季的流行趋势，如果当季流行蓝色，则倾向于购买蓝色服装或饰品，以显示自己能够跟得上潮流。(图 5–14)

**现代社会阶层的服装消费行为**

在消费社会中，不同社会阶层的服装消费格局是有差异的。一般来说，中下层和下层群体将流行款式放在十分重要的地位，但更加注重价格因素。社会中层和中上层的服装消费者会更多考虑品牌、质量及其文化含义。

社会学家米尔斯提出了“权力精英”和“权力消费”概念，他指出，消费不仅仅是作为一种简单的消费行为而存在，更多体现的是权力精英对普通大众的变相统治，这种统治是在下层居民自愿与非自愿、意识与潜意识中产生的。服装消费亦是如此，我们发现服装的款式、风格所传达出来的信息实际上是社会上层和中上层积极宣扬或大力倡导的生活方式。也就是说，社会上层的服装消费行为在其他阶层看来是优雅的、精致的和高贵的，引领着社会的服装消费导向，而其他阶层为了尽可能地融入社会上层，因此将后者的服装消费作为参照，便出现了消费上的趋同现象。

如表 5–2 所示，有学者以社会阶层服装消费环境为中心进行调查研究，发现处于社会上层的消费者倾向于选择高档的购物场

图 5–14　白领阶层的时装

**表 5–2　社会阶层服装消费调查表**

| 考虑因素 \ 社会阶层 | 上层 | 中上层 | 中层 | 中下层 | 下层 |
|---|---|---|---|---|---|
| 大型百货商场 | 73.7 | 51.5 | 7.1 | 0 | 23.3 |
| 中型百货商场/品牌专卖店 | 26.3 | 42.4 | 31.0 | 38.1 | 23.3 |
| 大型服装批发市场 | 0 | 6.1 | 28.6 | 23.8 | 6.7 |
| 地下商场 | 0 | 0 | 0 | 38.1 | 20.0 |
| 其他 | 0 | 0 | 33.3 | 0 | 26.7 |

所购买服装，而社会下层倾向于低档购物场所。分别有73.7%和51.5%的上层及中上层的消费者倾向于大型百货商场，他们当中的26.3%和42.4%青睐于中型百货商场、品牌专卖店。而中层、中下层则将目标场所主要定位在中型百货商场与品牌专卖店。此外，中层消费者还倾向于到类似外贸街、服装店之类的环境购买，而中下层则青睐于地下商场。下层消费者最常去的场所为街上的小服装店、裁缝铺以及小型超市，这类人群占所属阶层总人数的26.7%。虽然不同阶层的消费者有特定的购物场所，但是也存在着一种趋势，即较低社会阶层的人也渴望去高一阶层常去的购物场所，希望通过效仿高一阶层的消费者的行为，以期提高自己的社会阶层，并获得他人的社会认同，从而获得较高的自我价值感，这与表中显示结果是一致的。

## 三　服装的流行与传播

### (一)服装流行

流行是一种普遍的社会心理现象，是一个时期内整个社会或某些群体广泛接受且采用的某种观念与行为方式，它具有一定的普及性和约束性。被某一流行现象所波及的社会成员往往会感受到群体的压力，当压力达到足够程度，该成员会选择与群体一致的行为。如一些尚未被主流社会和大众普遍接受的新兴事物经过某些途径引起了某些阶层、团体、族群或者有影响力的个人的注意，后来绝大多数的人开始关注并使用它，从而演变成流行。

流行涉及社会生活各个领域，包括服饰、音乐、美术、娱乐、建筑、语言等，但在社会生活中，有些现象可以演变成流行，但它与流行又有些区别，如时尚。流行比时尚涉及的范围广，流行是大众化的社会现象，而时尚相对而言是比较小众化的前卫的生活方式、思想观念和行为方式。时尚往往由社会知名人士和具有影响的人物发起，通过网络、杂志等媒体传播，诱发他人进行模仿，他们的主要目的是不断引起公众注意，借此提高知名度和社会地位，随着模仿的人数增多，该产品被投向市场，于是时尚就失去了最初的目的，逐渐变成流行。因此，流行是一种事物从小众化渐渐变得大众化，而一种时尚被仿效得越快，其寿命就越短，人们便需要新的时尚刺激。另外，流行比时尚所延续的时间长，它不仅对个人起作用，而且对整个社会也有较大的影响。而时尚只是一时的流行，延续的时间相对较短，属于少数人追求新鲜刺激的结果。

服装流行即服装作为流行事物的流行过程。该领域的流行是大众广泛接受的服装样式、色彩、面料、服装行为等，而服装时尚是少数人采用流行元素，经过拼凑和搭配，形成新奇的着装或服装行为，时间较短。

服装的流行也是一种社会文化现象，它意味着人们服饰审美心理和审美标准的变化，反映了在不同时代和环境条件下，人们的个性表现和社会规范之间的平衡和协调，也反映了一定历史时期和地区内的人们对服装的款式、色彩、面料、图案纹样、装饰、工艺及着装方式的崇尚和追求，并使这种局部的着装方式通过竞相模仿和传播形成一种逐渐扩大性的社会风潮。一般而言，服装流行的要素主要有以下五个方面：服装款式的流行倾向是指服装的外形轮廓以及服装主要部位的外观设计特点等；服装面料的流行倾向是指面料的织造方法、结构和外观效果；服装色彩的流行倾向主要依赖于权威机构或著名时装周发布的预测色彩；服装图案纹样流行倾向指的是服装图案纹样的形式、表现手法、风格；服装工艺装饰流行倾向指的是受到大众欢迎的新的缝制明线方法。

服装的流行又是一种历史现象，是随着社会发展而不断变化的。在不同的社会阶段和时代，服装流行的含义和特征不同。例如，在封建社会，服装流行的政治功能和伦理道德功能较为明显。到了现代，服装流行的范围扩大了，成为大众崇尚和追求的行为方式。

### (二)服装流行的过程

一般而言，当某种流行物的创造者，如设计师、企业家等创造的一种与原先款式和服装产品显著不同的产品进入市场后，最初只被少数最赶时髦的消费者接受并向公众传播，之后逐步被更多追求流行者所接受，产生更大的影响，然后在多个社会群体内和群体之间被正式认同，在社会传播媒介和营销宣传的压力下被广泛接受。最后，该服装产品成为大众生活中的平常服装，这种服装流行就进入了衰退期，当大多数消费者转向其他新款服装后，只剩下少数滞后者保留着，直至此款服装从市场上消失。

### (三)服装流行的特征

#### 创新性

服装流行的首要和本质特征是创新。从时间层面看，服装流行的创新性反映了与之前的服装不同，或者是对传统、习俗的否定和反抗。最新流行的服装一定在款式、颜色、材质等方面有所变化，甚至开创新型的穿衣风格。如发源于20世纪70年代中期的朋克运动对青年人的着装产生了极大影响。当时的英国正遭遇经济危机：原油价格猛涨，汽车工业几近破产，纺织、煤炭、钢铁工业都陷入困境，国际贸易停滞不前，物价上涨，大量工人失业。年轻一代对此毫无办法，精神上受到严重打击，他们试图通过音乐、服装等行为来表达对社会的不满，希望获得社会的关注。这时，一个不走寻常路线的服装设计师薇薇安·韦斯特伍德抓住青年人的着装心理，设计出稀奇古怪、离经叛道的服装样式，如扭曲的缝线、不对称的剪裁、尚未完工的下摆和不调和的色彩，这种对传统时尚的藐视和对传统美的摒弃，反而成为一种新的时髦、新的流行。

#### 普遍性

服装流行的普遍性指的是在特定的环境下，某一社会群体或阶层的人们通过模仿和感染等方式，普遍穿着和追求某种服装的社会现象。一种新型的服装样式只有极少部分人穿着，没有得到广泛采纳，就不算流行的服装。例如，某人为了吸引眼球，赚取回头率，穿着极少量的衣服，或者采用极端的标新立异的服装搭配，这只能称之为个性，而不是流行。

**周期性**

服装流行如生物一样，是有一定的生命周期的，它表现为产生、发展、盛行、衰退、消失等动态过程。在某种样式或风格的服装或服装色彩的流行初期，追随的人很少，但随着时间的推移，可能受到某些因素如广告宣传的影响，从而引起大众的注意和兴趣，人们开始竞相模仿、采用。与此同时，企业开始大批量生产，竞争者纷纷加入，产品开始推广普及。在高潮阶段，市场需求量不断增大，企业大量生产，产品相当普及，价格会进一步下降，此时的流行服装已成为大众化商品，购买者大多是信息反馈比较迟缓、传统性较强的消费者。随着人们的审美产生疲劳，新的流行取而代之，于是前一种流行服装进入衰退期，最后消失。服装流行周期的长短没有固定的时间界限，短则几天、几个月，长则数年。（图 5-15）

时装历史学家詹姆斯·拉弗通过问卷调查归纳了同一种服装在时尚周期的不同阶段的不同评价：

十年前…………下流的
五年前…………无耻的
一年前…………大胆的
当前……………时髦的
一年后…………过时的
十年后…………丑陋的
二十年后………可笑的
三十年后………有趣的
五十年后………古怪的
七十年后………迷人的
一百年后………浪漫的
一百五十年后…美丽的

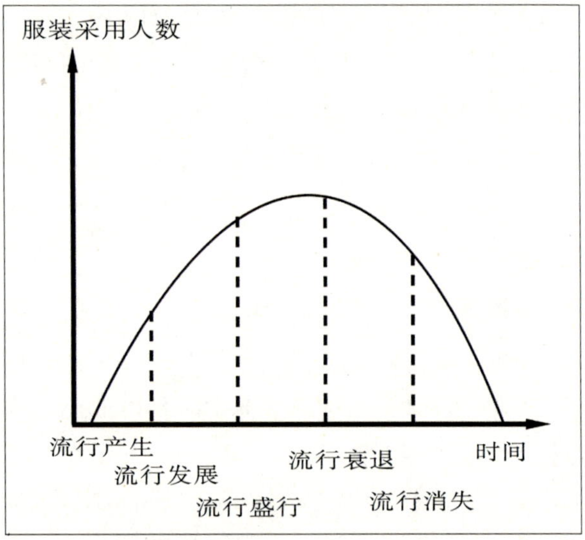

图 5-15　服装流行周期图

**短暂性**

与服装风俗和服装习惯相比较，服装流行具有短暂性特征，这也是由服装流行的新奇性和周期性决定的。大多数服装流行都是风行一时，如今一些服装机构都会对未来一年的服装流行色进行预测，而国际时装周上，设计师们发布的最新系列服装一般会成为未来一年的流行样式，而下一年的服装流行又会不同。

**循环性**

服装流行还具有一定的循环性特征。某类流行服装的一个生命周期结束后，在特定时段和特定条件下还会出现，有的服装色彩会在衰落二三十年之后又重新成为流行色，但这种循环绝不是对之前的简单重复，而是在细节上必然有新变化。具体而言，服装流行的循环基于两种类型，一是基线回归，在这种循环中，服装流行中的裙子长短、裤腿的肥瘦、色彩的素艳、装饰的繁简等大致以一条直线为中心进行上下波动，形成曲线，这条中心线就是基准线。例如，中国古代女子上襦下裙服装形式在不同时期虽然出现一定的变化，如唐代的宽大、宋代的窄瘦，服饰图案也有华丽和素雅的变化，装饰形式也有繁复与简单的不同，但总体而言，古代女子服装的基本形制没有变化。服装流行循环的第二个形式是连续变化。由于人们对新潮服装的接受是有阈限的，如果服装的变化过大，超过人们的心理阈限，就会受到人们的抵触和排斥，无法形成流行，相反，如果变化刚好超过阈限，又没有达到强烈刺激的程度，人们会正常接受，此类服装也会成为新的流行服装。简言之，服装流行的循环是渐进变化的，表现为一条连续变化的曲线。例如，裙长的变化是逐渐演变的，而不是忽短忽长的。（图 5–16）

玛丽莲·梦露的露脐装

再次流行的露脐装

图 5–16　服装流行的循环性

**非强制性**

作为一种社会现象，服装流行具有非强制性特征。人们可以按照自己的需要和喜好来选择服装，没有一定的强制性。即使某类服装十分流行，某些人为了彰显自己独特的品位和价值追求，仍会抵触流行。

## （四）服装流行的类型

**偶发型流行**

偶发型服装流行也可以被归入一次性流行范围内，一般是受到政治、经济、文化等事件的影响而产生的流行现象，流行的时间较短，几乎不留下流行痕迹。2014 年 4 月 9 日，英国威廉王子夫妇携带乔治小王子出访新西兰，小王子憨态可掬，身上

图 5-17　乔治小王子

穿的深蓝色背带裤马上引领了童装潮流，网络上的同款服装十分受欢迎（图 5-17）。2008 年在北京奥运会开幕式上，身着青花瓷主题服装的礼仪小姐们将中国传统文化元素展现得淋漓尽致，引发了国内外时尚界对青花瓷元素的应用潮流。偶发型服装流行一般情况下带有突发性特征，流行的时间不长，会突然终止，如乔治王子下次出访的着装可能会引发另一种流行，具体是什么款式的服装，这是难以预测的。

**象征型流行**

象征型服装流行跟人们的信念、价值观追求有密切关系，具有某种象征意义。从它的流行过程来看，象征型流行也可以被称为稳定性流行，虽然流行的高峰期过去了，但这种服装的某些元素或样式会沉淀下来，成为人们生活习惯的一部分。如朋克服装潮流反映了人们对传统和社会的态度，追求反叛、另类和新奇的思想潮流，时至今日，这种具有象征意义的着装习惯仍然在年轻人身上和某些设计师的作品中存在着。(图 5-18)

图 5-18　薇薇安·韦斯特伍德

**引导型流行**

引导型服装流行一般是在设计师、具有影响力的时尚界人士等人为因素推动下，诱导人们进行购买使用的服装潮流现象。这在现代社会中较为常见，如七匹狼男装的口号是“男人，不止一面”，通过不同明星演绎男人的拼搏、睿智、激情、浪漫等特点，它告诉消费者，只有穿上该服装，才能显示真男人的性情，这种有意识的宣传造成了人们对该品牌男装的青睐，形成流行。

## (五)服装流行的心理机制

服装流行是一种社会文化现象，更是一种典型的心理现象，它的产生、发展、传播、衰退直接反映了个体欲望和社会心理。

**服装流行产生的个体心理机制**

1. 追求变化的动机

根据马斯洛的需要层次理论，人类的需要是可以满足的，但永远不会停止或消失，一种需要满足了，新的需要又会出现，当这种需要达到一定的强度后就转化为动机。在日常生活中，人们的低级需要如生存和温饱问题解决后，就不会满足于安定单调的生活，而是希望某些方面有所变化。如前文所述，服装流行的本质特征在于新奇性，人们会逐渐对已经拥有的服装产生审美疲劳，这种喜新厌旧的心理致使人们需要新鲜的刺激，从而产生追求变化的动机，而流行服装的新奇性恰恰满足了人们此时的需要，正是这种不断追求新奇和变化的动机促使新的服装产品的开发，推动服装制造技术的提高、服装流行的产生以及服装历史向前发展。

2. 追求差异的动机

流行的产生是个性追求的结果，是人们求新、求异心理的反映。在服装流行的初级阶段，追求差异的动机最为明显，那些最先尝试穿上奇装异服的人，其主要目的是为了显示自己与他人不同，或者显示自己在地位、财富、审美、品位等方面的差异或优越感。这种显示优越感的心理在古代社会更为明显，当时的物质资料相对匮乏，服装制作过程较为复杂缓慢，因此，穿上最新流行的服装成为显示其财富和地位的重要手段。21 世纪是一个多元化的社会，不同国家和地区的文化相互碰撞，流行信息的传播速度较之以往大大加快，流行周期越来越短，人们追逐服装流行更多地是为了引起他人注目、获得他人赞赏。

图 5-19 中女孩的背包看似简单，但"虫草"二字传达出时下服饰流行的中国风潮流，女孩在购买的时候，可能是被这两个字所吸引。

3. 自我实现的动机

马斯洛需要层次理论告诉我们，当人们的低级需要满足后，会产生自我实现的需要，每个人都有与他人不同的能力或个性，都希望最大程度地发挥自己的潜能，带来心理上的满足和安定感，或者通过服装流行强化自我，发现新的自我。

4. 自我保护的动机

一般人会对自己的体形、容貌、能力、社会地位等方面多少存在一点自卑感，潜意识里会启动自我防御机制来克服这种自卑感。据说法国国王路易十四头发稀少，身高不到 1.7 米，但作为国王，必须在子民面前显示其威严和权力，其御用造型师就让他穿上高跟鞋，戴上高耸的假发，臣子们也群起效仿，于是，17 世纪的贵族阶层流行穿高跟鞋和戴假发。现代社会亦是如此，对肤色不够自信的女性倾向于购买增白祛斑的化妆品，对身材苗条程度不够满意的则青睐塑型内衣，对身高追求完美的则选择恨天高高跟鞋……各种化妆品、内衣和鞋类广告便昭示着这种流行。

图 5-19　虫草背包

图 5-20 中的老年女性的浓妆可能是希望掩盖岁月在脸上留下的痕迹。

**服装流行的社会心理机制**

从流行的社会机能看，服装流行是个体适应群体或适应社会生活的一种方式，是一种从众现象。

1. 模仿他人的社会心理

在现实生活中，人们获取信息的方式除了个人的直接经验外，还倾向于把大多数人公认的判断和共同采取的行为视为正确的判断和行为，即模仿他人。例如，在社会生活中我们该如何举手投足，该穿什么样的衣服、唱什么样的歌曲、买什么样的书籍、用什么样的家具、学什么样的专业……都很可能通过他人获得有关的信息。当社会生活的方方面面变化速度越来越快，行为正确与否的界限变得十分模糊甚至混乱时，这种来自他人的信息就有了更为重要的影响，因此，模仿他人是被动赶潮者在时尚流行中遵从他人的原因之一。具体就追逐服装流行而言，哪怕一个人既没有出人头地的要求，也没有补偿自卑的倾向，当满街的人都穿上皮夹克或玩起呼啦圈时，只要有可能，他也会穿上皮夹克、玩起呼啦圈。社会下层对社会上层的模仿，孩子对大人的模仿，热爱韩剧的年轻人对影视剧明星的衣着方式的模仿等都会形成服装流行。

2. 追求安全感和归属感，避免惩罚的社会心理

任何社会和群体都存在着有形或无形的规范，它决定了其成员的受欢迎和不受欢迎的程度。在一般情况下，一个没有特殊社会资源的普通人，是不愿也不敢偏离这些规范的。否则他就会遭到社会的无情排斥，丧失安全感和归属感。因此，对每天生活在群体或社会中的个人来说，能够受到所属群体的接受和欢迎是十分重要的，如前所述，服装既可以作为个人与群体或社会沟通的媒介，也可以用来表达群体成员之间的关系，获得群体的肯定和归属感。服装流行虽然不具有强制性，但在社会上广为流行之后，会“迫使”个体不得不追随流行。

图 5-20　浓妆女性

总之，从服装流行过程的角度来看，在早期阶段追求变化和差异的个人机能占主导地位，这反映了人们表现个性和自我的欲望。服装流行早期阶段的采用者是社会上的极少数人，如设计师和艺术相关工作者，一般来说他们的性格十分开朗，追求自我价值，具有与世俗抗争的勇气，被称为服装流行的革新者。紧随流行之后的采用者可以被称为流行指导者，他们的人数比革新者稍多一些，这类人的社会地位一般较高，往往注重自身形象的完美，如影视明星，他们比较关注每年的服饰流行款式、色彩和材质等信息，他们的着装对其崇拜者而言就是一种指导手册，这也从侧面加大了服装流行的推广力度和广度。在流行的高潮

阶段,越来越多的人了解并采用流行服饰,这个时候从众心理起到了主导作用。这一阶段的采用者被称为服装流行追随者。例如,每个季节网络上都有相应的爆款服装,谨慎稳重的流行追随者会冷静观察该季度的流行服装,通过比较或了解服饰资讯来选择是否采用,而盲目的流行追随者一般不假思索、随波逐流,根据周边人的着装信息来选择服装。在流行的衰退阶段,仍然采用流行服装的人被称为迟滞者,他们接受信息的渠道可能比较少,性格可能固执、保守,或是具有传统着装倾向的人。

### (六)服装流行的传播方式

**滴流模式**

服装流行中的滴流模式是一种自上而下的传播方式。著名哲学家康德在他的《实用人类学》里面说到:"人的一种自然倾向是,将自己的行为举止与某个更重要的人物做比较(孩子与大人相比较,较卑微的人与较高贵的人相比较),并且模仿他的行为方式。这种模仿仅仅是为了显得不比别人更卑微,进一步则还要取得别人毫无用处的青睐,这种模仿的法则就叫时尚。"后来,德国社会学家齐美尔就用滴流理论解释时尚流行的传播方式,指的是某种着装方式或服装样式首先出现于社会上层精英群体,受到社会下层的模仿,从而形成流行。这个理论又源自美国社会学家韦伯伦的《有闲阶级论》,在该书中,作者认为服装是上层社会显示其财富和经济地位的工具,社会下层为了提高自身的社会地位,不断模仿上层社会的生活方式,尤其是着装方式,而社会上层为了与下层拉开距离,显示社会地位的优越性,不断改变服饰,从而出现不同的服饰流行。在中外封建社会和近代资本主义社会中,服装流行中的滴流模式表现得尤为明显。古代流行服饰大多是从宫廷率先发起,经过民间效仿而形成流行。唐高宗的女儿安乐公主曾得一件百鸟裙,据说这件裙子是由多种鸟类的羽毛编织而成的,裙子的颜色会根据观看的位置、观看的时间不同而产生美丽的变化,裙子上面还能显现出鸟儿形态,观者赞叹不已。此裙一出,官宦人家的千金小姐们都想拥有同类裙子,竞相购买飞禽羽毛,导致"搜山荡谷,珍禽尽绝"。

17 世纪末的法国时装设计师已经开始通过时装娃娃和时装画来推销自己的新产品,欧洲宫廷的贵妇名媛可以及时地捕捉时尚信息。国王路易十四也是时尚的引领者和推动者,宫廷画师将国王的形象通过版画表达出来,向大臣们传递最新的宫廷服装。到了 20 世纪,服装的等级性大大削弱,服装的流行一般是由服装设计师以及服装时尚人物率先开始,一些著名的设计师常常通过召开时装发布会而掀起时尚服装的流行风。著名时装设计师香奈儿说过:"时装,它流向街头,可是我不承认它来自街头。"

图 5-21　路易十四

如图 5-21,图中的路易十四戴着长长的假发,穿着最新款的服装，以及红色高跟鞋。服装上的钻石大约有1500克拉，国王对假发、高跟鞋和钻石的喜爱使得臣子们竞相效仿，形成当时的时尚潮流，为了跟上国王的节奏，获得他的青睐，许多大臣负债累累，就是为了购买时装。

**水平流动模式**

服装流行中的水平流动模式指的是在现代社会等级意识淡薄的情况下，服装的社会地位的象征性不如古代社会强烈，服装流行的实际渗透是从所有阶层开始的社会现象。水平流动模式源自美国经济学家托马斯·金，他认为，对于一个将要推向市场的新样式，如果它的设计照顾到社会各阶层的需求，随着后续大量的广告宣传，那么所有的社会成员都有可能成为这个新样式的采用者，从而形成服装流行。

从空间上看，水平流动模式是从流行发源地向其他地域传播的。一般而言，流行发源地是人口集中的文化、政治和经济中心都市。白居易曾经在《时世妆》里说道："时世妆，时世妆，出自城中传四方。时世流行无远近，腮不施朱面无粉。乌膏注唇唇似泥，双眉画作八字低。妍媸黑白失本态，妆成尽似含悲啼。圆鬟无鬓堆髻样，斜红不晕赭面状。"这首诗描述了当时皇宫内流行的妆容传到四面八方的盛况。现代社会的服装流行亦是如此，每年的米兰、巴黎、纽约、伦敦、东京、北京等地都会举办时装周，期间发布的服饰流行信息通过各种传播媒介辐射到世界各地，成为当年的流行。

从时间上看，作用于社会各阶层的新的服装流行的传播需要时间，而社会上大多数人起初可能对新流行的服装抱着怀疑、观望或等待的态度，新的流行服装可能需要经过改造才能被社会逐渐承认和接受，因此，服装水平流动模式具有一定的滞后性。在古代社会，地域之间的交通、信息交流不发达，大都市的流行向中小城市的辐射需要一定的时间，因此，服装流行的传播速度较慢。白居易在《上阳白发人》中描写了一个老宫女因为杨贵妃的妒忌而被打入洛阳冷宫40年，其远离京城，对外消息不通，外面早已流行"时世宽装"，妆容也是"短而阔"的眉形，而她仍穿着"小头鞵履窄衣裳"，妆容是"青黛点眉眉细长"，因此自嘲道"外人不见见应笑，天宝末年时世妆"。现代社会的信息技术非常发达，但时尚中心的流行服装并不一定完全符合社会各阶层的口味，因此，当最新潮的服装传播到边远乡镇时，已经被改造得失去了最初的样子，只是保留了其中某个或多个元素。

**逆流模式**

服装流行中的逆流模式是指新的流行款式或流行意识首先起源于较低的社会地位和经济收入阶层，但经社会媒介渲染传播，再由服装设计大师们再创造，从而引起全社会各阶层的注意，进而向上传播到较高社会地位和经济收入阶层。例如，牛仔服装就是从下层阶层流向上层社会的。逆流模式的形成除了低阶层人士无意识的穿着被其他社会各阶层所注意并广泛接受之外，其往往还有着更深刻的社会文化原因。在1849年开始的淘金热中，犹太人列维·斯特劳斯发现矿工工人的裤子极易磨破，就想到用帆布制成耐磨、合体并方便劳作的工装短裤，后来为了更加结实耐用，就用金属铆钉代替线缝，钉牢口袋，很快这种裤子受到矿工们和西部牧童们的青睐，被戏称为“牛仔裤”。在长达一个世纪的时间里，牛仔裤只是作为下层劳动者的着装而流行着，直到詹姆斯·狄恩和马龙·白兰度主演的《欲望号列车》上映，电影中男主角所穿的牛仔裤成为年青一代反抗正统势力的符号，于是全世界开始风靡起来，即便是1993年宣誓就职成为美国总统后的克林顿仍然喜欢穿着牛仔裤和T恤衫，如今，不论是富豪，还是高级知识分子，或是艺术工作者，都忽略了牛仔裤卑贱的出身，反而成为它的忠实“粉丝”。如今，在年轻女性中十分流行的波西米亚服饰风格也是典型的逆流传播模式，波西米亚服饰起源于捷克斯洛伐克西部地区的吉普赛人着装，是流浪、豪放、自由的装扮，包括流苏、褶皱、大摆裙等服装元素，后来因安娜苏推出的一系列夏日着装风格而深受上层人士喜爱，现在它已经成为自由洒脱、热情奔放的代名词。川久保玲和山本耀司在1983年发布的乞丐服更是逆流模式的极端事例。

需要指出的是，服装流行中的滴流模式主要存在于古代社会，那时候帝王和贵族掌握着主要的服装资料，领导着服装流行。当今时代，服装流行的水平流动理论更具有一定的说服力，但也有局限性，因为人们已经不再局限于自己所生活的圈子，其着装兴趣更加个性化和多元化，服装流行不再只是横向传播。自下而上的逆流模式虽然在当今社会存在很多，但不是主流方式，黑人、蓝领或贫民不可能成为流行的领导者。但随着互联网技术的不断发展，普通百姓也可以通过电脑、手机等平台表现自己，人们自我意识也不断增强，并希望表现自己的个性，大众也有机会选择流行，甚至制造流行。23岁的伦敦华裔女孩苏茜·刘普普通通，不是设计师，但热衷于时尚和打扮，并在网络上开设了自己的时尚博客，每天将自己的新搭配放到博客上，她能够将顶极时尚与街头风格混搭在一起却丝毫没有混乱感，渐渐地，她的个人兴趣引起了时尚界的追捧，甚至连设计师也主动找上门去，期望能够在她的博客里展示最新的设计，她本人也开始参加古驰、香奈儿等品牌的发布会，成为时尚明星。

### （七）现代社会的服装流行

#### 多元化

在古代社会，服装流行的范围和形式比较有限，而现代社会，伴随着工业化生产的高速发展以及大众传媒手段的发达，现代社会的人们追求新奇、表现自我、寻找安全感等心理需求愈来愈强烈。同时，现代社会的服装流行不再局限于某一国家地区、某一民族或某一社会阶层，不同群体表达自我的渠道和平台也日益多样化，不同的价值观和生活方式催生出各种各样的服饰流行，致使服饰流行体现出多元化特征。服装设计师可以将不同国家或地区的服饰元素融合到最新流行的服装中去，以满足消费者的求异心理，如西方设计师对中国元素的娴熟运用。中国传统文化中的书法艺术、剪纸艺术、刺绣艺术等吸引了西方人的目光，在西方，可以看到具有中国特色的服装。在中国，可以看到欧美风情的着装，也可以看到韩国风格的服装，还有不同生活方式的着装，如御女范、宅男宅女范等，不同的网络流行语代表了不同的服装行为。（图5–22）

**速度性**

俗话说“慢工出细活”,20 世纪初兴起的高级时装以手工定制、做工精良、用料上乘、款式经典,较长的流行规模、范围和时间等特点,被称为“慢时尚”。而 21 世纪是一个信息化、全球化时代,信息经济和知识经济与科技紧密结合,社会各个领域都发生着全面而深刻的变革,信息传播方式的改变使人们的生活方式、思考方式甚至社会文化都向数字化方向转变。我们每天被信息包围着,数字化的传播方式已经渗透到生活的方方面面。

图 5-22 御女范

在服装领域,商业利润的刺激使高级订制曲高和寡,高级成衣综合了艺术与商业,它的流行和传播也摆脱了传统的桎梏,向数字化方向发展,国际时装周上的高级订制很快会通过媒体、网络等渠道传播到世界各地。快餐式的消费主义主导着人们的生活方式,稍不留神,我们就会被时代淘汰。作为产品供应者,要迅速将潮流信息和时尚元素通过产品展现给消费者,否则企业就会在市场竞争中失去竞争力。如今,在全球十分风靡的快时尚品牌就是服装流行快速性的例证,“快时尚”的首个成功要诀是“快”。快速的时尚反应、快速的供应链系统、快速整合设计、快速上架、快速的信息反馈和全球物流调拨以及快速下架等。新款式一出现在 T 台上,立刻就会画板、上生产线,几星期后就会低价出现在各大零售店中。可以说,它们不是服饰时尚的创造者,而是时尚的传播和反应者。

“快时尚”企业往往拥有强大的设计团队,搜集并整合最新的时尚流行元素,当然,“快时尚”的一大优势在于强大的供应链支撑以及快速的市场反应速度带来的货品高流转。例如,ZARA 品牌对市场的快速反应已经形成了一种文化,一年能够推出 2 万多件新设计的服装,平均每周会更新 2 次新货。从市场调研、产品创意、企划、设计、打版、生产、物流到上架,其产品开发周期可缩短至 14 天。快速的上架、快速的下架,可大大降低风险,提高产品的有效性、适销性,从而扩大市场规模。(图 5-23)

图 5-23 ZARA 打折的陈列

**生态性**

随着生活水平的提高和生活方

式的改变，现代社会中的人们越来越重视服装的时尚功能，这导致服装更新频率越来越快，数量越来越多。而消费者购买一件服装的时候，不仅购买了服装本身，还购买了无形的运输成本、原料采集和生产制造过程中对自然资源的耗损及环境污染成本。

目前，这种状况已经引起了服装相关行业人士的重视，在未来的服装流行中，绿色环保、可循环利用的服装将是时尚主流。例如，被称为"快时尚"的 H&M 和优衣库等品牌就倡导绿色消费，让消费者主动将废旧服装交托给服装企业自行处置。H&M 从 2002 年开始发布《企业社会责任报告》，自 2010 年提出"环保自觉行动"后，将该报告改名为《H&M 环保自觉行动可持续发展报告》。2012 年 H&M 又提出"不要让时尚被白白浪费"的主张，并在旧衣回收箱上打出"经久不衰的时尚"字样。在哥本哈根气候峰会期间，H&M 与纽约 Barneys 赞助了一场"环保时装秀"，展示了用玉米纤维、牛奶纤维等制成的环保纤维面料。在材料选择上，一些服装企业选择了可循环利用的无毒害纤维面料与辅料。如对聚酯饮料瓶进行回收、清洁、压碎后重新制造母料，再纺成高质量的纤维，或者采用循环回收的人工合成环保纤维。

**科技性**

技术的进步往往是一个产业发展的原动力，现代社会服装流行中的科技含量越来越高。例如，纳米技术为服装材料生产研制更细、更薄的面料提供了技术支持，一件添加"二氧化钛"纳米微粒的衬衫对紫外线的吸收率就可达 90%以上，可保护皮肤不被晒伤。纳米衣料内部还搭建了直径相当于头发丝千分之一的纳米"隧洞"，它们四通八达，能有效吸收汗液中的水分子，使其自由"钻"衣而出，保持全身干爽。

有些服装将电子科技应用到设计当中去，吸引了大批年轻消费者。无印良品设计出一款可以充电的羊毛围巾，它从外表来看是一条普通的围巾，但里面含有移动电源，可以充当手机之类手持设备的充电器，该产品受到消费者的喜爱。（图 5-24）

扩展阅读：被纺织科技全面武装的世界杯

本届巴西世界杯可以说是有史以来科技含量最高的一届比赛，从帮助球员更好地发挥水平的球衣、球鞋，到帮助裁判更准确执法的人墙喷雾、4K 鹰眼技术，再到让球迷能更好地欣赏比赛的 4K 超高清信号转播、手机 App，可以说本届世界杯值得我们关注的地方已经不仅仅是东道主能否夺冠、冠军归属花落谁家这样关于赛事本身的话题。而究竟这些新技术在本届赛事中能起到多大的作用、未来还会如何发展，也同样值得科技爱好者和球迷们在比赛结束后进行一番讨论。

miCoach 智能球鞋

在本届世界杯上，阿迪达斯公司推出的一款 adizero F50 被正式公开并大范围应用到世界杯赛场上，在球场上许多球员脚下都已经蹬上了这双球鞋在球场上奔跑。

图 5-24　无印良品可充电围巾

抛开 adizero F50 系列足球鞋在球鞋材质和工艺领域的最新工艺不说，单从科技的角度来看，阿迪达斯在鞋底设有特制的凹槽，用于装配专门搜集数据的miCoach速度传感器。miCoach速度传感器可以捕捉360度的动作，并记录包括瞬间速度、平均速度、最快速度(每5秒记录一次)、冲刺次数、移动距离、高强度水平下的移动距离、步伐及步幅率在内的关键性指标。在比赛或训练中，miCoach可以储存长达7小时的运动数据，并和个人电脑进行无线传输连接。

miCoach传感器捕捉到的个人统计数据可以上传到facebook上与好友分享，在朋友间展开一场有趣又激烈的竞技大战，同时还可以下载梅西等专业阿迪达斯球员们的统计数据进行比较。

会“按摩”的球衣

本届世界杯除了阿迪达斯和耐克两家巨头之外，同样来自德国的运动品牌彪马也赞助了9支参赛队伍的球衣，其中最吸引眼球的无疑就是让无数女球迷尖叫的“意大利男模队”了。

意大利队的球衣不仅继续着紧身性感的风格，同时还增加了让人“浮想联翩”的按摩功能。彪马公司表示，他们在意大利队的球衣上设计了独特的按摩条，能对球员身体起到“按摩”作用，使球员在疲劳后最大限度地提高肌肉力量，缓解肌肉紧张。看来，身材好又性感的意大利队也获得了赞助商的特别青睐，至于这种按摩功能是不是真的有用，只能问问巴洛特利才知道了。

adiPower预冷背心和套袖

巴西有多热，相信大家都知道。虽然现在正值冬季，但是由于地理位置的原因，当地气温依然很高，尽管大部分比赛都在晚上，但是气温经常还会接近40度。而阿迪达斯公司为自己赞助的球队提供了一款名为adiPower的专业预冷背心和套袖，帮助他们在巴西炎热气候下保持凉爽、干燥。

这款背心历经数年研发，旨在帮助球员们在炎热的气候下降低体表温度，从而减缓因为高温而引起的肌肉疲劳。经过研究表明，小臂和后背上部是人体主要的散热区域，同时也是易出汗的区域。所以这件背心在该区域加入了一些Hyper-Absorbent吸水颗粒，放在冷冻装置中冷藏，之后可以在15~20分钟内降低球员的体温，减少中暑的几率。

目前，包括德国、西班牙、阿根廷和哥伦比亚等阿迪达斯赞助的球队，球员们都会在赛前热身和比赛中场休息时使用adiPower装备，据说收到了球员不错的反馈。

回收塑料瓶制作的球衣

巴西是本届世界杯的东道主，五星巴西也希望通过夺冠让球衣再添一颗星星。巴西队对球衣改革有着某种迷信：其三届世界杯夺冠都发生在他们对球衣的大胆改革后。

这一次巴西队球衣设计与传统变化不大，但是对材料却进行了大幅创新。巴西队的球衣、球裤和球袜均使用提取自回收塑料瓶的再生涤纶，这也是国家队装备首次在球袜上使用这项创新技术，每套球衣平均使用了18个回收的塑料瓶。

除了回收塑料瓶材料制成之外，耐克还将体温调节技术融入到制作工艺中，空气流动效率比此前的球衣高出 56%。这款球衣的面料 94%是聚酯，只有 6%是纯棉，既有纯棉的舒适度，同时又拥有聚酯的热量调节性能。

（资料来源：中国纺织报，2014-06-24，选文有删改）

**思考与练习**

1. 举例说明两性社会角色的变化与服装行为之间的关系。
2. 观察不同社会阶层的服装行为特点。
3. 服装流行有哪些特征？
4. 举例说明服装流行的传播过程。

高等院校服装专业教程

服装心理学

# 第六章 服装个性心理

## 一　个性心理概述

### (一)个性的含义

个性一词最初来源于拉丁语 Personal,开始是指演员所戴的面具,后来指演员所扮演的戏剧人物具有的某种典型特性,如“智慧的人”“奸诈的人”等。在日常生活中,个性是一个习惯用语,一般指的是一个人在姿态、衣着、发型、行为方式等方面独特于他人。在社会活动中,个性指的是个体表现出来的比较稳定的成分,包括能力、气质和性格。在西方,学者们将个性称为人格。阿尔伯特认为,人格就是一个人真正是什么,及个体内在心理、物理系统中的动力组织,它决定了人对环境顺应的独特性。

### (二)个性包含的内容

在心理学中,个性就是个性心理的简称,但个性的结构较为复杂,许多心理学家从自己研究的角度提出了个性的定义, 美国心理学家奥尔波特曾综述过 50 多个不同的定义。如普林斯认为,个性是个体一切先天性的生物倾向,冲动、趋向、欲求和本能等,并且包括由经验获得的倾向和趋向的总和。

简而言之,个性指的是一个人区别于他人的、在不同环境中显现出来的、相对稳定的、影响人的外显和内隐性行为模式的心理特征的总和,包括动机、兴趣、态度、气质、能力等。

### (三)个性心理特征

个性心理具有先天性和后天性、共同性和差异性、稳定性和可变性、独立性和统一性、客观性和能动性等特征。

**稳定性**

个性心理特征的形成具有相对稳定性。在一个人身上总会表现出许许多多的心理特征,有些是经常出现的,是比较稳定的,有些则是偶然的。构成个性的特征则是指那些稳定的心理特征。正是由于个性具有稳定性,它才能表明存在具有个性的人,否则就很难说明人的个性是什么样子。也正因为个性具有稳定性的特点,我们才能把一个人和另外一个人在精神面貌上区别开来,我们才能预料到一个人在某种情况下他会做什么,这也是对一个人了解和接触的依据来源。“江山易改,本性难移”就很形象地说明了个性的稳定性。可以说,个性就是指一个人所有的心理静态或较稳定的状况的全部内容。

**可塑性**

个性具有稳定性,但并不排斥个性的可变性或可塑性。稳定性不是指一成不变的东西,而是指较持久的一面出现的定型化的东西。个性的心理特征是在一定的社会历史条件下,在一个人的长期生活经历中逐渐形成起来的。它一经形成就比较稳固。但是,现实生活是十分复杂的,人们的生活环境和人际关系也是纷繁多变的,因此通过人生活历程反映的个性特征,也必然会随着现实的多样性和多变性而发生或多或少的变化。

**复杂性**

每个人的性格都包含了多种特征,这些特征之间彼此联系、相互依存,构成了一个在机能上相互适应、相互影响、相辅相成的有机系统。性格虽然是完整的系统,但它的完整与统一不是绝对的。性格结构的完善和完整程度存在着个体差异。

**差异性**

个性既有内容的区别,又有程度的区别,根据其程度的不同,可以将个性分为不同的类型或模式。

## 二　个性与服饰行为

### (一)性格

**性格的含义**

性格是表现在个人对现实的态度和行为方式中的较为稳定而有核心意义的心理特征。它是一个人心理面貌本质属性的独特结合,是人与人相互区别的重要方面。性格是个人对现实的稳定的态度和习惯化了的行为方式。例如,一个人在任何场合都表现出对人热情、与人为善,这种对人、对事的稳定的态度和习惯化的行为方式表现出的心理特征就是性格。

性格多受后天环境的影响,具有较为明显的社会化特性。在不同的社会文化条件下,人们的性格有较大的差异。巴普洛夫指出,性格是神经类型和后天生活环境形成的痕迹,即性格具有某种遗传色彩,也显露出后天生活经历的明显印记。这说明了性格同时具有生物性和社会性的特点。具有类似气质的个性可以由于日后环境的变化而具有完全不同的性格。所以,气质具有相对稳定性,而性格却可以发生很大的变化。

**影响性格形成的因素**

1. 遗传因素

人的神经系统在性格的形成中具有一定的作用。根据目前的研究结果,在某些不正常性格形成上,可以较为明显地看到遗传因素的作用。但是,在整个性格的形成过程中,遗传因素所起的作用相对较小,而个人成长所处的社会环境则起着决定性作用。

2. 家庭因素

在性格形成的过程中,家庭起着重要的引导作用。在家庭中,父母的责任感和教养态度是影响儿童性格形成的一个非常重要的因素。家庭气氛对子女性格形成的影响也不容忽视。随着独生子女的增多,独生子女的特殊地位使之容易成为众人注意的中心。若家长对孩子过于娇生惯养,会使他们形成任性、不关心别人、自私自利的不良性格,从而使独生子女的教育资源集中优势变为不利因素。

3. 学校教育的影响

学校教育作为系统、长期的影响环境，在儿童性格的形成中有着特殊的地位。儿童所处的学校和班集体对其性格形成有着特殊的意义。同伴关系是影响儿童社会化，从而影响其性格形成的一个重要因素。

4. 社会经历

人是活动的主体。人的性格不是简单、被动地受制于环境的。环境对人性格的影响，需要通过人在环境中的活动得以实现。因此，对性格起决定作用的不是环境本身，而是人与环境的相互作用。人的性格就是通过其在社会实践活动的过程中与环境发生相互作用而逐渐形成、发展起来的。

总之，遗传、环境和教育等因素，都会对人们性格的形成和发展产生影响。人的性格是在与周围环境相互作用的过程中逐渐发展起来的。实际上，性格形成中起主要作用的是社会经历，一个人的全部性格特点，实际上是一个人全部生活历史的积淀。

**性格类型学说与服饰行为**

1. 斯普兰格性格类型

德国教育学家和哲学家斯普兰格根据人们在特定文化背景下的生活方式和价值取向，将人的性格分为：经济型、理论型、审美型、权力型、社会型和宗教型。需要注意的是，这种类型划分是一个理想模型，具体的个人通常是倾向于一种类型而兼有其他类型的特点。

(1)理论型。多数理论家和哲学家属于这种类型。该类型的人以追求真理为目标，能冷静客观地观察事物，关心理论性问题，力图根据自己的知识体系来评价事物的价值，对实用和功利缺乏兴趣，碰到实际问题时往往束手无策。他们在服装行为中也比较理性，对待潮流不盲目追随，喜欢透过现象看本质，找到适合自己的服装。

(2)经济型。实业家和商界精英大多属于这种类型。该类型的人总是以经济的观点看待一切事物，以经济价值为上，根据功利主义来评价人和事物的价值和本质，在选择和购买服装的时候大多会考虑其投入和效益之间的关系，如服装是否达到了想要的社会效果，从经济利益的角度看是否值得购买。

(3)审美型。艺术家大多属于这种类型。该类型的人以美为最高人生意义，不太关心实际生活，总是从美的角度来评价事物的价值，以自我完善和自我欣赏为生活目的。在着装上，这种类型的人比较追求审美效果，既要达到心理的满足，也要实现感官的享受，无法认同和忍受不修边幅的人群。

(4)社会型。该类型的人重视爱，有献身精神，有志于增进社会和他人的福利。努力为社会服务的慈善、卫生和教育工作者属于这种类型。这类人的着装并不仅仅为了满足自己，而是关心服装对他人的影响。例如，教师和劳模必须注意到自己的服装行为所产生的社会影响。

(5)权力型。该类型的人重视权力，并努力去获得权力，有强烈的支配和命令别人的欲望，不愿被人所支配。他们会通过简洁干练、高档名贵的服装来表现自己的权势，甚至要求他人按照自己的意愿着装。这在封建社会中表现得更为明显，中国的皇帝和西方的国王对自己和臣子的着装都有法令规定，但凡逾越，都有受到惩处的危险。(图6-1)

图 6-1　权力型人物——慈禧太后

(6)宗教型。该类型的人坚信有超自然的力量存在，有信仰，富有同情心，以慈悲为怀。以爱人爱物为目的的神学家属于这种类型，他们心静如水，欲望不强，追求简单舒适的着装方式，也遵循宗教的着装要求。

2. 荣格人格类型

荣格的人格理论帮助人们从内外倾的角度理解性格的差异。荣格依据力比多(心理能量)作用的方向不同，把人分为外倾与内倾(或外向和内向)两种基本类型。力比多作用指向外部的属于外倾人格，力比多作用指向内部的属于内倾人格。他还提出四种思想机能，即感觉、思维、情感和直觉，与内外倾相结合，荣格提出了八种人格类型。

图 6-2　辜鸿铭

(1)外倾感觉型。这种类型的人是现实主义者、实用主义者，头脑清醒，热衷于积累与外部世界有关的经验，但并不对事物过分地追根究底，在服装消费上追求高档化，注重服装的舒适性和装饰性，有可能走向掠夺性消费。

(2)内倾感觉型。这种类型的人喜欢远离外部客观世界，沉浸在自己的主观感觉之中。他们并不希望自己的着装能够多么引人注目，但拥有自己的审美态度，如追求舒适的着装，他们对审美并不敏感，但觉得自己是这方面的行家。

(3)外倾思维型。这种类型的人容易使客观思维成为支配其生命激情的动力。典型的例子就是科学家，他们对理解自然现象、发现自然规律、创立理论体系有浓厚的兴趣。此种类型的人对服装艺术和审美缺乏激情，对时装、时尚、流行信息十分迟钝，毫不关心，基本拒绝华丽的装饰，着装基本上是为了满足生理需要。

(4)内倾思维型。这种类型的人思维是内向性的，哲学家或心理学家就属于这种类型。这些人对服装一般有独到的见解，其着装行为也比较自我，不愿意从众，时尚对他们的影响不大，社会舆论也无法约束他们，但他们一旦对服装艺术产生兴趣的话，就会有深刻独到的见解。民国时期的狂儒、怪杰辜鸿铭就是这类人物，在主张思想和服饰西化的民国时期，辜鸿铭学贯中西，能熟练运用十几国语言，他却偏爱长袍马褂、瓜皮小帽，脑后拖着细细的小辫子，在西风正盛的北京大学十分扎眼。为此，辜鸿铭说道："我头上的辫子是有形的，你们心中的辫子却是无形的。"(图 6-2)

(5)外倾情感型。这种类型的人是理智服从于情感，希望自己的着装形象能够引起别人的注意，不论是赞美还是惊讶都能满足她们的虚荣心。对于潮流时尚，她们盲目追逐，没有理性而独立的认识，但她们构成了潮流的主体。

(6)内倾情感型。这种类型的人通常也较多地见之于知识女性。她们不像外倾情感型的人那样炫耀自己的感情，而是把它深藏在内心。她们往往沉默寡言、难以捉摸，态度既随和又冷淡，并且往往有一种忧郁和压抑的神态。她们也存在某种深刻强烈的情感，这种情感有时会爆发一场情感风暴。在服装行为上，她们追求知性、质朴、自然、温婉、典雅等显示内在神韵和艺术品位的着装风格。

(7)外倾直觉型。这种类型的人的特征是对新鲜事物有强烈的好奇心，思维跳跃性大，注意力不够集中，性情不够稳定。这些人往往是流行时尚的引领者和推动者，喜欢走在流行的前端，对自己的外观形象比较在意，渴望引起别人的注意。

(8)内倾直觉型。这种类型的人最典型的代表是艺术家，也包括梦想家和无知、充满各种幻觉的古怪的人。他们不喜欢逻辑思维，对科学理性的东西不感兴趣，服装设计师们大多是这种类型，他们对生活、艺术的感悟能力较强，喜欢追逐瞬息万变的事物，所以往往能够迅速抓住潮流信息。

## (二)气质与服饰行为

### 什么是气质

气质是指在人在心理活动和行为中表现出的稳定的动力特点。气质是受遗传影响最大的个体心理特征，由于气质较多地受先天生物学因素的影响，因此是比较稳定的个体心理特性。但是，气质并不是不可改变的。当外部环境和教育发生较大变化时，个体的气质可以暂时被掩蔽，并且能够得到一定程度上的改变。

气质不能决定人的智力水平和社会价值，也就是说，人的气质没有直接的好坏之分，每一种气质类型既有其积极的一面，也有其消极的一面。

### 气质的体液说

古希腊最著名的气质学说是希波克拉底提出的气质体液说。希波克拉底认为，人体含有四种体液：血液、粘液、黄胆汁、黑胆汁，有机体的状态决定于这四种体液的适当搭配。这种观点经过不断演化，逐步形成了气质按体液特性可以划分为多血质、粘液质、胆汁质、抑郁质四种类型的学说。四种气质类型分化的原因是占优势的体液不同。血液占优势的称为多血质，粘液占优势的称为粘液质，黄胆汁占优势的称为胆汁质，黑胆汁占优势的称为抑郁质。

四种基本气质类型在行为方式上的典型表现如下。

1. 胆汁质的人热情直率、精力旺盛、脾气暴躁、好冲动、反应迅速、情绪反应强烈，但持续时间不长。他们能以极大的热情投入到工作和学习中去，但缺乏耐心。在正确的教育之下，他们也能具备坚强的毅力、主动性和独创性等良好的品质。《三国演义》中的张飞精力旺盛，屡次主动请缨为主公杀敌，但他的脾气暴躁，每日鞭打犯错的士兵，情绪过后又将他们安排在身边，最终遭到身边士兵杀害。

2. 多血质的人活泼好动、反应迅速，对一切引起他注意的事物都兴致勃勃，有高度的可塑性、灵活性，容易适应新环境，善于结交新朋友。情绪易于发生也易于改变，表情生动，言语的鼓动性比较强。在良好的教育之下，多血质的人可以培养出高度的集体主义情感，易于形成对学习、劳动积极主动的态度。

3. 粘液质的人安静稳重、沉默寡言，思维、语言和动作迟缓，做事有条不紊，善于克制、忍耐，具有实干精神，情绪不易发生，也不易外露。在良好教育的条件下，粘液质的人容易形成勤勉、实事求是、坚毅等特性。小说《红楼梦》刻画的人物形象薛宝钗便是这种安稳、持重的粘液质类型。小说中有一处写到，宝玉去梨香院探望宝钗，看见她穿着“蜜合色棉袄，玫瑰紫二色金银鼠比肩褂，葱黄绫绵裙，一色半新不旧，看来不觉奢华”。比肩褂就是背心，玫瑰红和紫色是调和色，紫黄则是对比色，葱黄是淡淡的黄，既有对比又有调和，加上蜜合色的上衣，颜色富贵但不是簇新的，半旧的色调给人一种端庄典雅、低调奢华的视觉效果。可见，宝钗在着装上也是沉稳不张扬的，身为皇商之女，最新的衣料和款式她都能轻易得到，但她却安分随性，喜欢穿着半新不旧的衣服。

4.抑郁质的人感受性较高，情绪体验深刻、细腻，易多愁善感，行为孤僻，不善交际，反应迟缓。具备这种气质类型的人往往富于想象，在力所能及的工作中表现出坚韧的精神。在团结友爱的集体中，可以表现出温顺、委婉、坚定、富有同情心等优良品质。但在危险、紧张等不利的情况下，常表现出恐惧、怯懦、畏缩、优柔寡断，受到挫折后常心神不宁、沮丧、忧郁、悲观，并常常会病态地体验到种种委屈的情绪。《红楼梦》中的林黛玉无父无母，寄养在外祖母家，大家族里人多嘴杂、勾心斗角，造成她敏感心细、多愁善感的性格，其属于典型的抑郁质性格类型。（图 6–3）

丹麦的皮特斯特鲁普用漫画生动展现了四种气质人群的性格特征（图 6–4）。在现实生活中，只有少数人具有某种气质类型的典型特征，多数人属于不同气质类型的混合型。不同的气质类型对服装行为是有一定的影响的，如多血质的人在服装的选择上比粘液质的人更喜欢变化；抑郁质的人则比胆汁质的人更

图 6–3　林黛玉

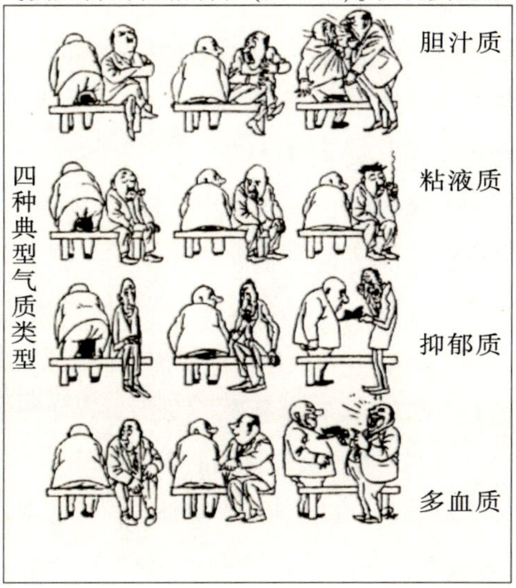


图 6–4　气质的体液说

注重着装和服装的细节。

**气质体形论**

德国精神病学家克瑞奇米尔根据自己对精神病人的观察和研究，提出按体型划分人的气质的理论。他认为,人的体型可以分为三种类型。

1. 肥胖型

肥胖型人身材短胖,圆肩阔腰,易患躁狂抑郁症。他们的气质特点是:好社交、通融、健谈、活泼、好动、表情丰富、情绪不定,属于躁郁性气质。

2. 筋骨型

筋骨型人高瘦、纤弱、细长、窄小,其特点是不善社交,内向、退缩、世事通融、害羞沉静、寡言多思,属于分裂型气质。

3. 斗士型

斗士型人骨肉均匀,体态与身高成比例,其特点是正义感强,注意礼仪、节俭、遵守纪律和秩序,属于黏着型气质。

美国心理学家谢尔顿也是体型说的代表之一。他从胚胎学角度把人分为三类:内胚叶型(柔软、丰满)、中胚叶型(发达、健壮)和外胚叶型(高大、细瘦)。内胚叶型相当于肥胖型;中胚叶型相当于筋骨型;外胚叶型相当于细长型。

## (三)血型与服饰行为

血型是一种与生俱来的人体密码,它不能决定个体的性格,但在相同血型的人群中有一些微妙的共同之处,比如,他们的脾气、性格、喜好、厌恶,以及着装态度和行为等。日本学者古川竹二认为,人的血型不同会导致气质特点的不同。他根据人的血型的不同,把人的气质分为相应的四种类型:A 型对应于粘液质;B 型对应于多血质;AB 型兼有 A 与 B 两种类型的特点,偏 A 型对应于粘液质,偏 B 型对应于多血质;O 型对应于胆汁质,自信、坚强、好胜,不听从指挥,喜欢指使别人,有胆识,不愿吃亏。在服装行为方面,不同血型的人的理念和选择差异也很大。(图 6-5)

A 型血人群:这种血型的人对人和蔼礼貌,善于倾听,考虑周围人的感受,但稍显拘谨。做事有计划,喜欢按部就班,比较认真。对衣着的潮流很敏感,喜欢打扮,但在整体上追求整洁、朴素。对色彩比较敏感,购买服装时容易被色彩打动。

B 型血人群:开朗敏捷、善于言辞。与人相处很融洽,是一个大而化之的人。善于掌握对方的心思和行动,能配合对方,进而展开话题。先有行动,才注意到细节。有冲劲,行动多半很夸张。对服装有严谨而卓越的批评眼光,但对自己的穿着不太注意。选择衣服以花样为主。

AB 型血人群:使人有与众不同的感觉。神经纤细敏感,富于知性。言辞相当谨慎,绝不出错。谈起话来很严厉,主张很强硬。行动缜密、合理,但不顾大局。在着装方面喜欢对比强烈的衣服,会选择颜色对比夸张、款式独特的服装,认为此类衣服容易搭配。有时穿得很规矩,有时

图 6-5　不同血型女孩的着装形象

图 6-6　白羊座

又很邋遢、极端。

O 型血人群：性格强硬有魄力，思考周密，顾全大局，行动果敢，有时坚守自己的主张，固执己见，不达目的决不罢休。在着装上追求整洁、干练，不喜欢鲜艳的色彩，穿着正统。

除了上述几种性格学说之外，源自西方占星术的星座学说也对人的不同性格特征有详细解释，甚至联系到服装行为特征。

· 扩展阅读：设计师兰玉以星座为主题的婚纱设计

白羊座：对于直接而单纯的白羊星座人群而言，这款婚纱简单而精致，线条流畅，只在胸部下围的位置有一条透明的蕾丝，为婚纱点缀出了浪漫，手臂位置的廓型设计体现出东方雅致，简洁而丰富。（图 6-6）

图 6-7　金牛座

金牛座：这款婚纱代表性格温厚的金牛座，简洁的领袖设计代表着金牛的诚恳，蕾丝水晶的装饰与摇曳的裙摆在诉说着她柔情似水的内心。（图 6-7）

图 6-8　双子座

图 6-9　巨蟹座

图 6-10　狮子座

图 6-11　处女座

双子座：这件婚纱反映出双子座独特的品位，用很有韧性的生丝缎，制作主体把生丝缎压成密度很高的细褶，弯出柔软的弧度，交错地搭在身上，就像珊瑚叠在腰间，盛开出娇艳的花。（图 6-8）

巨蟹座：这款婚纱是为巨蟹座设计的，极度缺乏安全感的巨蟹座需要一张保护壳，蕾丝头纱正是为巨蟹座量身定制的浪漫巢穴，而穿在里面的性感鱼尾，就是他们需要保护的柔软的内心。为了衬托出巨蟹座隐忍的爱，设计师选用了银色蕾丝点缀在头纱上，装饰的水晶和珍珠使婚纱看上去闪闪发亮，同时又不那么张扬。（图 6-9）

狮子座：这款婚纱属于狮子座，大而通透的廓型突显出狮子座的王者风范，条条编织的鱼骨勾勒出狮子座的霸气外表，又体现出不拘小节的豁达性格。金色蕾丝与白色蕾丝相互衬托，金色钻石与白色水晶的规则点缀，又体现狮子座追求完美的细节精神。（图 6-10）

处女座：这款婚纱是为处女座设计的，水晶流苏如雨滴般从肩部缓缓落下，并渐渐过渡至珍珠。贵族感的高领设计，宽大袖笼结合收紧的手腕处细节，用网纱和蕾丝诠释着唯美浪漫。纱质的拖尾衬托收紧的腰部曲线，蕾丝纤弱地蔓延其上，营造出属于处女座的温柔气质。（图 6-11）

图 6-12　天秤座

图 6-13　天蝎座

图 6-14　射手座

天秤座：这款婚纱是为天秤座设计的，立体花朵与蕾丝相结合的浪漫营造出这个星座女孩女神般的完美外表。双肩纱质褶皱曲线带过，向下倾泻呈披肩效果，露腰线的镂空设计，结合立体褶皱的细节处理，鱼尾蕾丝向下蔓延，显得更加精致。（图 6-12）

天蝎座：这款婚纱是为天蝎座设计的，极简的直线条裙摆象征着她坚持到底的性格，侧腰的镂空加入了层次的结构，刚柔并济地勾勒出她性感的线条，却又隐藏在水晶流苏之下，更增加一丝蝎子的神秘。工艺上用真丝盘出蕾丝花的形状，镂空中点缀大大小小的珍珠。（图 6-13）

射手座：这款婚纱是为射手座设计的，飘逸的乔其纱、侧开叉露腿设计以及上身放射线拉褶诠释这个星座的自由特性。（图 6-14）

图 6-15 水瓶座

图 6-16 双鱼座

图 6-17 魔蝎座

水瓶座：这款婚纱上波浪形状曲线相互缠绕的裙摆像思绪一样让人捉摸不透。立体的花朵穿插其间，增加丰富裙摆的细节设计，表现了水瓶座与众不同的着装理念和丰富的思想意境。（图 6-15）

双鱼座：这款婚纱用透明的绡制作出大波浪的效果，刚好衬托出双鱼的浪漫温柔。俏皮而特殊的造型表现出了双鱼座孩子般的单纯。（图 6-16）

摩羯座：她脚踏实地的性格，有着一颗不受外界影响的内心，并拥有克服困难的毅力。设计者用朦胧的纱笼将丰富与美好包裹，映衬出摩羯座谦逊、内敛的性格。（图 6-17）

（资料来源：三滴风尚网，兰玉 12 星座婚纱惊艳澳洲，2014-05-27，选文有删改）

## 三 服装与自我意识

在现实生活中，很多人的着装行为不够得体和谐，例如，矮胖的中年妇女偏爱紧身的、饰有大团花朵的艳丽收腰摆裙，甚至穿上红色高跟鞋；炎热的夏季，一些女孩子给自己化个浓艳的舞台装上街；一脸稚嫩的青年小伙佩戴着粗粗的假黄金项链，手里拿着超大屏手机玩游戏……这些装扮不当的人们不但感觉不到周围人的惊诧和议论，相反满脸陶醉，甚至十分享受别人的注目，之所以出现这样的心理现象和服装现象，是因为他们自我意识发展不完善，缺乏正确的自我评价。

人们的自我意识是不稳定的，大多数人都会认为自己不够完美，即便是影视剧明星也会通过不断的整容，让自己达到理想中的完美形象，而服装自然是人们用来掩饰缺点、彰显优

图 6-18　原来我也可以这么漂亮啊

点的常用手段。借助服装可以重塑自我意识，有些人认为自己是丑小鸭，是无法与明星相比的普通人，但在偶然机会中找到适合自己身体条件和内在气质的服装品牌后，会欣喜若狂："啊！原来我适合这样的衣服！"现代的很多化妆手段会让普通人变得像明星一样漂亮，在婚纱摄影店里，店家会向潜在的顾客展示顾客的生活照和婚纱照的区别，高超的摄影技术加上美丽的服装会让相貌平平、身材平平的男女顾客变成童话中的白雪公主和白马王子。在网络上，很多青年男女喜欢发布自拍照、经过 PS 的艺术照等。美图秀秀、自拍神器等软件和数码产品在现代社会十分流行的原因也在于此。（图 6-18）

在人的成长过程中，自我意识、自我评价、身体形象与服装行为之间的关系十分密切，了解自我意识的知识有助于人们更好地把握服装的功能和精神内涵。

## (一)自我意识概述

**自我意识的概念**

自我意识又称自我，是指个体对自己身心活动的觉察，具体包括认识自己的生理状况（身高、体重、体态等）、心理特征（兴趣、能力、气质、性格等）以及自己与他人的关系（自己与周围人们相处的关系、自己在集体中的位置与作用等）。

**自我意识的构成**

从知、情、意三方面分析，自我意识的结构包括自我认识、自我体验和自我调节。

自我认识是自我意识的认知成分和首要成分，也是自我调节控制的心理基础。

自我体验是自我意识在情感方面的表现。自尊心、自信心是自我体验的具体内容。

自我调节是自我意识的意志成分。自我调节主要表现为个人对自己的行为、活动和态度的调控，是自我意识中直接作用于个体行为的环节，它是一个人自我教育、自我发展的重要机制，自我调节的实现是自我意识的能动性质的表现。

**自我意识的特点**

1. 自我意识的社会性

自我意识的形成和发展过程实际上就是个体角色化的过程。一个刚出生的婴儿只是一个自然的实体、一个生物的人,甚至还比不上动物,他具有较大的依赖性,必须得到成人的关怀和照顾才能长大成人,产生人的意识。如果婴儿从一开始就被剥夺了人类的社会环境,使其同动物生活在一起,他就会由于失去了人类的社会文化环境和物质生活条件而不能形成人的意识。因此,一个人只有处在人类的社会环境中才能发育成长,并在成长的过程中,逐渐产生对周围世界的认识,与此同时,也产生对自己的认识,即形成自我意识。

2. 自我意识的形象性

自我意识是个体在周围人们的期待中以及周围人们的评价过程中,通过自己的主观体验而逐渐发展起来的。当个体觉察到对方的态度和言语中所包含的内容时,自我意识的内容也就得到了丰富。因此,从本质上说,个体的自我意识就是从他人对自己的情感和评价中发展自我态度。心理学家柯里把自我意识的这一侧面称为“自我形象”。他说:“人与人之间相互可以作为镜子,都能照出他面前的人的形象。”人们由于把自己的容貌、姿态、服装等作为自己的东西,通过对镜子中的形象的观察,以一定的标准衡量美丑,便会产生喜悦和悲哀。同样,个体在想象自己在他人心目中关于自己的姿态、行为、性格时,也会时而高兴,时而悲伤。

3. 自我意识的能动性

人对自身的存在、对自身和周围关系的存在是通过自我意识获得的,正因为人们具有自我意识,人们才能够认识到自己在想什么、做什么和体验着什么。一个人只有认识到自己的痛苦,才会有痛苦之感;一个人只有认识到自己与周围的利害关系,才能体验到自身的安全,才会知道一些事情为什么这样做而不那样做;同样,一个人只有当自己意识到自己行为错误的时候,才能够主动地矫正自己的行为,改变和修正原来的计划。

## (二)服饰与自我意识的形成

自我意识是在个体社会化过程中逐步形成和发展的,它的形成大致可以分为以下三个阶段,即生理的自我、社会的自我和心理的自我。我们对自己的认识和评价可以从他人的直接评价和间接反映中形成,如果将他人作为一面镜子,我们能够很好地审视自己,形成对自己的认识和情感。同时,个体所拥有的物质条件,如身体状况、服饰形象等也有助于自我意识的形成和发展。正所谓“服装造就人”,指的是服装在自我意识形成过程中所发挥的重要作用。

**生理的自我**

生理的自我又称为物质的自我,它是一个人对自己身躯的认识,包括占有感、支配感和爱护感。心理学家奥尔波特等人认为,婴儿出生以后,最初他们不能区分属于自己与不属于自己的东西。对于自己的手、脚和周围的玩具都视为同样性质的东西并加以摆弄,3 个月的婴儿能对人发出微笑,这表示婴儿对外界的刺激发生了反映。8 个月的婴儿开始关心自己在镜子里的形象,但 10 个月的时候依然不知道镜子里的形象就是自己。一般认为,婴儿要到 2 岁零 2 个月以后,才会认识自己在镜子里的自我形象,与此同时,开始学会使用“你”这个人称代词。大多数心理学家认为儿童要到 3 岁的时候,自我意识中的生理自我才能形成,同时也开始更多地使用人称代词“我”字。这时候儿童所表现出来的行为,多数都是以“我”为中心的,所以有些心理学家称这一时期为“自我中心期”。

在生理自我时期,个体无法自主选择服装和其他消费品,也不知道社会对他的角色期待以及服饰形象的要求是什么,因此,这个时期的婴儿都依赖于父母亲的选择和塑造。而父母亲的选择一般反映了他们期待通过服装向他人传达关于孩子的一些特征,如性别,但也有些家长选择中性色来装扮孩子,如黄色,这是社会所普遍接受的生理自我时期的婴儿都适用的服色。

**社会的自我**

社会的自我时期又称为个体客观化时期。这个阶段是三至十三四岁,这段时间是个体接受社会影响的重要时期,也是个体实现社会自我的最关键的阶段。这期间的儿童的游戏往往是成人社会生活的缩影,儿童在游戏中扮演某种社会角色,这也是他们学习角色行为的一种方式,在游戏中儿童揣摩着角色的心理状态,体验着角色与角色间的相互关系。

社会自我时期的儿童服装与其性别角色认同之间的关系十分密切,如蕾丝花边装饰被认为是女孩的着装风格,穿着的个体属于小公主或洋娃娃类型,它的来源是故事、童话、电视、电影等。儿童的思维是直线型的,那些情景留给儿童的印象先是服装,然后再由服装联想起人物的性格特征。小朋友玩过家家时总会让一个穿裙子的女孩当妈妈,而且会模仿母亲说话的语气和行为,这就是前文所说的“角色扮演”。在扮演的过程中孩子先模仿服装,进而模拟角色行为,而这些角色扮演和模仿有助于儿童形成稳定的角色认同。

随着儿童的成长,他们的社会交往活动范围逐渐扩大,开始对自我认识有明显提高,其社会对象的意见或态度对他们自我意识的发展有着至关重要的作用。这些特定人物的社会地位、身份和力量感等都是儿童渴望获得的,因此,他们的着装和行为举止都成了儿童模仿的对象。2006 年,W.C.辛迪等进行了儿童色彩偏好与性别认同障碍研究,其中选取被测试的包括 65 个患有性别认同障碍的儿童(47 个男孩和 18 个女孩)和 100 个正常儿童(65 个男孩和 35 个女孩,平均年龄为 7.63 岁,均在 3~12 岁年龄区间)。实验中用 PPT 向儿童展示 144 种颜色的六角形图案,要求被试儿童从中选择 3 个最喜欢的颜色,用手指出、命名并对每个选择做出解释。研究结果表明:在儿童选出的 11 种颜色(黑、蓝、棕、灰、绿、橘、粉红、紫、红、白和黄)中,对于蓝色、粉红、紫色、红色的喜好,有性别认同障碍的儿童呈现出与同性别正常儿童相反的颜色偏好。如对于蓝色,正常的女孩和有性别认同障碍的男孩都偏爱亮度较大的蓝色图案,而正常的男孩和有性别认同障碍的女孩则偏爱亮度较小的蓝色图案。造成这些儿童性别认同障碍的原因有很多，除了社会所赋予的服装色彩的性别概念之外，家庭、学校、朋友对服装性别的认识和体验也会直接或间接地影响儿童的社会自我成长。

如图 6-19，在这幅图中，女孩子普遍的着装颜色是黄色、白色、红色，款式分别有紧身袜裤、蓬蓬裙、长裙等，符合儿童的着装心理，但图中的花裤袜和橘色斗篷式长裙设计灵感来自成人服装。

如图 6-20，这个男孩的着装风格为休闲度假风，是成人服装的缩影。

**心理的自我**

心理的自我又称精神的自我，这个阶段主要是从青春期到成年期，大约 10 年的时间。这期间，个体无论在生理上还是在心理上都会发生一系列急剧的变化，骨骼的增长、性器官的成熟、想象力的丰富、逻辑思维的日益完善，进一步使个体自我意识的发展趋向主观性。

心理自我时期的个体开始对自己的人格特征有了进一步的认识，能够独立地认识外部世界，在这个时期往往用自己的观点来认识和评价客观事物。儿童是以社会的观点来认识和评价事物的，他们以成人的观点为指导。而心理自我阶段的青年人逐步从成人的世界中摆脱出来，不愿意盲目地追随别人，他们认为跟在别人的后面随声附和是一种耻辱，在观点上喜欢标新立异，在行为上喜欢别具一格。青春期的少男少女们开始有意识地注意自己的相貌、体态、衣着服饰等在他人心中的印象，他们开始经常照镜子，甚至通过化妆和服饰来掩盖自身的缺点。

心理自我形成时期的个体开始强调自己所独有的人格特征，用以保护自己、适应社会，提高自己在社会上的地位。大多数的青年人都具有自我欣赏的人格特征，心理学中把这种自我欣赏的人格特征纳入一个人的价值体系，它能使一个人感到自豪、自信和自尊。实际上，这种价值体系也是在个体自我意识发展的过程中产生的，并被看成是一个人的价值观。

图 6-19　儿童服装展示

图 6-20　休闲度假风

### (三)服饰与自我评价

**自我评价**

自我评价是自我意识的一种形式,是个体对自己生理和心理特征的自我判断。生理的自我评价表现为个体对自己的身体、能力、所处的社会地位、与他人之间关系的认识和评价。

美国心理学家詹姆斯认为,在生理的自我阶段,个体的自我评价主要表现为对自己的身体、衣着、家庭成员以及自己所有物的判断,从而表现为自豪或自卑的自我情感。其个人的追求则表现为对身体的外表和物质欲望的满足,或获得家庭成员的关心和爱护等。长相姣好、身材匀称的女孩往往对自己的评价很高,一般更乐于用服装来展现自己的生理自我,如女模特。相反,身体条件较差的女孩可能会自惭形秽,她可能会用服装来弥补自己的不足,也可能会产生很强的自卑心理,有意回避漂亮服装,而从其他方面表现自己的优势。

在社会的自我阶段,自我评价主要表现为个体对自己在社会上的名誉、地位、亲族、财产的估价,从而表现出自尊或自卑的自我体验。其个人的追求是引起他人的注目、重视,期望获得他人的好感,其表现则是追求名誉、追求金钱、追求爱情等。服饰是表现一个人社会地位的重要手段,因此,一些人通过高档轿车、高档住宅、名牌服装等方式传递信息。曾经爆红网络的一位模特上传多张穿戴诸如香奈儿之类的国际名牌服饰的照片炫富,经调查,她纯粹为了炒作,这说明,这类人十分重视服饰在自我评价中的作用,其实质是重视他人对自己社会地位、财产的看法,期望得到他人的肯定和注目。

在心理的自我阶段,自我评价主要表现为个体对自己智慧、能力、道德水准的优越感。自我追求则表现为在政治、宗教、道德、良心上的进取和智慧上的提高。例如,对传统文化比较感兴趣的人士一般不会追随时尚潮流,而是选择反映自己态度的着装方式,满腹经纶的学者们关注的是学术上的进步和贡献,而不是服装上的攀比。

**服饰自我评价的形成过程**

服饰自我评价并不是天生的,它是个体在自己的实践中伴随着角色化的过程逐渐形成的。当个体能够把自己从周围环境中分化出来以后,个体就在与周围人们的相互作用中接受着人们的服装评价,观察着自己的服装行为,并懂得哪些是对的,哪些是错的,对的在实践中不断地得到了强化,错的也在与人们的相互作用中逐步得到了纠正,于是个体在实践中逐渐学会了自我评价。个体自我评价的形成主要包括以下三个方面。

1. 根据他人的反应来评价自己

个人对自己的评价往往以别人对自己的评价为参照。例如,一个人的服装搭配非常得体,经常受到他人的赞扬,尤其是受到了他尊敬的人的表扬,那么他的自信心就会增强。相反,如果他的服装邋邋遢遢,因此受到别人的不满和批评,长此以往,他就会缺乏信心,看不到自己的力量。美国心理学家柯里认为,别人对自己的态度是自我评价的“一面镜子”。一个人总是处在一定的社会关系中,通过与他人相处,从他人对自己的评价中看到自己的形象,这种自我形象,便构成了自我评价的基础。

2. 通过社会比较来评价自己

马克思说："人类起初是以别人来反映自己的，名叫彼得的人把自己当作人，只是由于他把名叫保罗的人看作和自己相同。"这就是说，个体对自己的服装行为评价是通过与社会上和自己地位、条件相类似的人的比较获得的。一个人服装自我评价的高低，不是孤立地进行，而是把与自己相似的人加以比较之后做出的。美国心理学家弗斯汀格将这种现象称为"社会比较过程"。

3. 通过认知的协调实现自我评价

皮亚杰曾经说过："自我调节是主体以一种既是逆向动作(回路系统或反馈)又是预见性的适应，来构成一个永久性的补充系统。"他在这里特别说明了逆向动作即反馈，它可预见哪些是不适应的行为，哪些是适应的行为。在系统的活动中，它是自我调节的依据，通过它可以使系统不断地向前运动、发展。如前所述，个人的自我评价常常是根据他人对自己的评价与态度来评价自己，与此同时，个人也对自己的行为表现和心理活动进行着观察和分析，因为自我评价不等于他人评价的反映，也不完全是以他人评价为依据，而是通过自我观察、自我分析独立完成的。当个体获得的关于自己的信息和自我分析产生矛盾的时候，会产生心理的不协调。例如，一个对自己的着装选择十分自信的姑娘，通过间接或直接途径知道别人认为自己的着装品位很糟糕，她会心理失衡。此时，她会采取一些方法维护自我形象，获得心理安定。一方面，她可以降低他人评价的重要性，忽视或漠视别人的观点，依旧保持自己的着装方式。另一方面，她可以继续观察和分析他人对自己的看法，证明自我着装是否符合自己的预期，如果进一步得到的信息不符合自己的预期赞赏，那么她会改变原有的穿着方式，将其调试到适宜的程度，相反，如果得到的信息证明此前他人的观点是错误的，她就无需改变。

在电影《穿普拉达的女王》中，安妮·海瑟薇扮演的安迪起初是一个刚刚毕业的乡下姑娘，误打误撞地得到了许多女生梦寐以求的工作——在纽约最著名的时尚杂志 *Runway* 担任主编助理。向来朴实的安迪一下子来到了这个整天与普拉达、范思哲等世界级的服装品牌打交道的环境而感到无所适从，受到痛恨"穿着没品位"的老板的嘲讽之后，终于发现了自己与同事之间的服装差距，于是努力调整自己的服饰，化身为着装优雅干练的职场女性。(图 6–21)

穿着服装是日常生活中的习惯性行为，常常是在无意识中做出自我选择，如果能够在客

图 6–21 安妮·海瑟薇扮演的安迪

观的自我认知基础上做出正确的服装自我评价，对个人的心理生活、行为表现及个人在社会群体中人际关系的协调，都有着重大的影响作用。积极的服装自我评价能够产生肯定的自我形象，从而获得自尊感、安定感；消极的服装自我评价产生否定的自我形象，引起个体自卑感和心理焦虑。

### (四)归因理论与服装行为

归因理论是指说明和分析人们活动因果关系的理论，人们用它来解释、控制和预测相关的环境以及随这种环境而出现的行为，因而也称认知理论，即通过改变人们的自我感觉、自我认识来改变和调整人的行为的理论。

人们在判断他人行为原因的时候常常根据自己的兴趣、经验和态度自主选择原因，也会根据对方的某一特征，如外貌、服装、社会地位等形成总体印象。对某个人的评价常常会受到最近接触到的其他人的影响。凯利在 1973 年提出，可以使用 3 种不同的解释说明行为的原因：①归因于从事该行为的行动者；②归因于行动者的对手；③归因于行为产生的环境。如果一向不修边幅的老教授某天突然穿着整齐、庄重地来上课，对于其服装行为背后的原因，学生们可以这样分析：首先是教授自身的原因，可能教授当天心情很好；其次是听课学生的原因，可能学生们对教师一贯的服装行为表示不满引起教授的注意，从而进行了自我调节；最后是教师服饰行为的环境，可能那天省领导要来听课，教授十分重视这次教学活动，所以提升自己的师表形象，特意装扮了自己。凯利在实验的基础上提出了归因理论模型，但这是一个理想化的模型，在实际生活中，人们一般不能得到这个模型所要求的全部信息。在这种情况下，人们如何解释行为呢？所以凯利提出了因果图式的概念。人们在生活经验中形成某种看法，即图式，以此解释特定的行为。如父亲拥抱儿子这件事，可能有几个原因，一个是父亲是个热情的人，另一个是儿子做了什么好事。如果我们知道儿子没做什么好事，那么我们会认为父亲是个热情的人。如果我们知道父亲不是个热情的人，那么我们会认为儿子做了什么好事。

在服装行为的归因过程中，由于人们的心理作用，常常会在能够得出比较可靠的结论时却得出了不同的结论，即归因偏差，归因偏差存在以下规律。

1. 行为者与观察者的归因偏差

归因分歧是常见于行为实施者与观察者之间的一种归因偏差，即对于同一行为，实施行为的人与旁观者所做的归因是不同的，是有分歧的。人们会把自己的成功归因于内部因素，如参加选美比赛的女孩们，冠军一般会认为是自己的能力、气质、服装搭配等方面获得了大众的认可。但对失败者而言，她们则会归因于外部因素，如评委过于严格，有潜规则等现象。而对于评委来说，他们认为自己很公正，他们是根据参赛者的综合素质来打分的。

2. 利己主义归因偏差

所谓利己主义归因偏差是指人们一般对良好的行为或成功归因于自身，而将不良的行为或失败归因于外部情境或他人。如在社会交往中，个体对于欣赏自己着装品位的人，往往会认为对方是自己的知音，两人的关系会因此变得亲近起来，而对于批评其服装行为的人，会觉得对方不懂欣赏，对其也相对冷淡些。还有一些姑娘在精心打扮后，出门得到同事或朋友的赞赏，她不会认为是衣服和妆容的衬托才得到的结果，而是自身条件本来就好，穿什么衣服都会很漂亮，抱持这种思维倾向的人，往往是自尊心十分强的人。产生这种归因偏差，一方面是因为情感上的需要，因为成功和良好的行为总是与愉快、自豪的情绪相联系的，而失败和不良行为总是与痛苦、悲哀相联系的。由于情感上的需要，人们倾向于把成功留给自己，让情境或他人把失败带走。另一方面，出于维护自尊心的需要，个体将消极的评价和结果归因于对方，以保持自己良好的形象。

3. 一致性效应引起的归因偏差

当人们知道某男子家庭条件很好，对服装的质地、款式、品牌要求很高的时候，会形成刻板印象，认为他所穿的所有衣服都是精挑细选的。当某天该男子心血来潮穿了一件十分便宜的衬衫，周围的人可能会为他寻找前后着装品位不一致的原因，或者是为了尝试不同的风格，或者是受到了什么打击，经济能力下降等。这种一致性归因效应在服装消费中十分常见。有的人花高价买到一件衣服，后来发现有很多人跟他撞衫，而且价格便宜，那么他可能会认为，其他人买的服装肯定没有他的质量好、牌子好，很可能是高仿产品。

### (五)身体形象与服装行为

**身体形象**

身体形象是自我意识的组成部分，是指人们对自己身体的全部或一部分所做的心理描画，身体形象也可以称为身体的自我概念。身体形象既是自然界的一部分，也是文化的一部分，是携带着个人思想、感觉和知觉的载体。“某某明星到底有没有整容？”“睡觉也能变瘦！”现代社会的人们每天打开电脑，登上 QQ，自动弹出的腾讯新闻网页中关于整容、服饰时尚、明星新闻的标题处处皆是。可见，人们十分关心自身躯体。其实，早在远古时代，人类的祖先就将猎获的动物毛皮穿在身上，既御寒保暖、防止外物伤害，也可以表达对美的追求。在祭祀活动中，人们用矿物石做成的颜料涂抹身体，头戴夸张的饰物，载歌载舞，表达对神灵的崇拜或向往，或者驱鬼降魔等。

**身体形象的特点**

詹姆斯将自我划分为物质的自我、社会的自我和精神的自我。其中，物质的自我便是以身体为主，包括服装、财产等与个人有关的物质形态。具体而言，身体形象具有三个特点。

1. 多层次性

构成身体形象的成分是多样化而层次化的，包括身体的健康程度、胖瘦程度、体格的强壮与否等。由于人们的心理和物质需求不同，对身体形象的追求也是有层次的。有些人注重身体的健康，于是十分关注养生课堂、养生食物、养生生活方式等，有些人对皮肤的健康与否十分关注，每天花费几个小时保养皮肤，化妆水、面膜、精华液、润肤乳、润肤霜等保养品一应俱全。

2. 主观性

人们对身体形象的感知和描述常常依赖于个人经验或和他人比较，因此会出现扭曲的现象。电视里经常出现的广告是“某某某减肥茶，嗖的一下就瘦了！”“某某某减肥茶，不要太瘦哦！”现代社会，大多数人以苗条为美，有些女孩希望自己能够穿上飘逸长裙，但苦于自己身材稍显丰满，于是，通过各种方法减肥，如节食、喝减肥茶、运动等。实际上，与丰满的女孩相比，这些人已经很瘦了，正因如此，这也是许多减肥广告能够大行其道的原因之一。

3. 防御性

身体形象是身体和外部环境之间的心理界限，有保护身体的作用，例如，认为自己高大帅气的男生，一般自信心强，同时自尊心也很强，遇到自己喜欢的女孩，他往往不敢主动去追求，担心被回绝而没面子。身体不够强壮的人往往具有自知之明，一般避免跟别人有肢体冲突。

**理想的身体形象**

许多社会都存在一般所期待的标准身体形象，符合这一标准的身体体态将得到社会较高的价值评价，从这个意义上看，“理想的身体形象”可以称为“社会的身体”。如魏晋时期的名士所推崇的理想身体形象是姑射山神人，在庄子的《逍遥游》里说道：“藐姑射之山，有神人居焉；肌肤若冰雪，淖约若处子；不食五谷，吸风饮露；乘云气，御飞龙，而游乎四海之外；其神凝，使物不疵疠而年谷熟。”大意是，在遥远的姑射山上有一个神仙，神仙的皮肤如冰雪一样细白，像十二三岁的孩子，活泼健康。神仙不食人间烟火，只是吸风饮露。于是，魏晋名士也以身材高挑细瘦、皮肤白皙、眼如点漆为美，热衷于面部傅粉，嘴唇涂脂，装扮女性化。到了唐朝，人们的理想身体形象是丰腴肥美的体态，当时的女性服装也较前朝开放大胆，一般是大袖袒胸裙。它由大袖衫和高束腰的裙子组成，为袒胸贯头式，领子开得很底，不著内衣，胸乳半露于外。面料质地往往是轻纱，上面绣团花，露肩裸背，从披纱中透出细腻的肌肤。（图 6–22）

图 6–22 《虢国夫人游春图》(局部)

图 6-23 是顾恺之的《洛神赋图》局部，图中贵族子弟们褒衣博带，手持麈尾或如意，佩戴着香囊，“从容冶步”“搔首弄姿”，希望如神仙一样遨游于宇宙之中。

**身体满意度与装饰动机**

身体是自我的重要部分，而服装则是人的“第二皮肤”，是人类“可见的自我”。身体满意度也是身体自我的重要组成部分，在心理学领域中与自尊、自我价值感、饮食障碍、外观管理、媒体影响以及心理健康等存在密切关系，而在服饰美学领域则与着装动机、审美偏好和服装购买等具有重要关联。

在当代生活中，随着“以瘦为美”社会文化的广泛传播，女性对身体美的追求逐渐偏离了正常，甚至不少女性因此出现厌食症、抑郁症等。有调查研究发现，现代女性中普遍存在着身体满意度偏低的情况，尤其是相比于男性，年轻女性在生活中因体形、外貌等方面承受着比男性更大的社会压力。在众多身体满意度影响因素研究中，汤普森等人提出了身体满意度社会文化模型，其中外貌比较和理想瘦内化是影响个体身体满意度的两个关键变量。2012 年，周盈英通过测量学研究和实验研究方法，探讨了外貌比较和理想瘦内化对年轻女性身体满意度的影响机制。该研究一方面采用问卷调查法，探讨了家庭因素、同伴因素、媒体因素对年轻女性身体满意度的影响，以及外貌比较和理想瘦内化的中介作用，检验身体满意度社会文化模型。另一方面，通过实验室研究，探讨外貌比较对年轻女性身体满意度的影响。结果有如下发现。

1. 外貌比较在家庭、同伴、媒体三个社会文化因素和年轻女性身体满意度中均起到完全中介效应；理想瘦内化在同伴因素和年轻女性身体满意度之间起部分中介效应，在媒体因素和年轻女性身体满意度之间起完全中介效应。

2. 外貌比较启动后的年轻女性在身体满意度和身体自尊上都明显低于无外貌比较启动的女性。

3. 在身体满意度和身体自尊上，理想瘦内化激活的年轻女性要显著低于无激活的女性。实验组对身体词、消极身体词的反应时要显著快于控制组，表明理想瘦内化激活的年轻女性对这两类词存在更多的认知偏向。

图 6-23　顾恺之《洛神赋图》局部

事实上，对身体的不满和烦恼与理想的身体形象有关，当现实的身体形象与理想的身体形象一致时，个体会产生满足感和愉悦感，从而增强其自信心和自尊心。相反，当两者不一致，理想和现实差异较大的时候，个体会出现焦虑情绪，一般会通过各种途径消除这些焦虑，如化妆、整容或合适的服饰等。

2012 年，吴迪星用问卷调查的方式分析研究了不同年龄层次女性的身体满意度与连衣裙款式偏好的关系。在各种服饰类型中,连衣裙是女性服装市场的重要内容,也是女性追求美、彰显美的重要媒介。其中身体满意度采用修订的由 Berscheid 等在 1973 年编制的体像满意度测量量表,连衣裙款式偏好则采用自编问卷。本调查以 348 名女性为被试者进行问卷调查,通过数据的统计分析,最终得出以下结论:

1. 在身体满意度方面,女性对颈部、肩部和整体最满意(均值≥3.6),而对腹部、腿部和体重最不满意(均值≤3.1)。

2. 女性喜欢连衣裙的比例超过 80%,但是实际经常穿着连衣裙的频率却不足 50%。

3. 女性对于连衣裙局部和整体裙型最偏爱的是:较低的领口、半圆袖、中腰、一般腰部松紧、裙长到膝盖、中等裙摆大小以及 X 形的整体裙型。

4. 女性对于连衣裙领口深度和裙长的偏好随年龄的增长更倾向于遮盖身体的款式,对于袖长、腰线高低、腰部松紧和裙摆大小的偏好则更倾向于中间款式(极端性减少)。

5. 女性对于手臂(相关系数为-0.152,$p<0.05$)和体重(相关系数为 0.194,$p<0.01$)越满意则越偏好较短袖长的连衣裙,对于腰部(相关系数为 0.143,$p<0.05$)越满意越偏好腰部较紧的连衣裙;对于身高(相关系数为 0.243,$p<0.01$)越满意越偏好裙长较长的连衣裙。

6. 18~25 岁女性对于胸部越满意,就会越偏好腰部较紧的连衣裙(相关系数为 0.201,$p<0.05$);26~35 岁女性对于腹部(相关系数为 0.266,$p<0.05$)和臀部(相关系数为 0.270,$p<0.05$)越满意越偏好腰线较低的连衣裙;26~35 岁女性(相关系数为-0.322,$p<0.05$)和 36~45 岁女性(相关系数为-0.325,$p<0.01$)对于腿部越满意越喜欢裙长较短的连衣裙;46~55 岁女性对于腹部(相关系数为 0.332,$p<0.05$)越满意的女性,越偏爱腰部较紧的连衣裙;46~55 岁女性和 56 岁以上女性对于腿部(相关系数分别为 0.294,$p<0.05$ 和 0.347,$p<0.01$)和身高(相关系数分别为 0.538 和 0.323,$p<0.01$)越满意越偏爱裙长较长的连衣裙。

服装是"可见的自我",人们既可以通过服装获得自我统一,也可以通过服装获得自我增值。如果一个人对自己的身体自卑,他往往会选择能够最大限度掩盖其缺点的服装,即利用服装使自己的外观尽量符合自己视觉"美丽"的标准;而如果一个人对自己的身体极为自信,他则更倾向于选择能最大限度展现其优点的服装,即利用服装使自己的外观尽量符合自己的个性特征。2011 年,鲜维葭调查研究发现,63.9%的大学生对自己的身体是满意的,男生的身体满意度显著高于女生的身体满意度。偏瘦组女生的身体满意度显著高于正常组和超重组。81.4%的大学生关注自己的身体,但有 99.2%的大学生却对自己身体不进行管理或管理水平很低;女生的身体关注度和身体管理水平均明显高于男生;女生更倾向于通过服装选购、服饰搭配、化妆美容、发型发饰等方式增强自身的外表吸引力,男生则更倾向于通过锻炼来管理自己的身体。

扩展阅读:中国男人形象气质差配不上中国女人?

中国男人形象气质差成为共识?

1. "马路上,女比男明显高一个档次"

前段时间,中国著名社交网站天涯社区出现一条热贴——《现在上海马路上明显女的比男的高一个档次,有图有真相》。帖子总结道,"现在的男的要么狗头狗脑,要么缩头缩脑,没一个看着舒服的,倒是女生都蛮有气质的。"在跟贴中这个观点得到了很多响应。

而早在2003年，知名杂文家鄢烈山就在一篇专栏文章中发出类似感慨：中国的女的，不论是衣着普通的打工妹，还是服饰时髦的白领丽人，个个都是有型有款，至少是穿着得体、容颜顺眼、双眸有光。男的呢？打工仔是面皮灰黄，头发干枯，衣履寒伧，眼神迷茫；“白领男人”则歪身佝背、蟹行狐步，睡眼惺忪，萎靡不振。中国男人中膀阔腰圆、雄姿英发的极其罕见。因在中国写专栏文章而小有名气的日本人加藤嘉一说得更尖刻——我们老外经常感到困惑，并一起讨论：中国女孩子那么漂亮、苗条、轻盈，站在旁边的男人为什么总是那样？不少老外看到这种场面后不得不产生责任感，带着“白色骑士”(White Knight)的精神去挽救那些似乎受骗的女性们。曾有一位欧洲帅哥带着相当认真的眼神跟我说，“Kato-san(加藤君)，我受不了了，我去让那些女孩子体会什么是真正帅气的男人！”

2. “他们压根不打算在外形上取悦女性”

对中国男人外表抨击最激烈的还是中国的一些精英女性。在资深媒体人赵灵敏发表这篇《中国男人配不上中国女人？》之前，另一位女性媒体人侯虹斌已经写就一篇《中国男人为什么这么丑》的文章。文中写道，“近年来的诺贝尔文学奖的西方男性获奖者，从奈保尔、库切、帕慕克、克莱齐奥、略萨等人，无不风度翩翩，各有风度擅场，个个都堪称老帅哥。……但为什么咱们这些不靠外貌吃饭的普通人，尤其是中年以后的男人，对自己的形象如此不顾惜，丑，就让它丑到底呢？”“越是对身材、对塑形有益的健身，他们越是无意参与。他们压根不打算在外形上取悦女性。”

“据说上述观点已经是一种共识”，加藤嘉一说，“我曾怀疑我的观察和看法本身有问题，但后来问了其他老外，他们几乎没有例外地同意我的看法，包括女性。我也问过中国的女性，她们也基本同意我的观察——中国男人普遍缺乏时尚感和审美观。”

中国女人也不看重男人的外表

1. 调查显示中国女人对男人的身材样貌容忍度很高

蝴蝶网时尚论坛（这个论坛的用户几乎是清一色爱好时尚的年轻女性）的一项调查显示，在问到“男生的20个常见缺点，看看哪些是你的绝不容忍？”时，反馈表6-1显示，90%多的女性可以容忍男性长相不帅。(表6-1)

简单总结这个调查结果，就是中国女人最看重男人的“可靠”，最不看重男人的“身体”。考虑到调查对象是中国最时尚的女性群体，这个结果还是有些出乎意料的。

2. 中国女人似乎还顾不上去讲究男人外表

发起上述调查的尤美女士总结道：看到这样的结果，心里感到有一丝悲凉。两性相娱、两情相悦原本是人世间的至真至美和至高享受。但不幸的是，中国女性在与男人的交往中有太多别的事情要去观察审视，而男人外表是否性感这个问题，实在是顾不上去多想了。

首先要考虑的是财力。男人只要有钱有势，哪怕肥头油耳、大腹便便，照样有大批美女趋之若鹜；只要有车有房，哪怕谢发秃顶、牙齿斑黄，依然能击溃帅哥猛男的热血情感。

另一个是人品。对于交往异性，虽然也会去憧憬有多少快乐，但往往更担心的是这份情感到底有多少安全感。

（资料来源：腾讯新闻《今日话题》，2014－07－23，选文有删改）

**表 6-1　女人最不能容忍男人的缺点**

| 女人最不能容忍男人的缺点 | |
|---|---|
| 前六位 | 末六位 |
| 诚信欠佳(71.99%) | 长相不帅(9.33%) |
| 不爱卫生(67.77%) | 性欲太旺(21.99%) |
| 花钱小气(63.86%) | 花钱随意(28.01%) |
| 风流花心(62.65%) | 性欲较低(28.98%) |
| 缺少礼貌(61.75%) | 喜欢抽烟(29.52%) |
| 自己最大(60.84%) | 身高不够(30.12%) |

**思考与练习**

1. 什么是个性？
2. 运用不同的个性学说观察周围人的着装行为。
3. 什么是自我意识？在自我意识形成过程中，人们的着装行为有什么变化？

# 第七章 服装消费心理

# 一 服装消费心理概述

## (一)服装消费与服装消费者

### 服装消费

服装消费是个体为了维持和发展自身,有意识地消耗物质和非物质服装的行为。人类的服装消费行为与服装生产是相伴而生的，是人类赖以生存的古老的社会活动和社会行为,是社会进步与发展的前提之一。原始社会的消费环境虽然不够繁荣,但原始人类为了维持和延续生命,仍旧不断地制作简单服装来保暖御寒。现代社会是一个高度消费的社会,人们的日常着装或在某个特定场合的穿着行为与其先前的服装选择和购买行为有着密切关系。因此,服装方面的消费推动着现代服装时尚产业和时尚生活的繁荣和发展,反过来,服装时尚产业不断为消费者创造出高质量的生活方式,让消费者的理想生活得以实现。服装消费的最显著特点是与人的文化生活密切相关,因此,服装消费也是消费者自我表现的重要方式。

### 服装消费者

服装消费者是指在不同时空范围内参与服装消费活动的个人或集体。

从消费过程来看,服装消费者指的是各种服装的需求者、购买者和使用者。作为一个动态的消费过程,购买者本身不一定是需求者或使用者,如服装买手。使用者也不一定是购买者,如不能主动购买服装的孩童虽然穿着服装,却是由父母购买的。如果将服装消费过程分解为需求、购买和使用三个阶段,那么处于这三个阶段的人或集体都被称为服装消费者。

从同一时空范围内对待某一服装产品的态度来看，服装消费者分为现实的服装消费者、潜在的服装消费者和非服装消费者。现实的服装消费者指的是能够实现市场交换行为,购买服装的人。潜在的服装消费者指的是目前对该服装产品尚无需求或购买动机,但在将来有可能转变成现实的服装消费者的人。非服装消费者指的是当时或未来都不会对该产品有消费需要和购买动机的人。

## (二)服装消费心理类型

服装消费心理是指消费者在购买、使用和消费服装产品过程中的一系列心理活动。服装消费者购买某种商品时,如何选择,何时何地购买,采用何种购买方式,以及如何使用等,都与消费者的个性、情感、气质、价值观念、生活方式及其相应的心理反应密切相关。个体的消费活动不是一种简单的机械行为,而是表现为某种特定需要的行为冲动。一般而言,支配个体服装消费的心理活动有两种:一是本能性服装消费心理,另一种是社会性服装消费心理。

### 本能性服装消费心理

本能性服装消费心理是由人的生理因素决定的,属于自然的心理反应,它是人类心理活动的自然流露和反应。当夏季到来时,消费者自然要观察衣柜里是否需要增添新的夏装。相应地，冬季到来的时候，人们不由自主地去商场购买冬装，这些都是基于消费者的生理因素。而本能性服装消费的心理反应强度和表现方式又与消费者的气质、性格、能力等相关。

**社会性服装消费心理**

社会性服装消费心理是在本能服装消费心理的基础上发展而来的人类较高级的心理需求，指人们的服装消费是由其所处的社会环境因素而决定的消费心理活动。它是以社会的政治、经济以及文化的发展为前提的。在社会性服装消费心理过程中，商品不仅仅是为了满足消费者的生理需要，也是为了满足他们的社会需求。从服装发展的过程可以看出，人们对服装的最初需求只是御寒保暖，如今，服装代表的文化、社会地位、符号象征等内涵越来越明显。

### (三)服装消费心理特征

我们生活在一个高度消费的社会中，每个人对服装的态度是不同的，同一个人在不同的人生阶段、不同的时空状态下，选择的着装行为也有差别，因此，人们的服装消费心理也是多种多样的，一般而言，呈现如下特征。

**复杂性和多样性**

由于个人和群体受到的教育程度、所处的环境、需求、宗教信仰、年龄层和个性爱好不同，以及职业和经济能力的差别等，他们的服装消费心理呈现复杂性和多样性特征。如针对同一件奇装异服，不同的人的消费心理就有差别，有的可能纯粹是为了尝试新的着装方式，有的可能一贯喜欢特立独行，有的则是职业需要，有的是盲目追随潮流。而不同需求的人们其服装消费心理自然有所区别，有些人购买服装是为了满足基本的生理需求；有些人只是关注服装的美观性和时尚性，而不在意其质量和品牌；有些人重视服装的功能性，如野外作业人员、南极考察队员等；有些人注重服装的品牌所带来的社会评价。

**阶段性**

从人类服装的发展过程可以看出，人类对服装的消费心理是从低级阶段到高级阶段发展的，从最初的维持和延续生命到现在的审美需求，出现了质的飞跃。同样，个体在不同生命阶段，其生存环境和所受到的人文传统的熏陶不同，其服装消费心理呈现阶段性特征，由于消费者社会阅历、经济能力和外部社会环境的变化，其消费需求和消费理念也会出现不同的转变。这种消费心理的转变会促成新的流行，并且循环往复。

如高中生对服装消费的需求与大学生的服装消费心理明显不同，当青年人踏入大学校园，进入到一个新的消费群体圈，其消费心理从高中时期的谨慎小心逐渐过渡到开放性的消费心理，消费观念也开始更多地受到周围的同学、朋友或者青年群体中的消费引诱，如时下最流行的偶像等参照群体的影响。可见，青年人的消费心理经历了一个从学习到成熟的过程。

**选择性**

如今的服装款式和品牌十分丰富，人们在消费服装时，选择性十分明显。面对令人眼花缭乱的款式、色彩、面料、品牌，人们在购买时一般要经过推敲和比较，有些从个人爱好出发，有些人听从友人意见，有些人受到广告的影响……其选择也是多种多样的。

### (四)服装消费心理研究内容

服装消费心理研究的是人们在生活消费、在日常购买行为中的心理活动规律及个性心理特征。

**从心理学角度，研究消费者的服装购买心理过程**

心理学中关于感觉、知觉、学习、记忆、需要、动机、个性等研究成果在解释服装消费者购买心理过程中能够提供有效帮助。服装消费心理将心理学的一般原理运用到营销领域，通过对服装消费者购买心理过程的研究，了解不同个性、需求和动机的消费者的消费习惯、消费方式和消费结构。

**从社会学角度，研究影响消费者服装消费的社会因素**

作为社会人，服装消费者的任何一次消费行为都是在一定的社会环境下进行的。除了受到许多客观和心理因素的影响，服装消费者的行为也受到政治制度、社会习俗、家庭环境、经济发展水平等的影响，具体到每次购物行为，服装消费者们更容易受到购物场所、购物环境、服务水平、广告促销、商品质量等的影响。这些外部因素将和消费者的内部因素一起，直接或间接地决定着消费者的服装购买过程。

**研究服装消费者的需求动态和消费心理变化趋势**

随着市场经济的发展，物质产品日益丰富，人们的生活水平不断提高，人们的需求层次发生了明显变化。在建国初期，人们只满足于吃饱穿暖和衣食无忧，在当时的计划经济环境下，人们的服装选择余地很小。随着改革开放的到来，中国民众的服装消费水平和服装消费结构发生了很大变化，消费行为和动机越来越复杂，消费的内容和形式日益多元化。国家统计局数据表明，到 2006 年末，我国城镇居民人均可支配收入已经增长到 11760 元，2006 年城镇居民、农村居民恩格尔系数分别比 2002 年下降 1.9％、3.2％。同时，人们的服装消费能力和服装消费形态在加速升级。

了解服装消费者的心理状态和趋势，对服装经营者有一定的指导意义。企业对市场占有率的高低，在一定程度上决定了企业对服装消费者心理趋势的把握。只有符合消费潮流、符合消费者心理的服装产品才能够使企业在激烈的竞争中立于不败之地。例如，随着人们生态环保意识的增强，绿色服装消费日益受到广大消费者的提倡和青睐，逐渐成为一种时尚。如果经营者能够抓住这一商机，就能够掌握市场主动权，从而获取经济利益。

正确把握服装消费者的个性心理和购买特点有助于提高服装企业的服务质量和服务水平。消费者在购买服装的时候，一方面要考虑商品本身的质量、款式等特点，另一方面会考虑服务人员的服务水平和质量。因此，如果营销人员认真研究和正确把握消费者的服装特点、购买心理活动以及变化规律，他们就能够根据不同类型的着装人群采取对应的服务方法，从而达到共赢的目的，既销售了服装，又能够让顾客乘兴而来，满意而归。

## 二　服装购买决策

从产业角度出发，了解服装消费者行为模式、购买决策、购买过程及其影响因素具有重要意义。对于生产者来说，了解消费者哪些需要没有满足或没有完全满足，企业可以针对性地开发出新产品。对于营销人员而言，了解产品在目标消费者心目中的位置，了解其品牌或商店是如何被消费者所认知的，这样才能找出有效的营销策略。

### （一）消费者行为

消费者行为有广义和狭义之分。从广义上看，消费者为获得、使用、处置消费品所采取的行动，以及先于且决定这些行动的决策过程都被称为消费者行为。从狭义上看，消费者行为仅仅指的是购买行为以及对消费品的实际消费。由此可见，消费者行为是由两个部分构成：一是消费者的购买决策过程；二是消费者的购买过程和消费过程。购买决策是消费者在使用和处置所购买的产品和服务之前的心理活动和行为倾向，属于消费态度的形成过程。在现实的消费生活中，消费者行为的这两个部分相互渗透、相互影响，共同构成了消费者行为的完整过程。

### （二）服装购买决策

美国市场营销协会把消费者行为定义为：感知、认知、行为以及环境因素的动态互动过程，是人类履行生活中交易职能的行为基础。在服装消费过程中，个体或群体的购买决策是动态的，一方面会受到特定时期、特定产品以及消费者自身因素的影响而变化；另一方面，购买决策会随着时间的变化而变化。

**服装购买动机**

在实际的购买活动中，服装消费者的心理是非常复杂而多变的。其购买动机虽然多种多样，但也有规律可循，深入了解消费者的具体购买动机对服装产业的生产和经营有一定的指导意义。

1. 追求实用的动机

追求实用动机是服装消费者最为普遍的购买动机，它是指在购买商品过程中以追求其使用价值为主要目的的消费行为。怀着这种购买动机的服装消费者往往重视服装产品的功能性和质量，老年消费者大多属于这种动机持有者，他们不太关注服装的审美性，而是关心冬季服装是否保暖，夏季服装是否透气吸汗，以及是否经久耐用，不掉色、不缩水、不伤皮肤等。（图 7–1）

2. 追求新奇的动机

追求新奇的服装购买动机是指注重商品是否新颖、独特等时尚性的消费倾向。怀有这种

图 7–1　追求舒适性的消费者

图 7–2　明星海报对青少年的着装影响很大

购买动机的服装消费者一般注重商品的款式是否时尚，颜色是否靓丽、与众不同，在购买过程中会联想自己穿着这款服装是否跟得上本季潮流，会不会吸引他人目光。城市中的青少年一般属于这种购买动机者，他们不太在意商品的实用性和功能性，容易受到广告和影视作品的影响，常常因为偶像的着装而冲动消费。（图 7–2）

3. 追求审美的动机

追求审美的服装购买动机是指在购买过程中倾向于商品的艺术价值和观赏价值。具有这种购买动机的服装消费者特别重视服装本身的造型轮廓美、色彩美、材料美、艺术美、服装内涵等，也关注服装对人体的修饰美化作用，关注服装是否与自身气质相符，是否能够给身心带来美的享受，而对服装本身的价格和实用性不太重视。一般而言，服装专业相关人士和具有一定人文艺术修养的人属于这类购买动机者。

4. 追求品牌的动机

追求品牌的购买动机是指在服装购买过程中注重服装品牌所蕴含的商品质量及其象征意义。此类服装消费者大多数是具有一定社会阅历或经济实力的社会阶层。有的人相信“一分价钱一分货”，传统品牌或高档品牌的质量是可靠有保证的，有的人认为该品牌能够表达自身的审美水平、消费水平、经济和社会地位等。

5. 追求价廉的动机

追求价廉的购买动机是指在服装购买过程中看中商品的低廉价格，希望以较少的投入获得最大程度的物质利益。这在众多消费者行为中常常会出现，尤其是网络时代的到来，很多年轻人对服装打折、处理、优惠等宣传噱头十分敏感，淘宝、天猫等网络营销中的秒杀现象比比皆是，这就是抓住了网民的求廉购买动机。服装实体店在节假日也会采取换购、送现金券等促销措施，吸引追求廉价购买的服装消费者。（图 7–3）

6. 从众心理动机

服装购买心理中的从众现象是指消费者受到群体压力的影响，盲目追随潮流的购买动机。这种类型的消费者往往缺乏服装潮流信息和购买经验,为了避免决策失误而采取服从相关群体成员着装行为的心理。在服装购买过程中,这类消费者倾向于听从营销人员的推荐,或者选择当季网络上的爆款以跟随时尚潮流。

**服装购买决策类型**

如果将消费者购买服装活动看作是解决问题的过程的话,那么,消费者的服装购买动机就可以分为三种类型:常规的反应、有限地解决问题和广泛地解决问题。对于不同的问题,消费者的介入程度和重视程度也不同。在此基础上,可以将服装购买决策类型分为四类:习惯性服装购买行为、多样化的服装购买行为、复杂的服装购买行为、减少失调感的服装购买行为。

1. 习惯性的服装购买行为

这类购买行为多出现在购买日常服装用品过程中,如袜子、普通内裤、小饰品之类,这类产品价格相对低廉,消耗快,消费者的购买频率较高。但是,这类服装产品品牌差异度较小,其实用性能差不多,消费者一般不愿意花费太多时间用于思考和调查,他们一般会选择熟悉可靠的品牌,或者不太知名的品牌。因此,对于营销者来说,应该利用价格和销售策略来吸引消费者参与试用,增加其购买介入程度,或者利用大量重复性的广告加深消费者对该类产品的印象,或者增加品牌之间的差异。

2. 多样化的服装购买行为

这种购买决策行为一般出现在购买相对平价、品牌差异明显的服装产品中,如T恤衫、牛仔裤、打底衫、打底裤等。这类消费者一般以年轻人居多,他们经常转换品牌和样式,寻求多样化的着装体验,也不会花费太多精力去比较购买,可能只是受到较低的价格、折扣、赠券的影响而购买。除了利用价格因素影响消费者外,生产者应该提供多样化的设计吸引消费者。

3. 复杂的服装购买行为

这类购买行为多出现在价格昂贵的、消费者不太熟悉的服装产品购买过程中。一般情况下,此类服装产品品牌之间的差异较大,消费者需要经过一定的认知学习过程,了解该服装产品的性能、特点和用途,对同类品牌之间的差异有一定的认识和了解,从而对某个品牌形成信任的态度,最后做出购买决定。如购买裘皮大衣、高档羊毛衫、真丝类服装等,消费者购买的目的是为了凸显其身份地位,或者参加特定的场合,他们对服装的品质与表现性期望较高,因此,在购买过程中会花费较多精力,高度介入进行挑选和比较,从而选购出自己比较满意的服装。

图 7-3　反季节服装打折出售吸引消费者

4. 减少失调感的服装购买行为

这类购买行为一般是指消费者对于不经常购买的、价格昂贵的、有一定风险的服装，如西装、领带、茄克、女性时装等服装。由于此类服装品牌众多，品牌之间的差异不大，消费者希望能够回避风险，并以最合适的价格购买到最心仪的商品，因此一般会事先询问有经验的亲朋好友，看何时何地哪个品牌的服装性价比最高。购买后，消费者如果发现服装与心中期望有所偏离，或者看到他人的同类服装更为优秀或价格更便宜，就会产生失衡心理。此时，消费者可能会进一步通过其他信息证明自己的购买是合理正确的，以消除或降低心理失调感。

**影响服装购买决策的因素**

1. 消费习俗

消费习俗是指在长期的经济活动和社会活动中形成的习惯性的消费方式。不同地区、民族、宗教信仰的人们的消费习俗各不相同，消费习俗与社会发展水平之间具有负相关关系，经济发展水平越高，消费习俗的影响力越弱。消费习俗具有一定的稳定性特征，由此影响的服装购买行为也具有某种稳定性。中国的春节与西方的圣诞节同属于团圆喜庆的节日，人们为了表达美好祝愿会互赠礼物，他们为自己和家人购买服装表达心意，从而引起购买行为。如今的营销商也十分熟谙这种推销策略，每逢父亲节、母亲节、情人节等节日，服装商店都会打出亲情或爱情推销牌，吸引顾客购买服装。

2. 时尚流行

当一种服装消费行为在一定时空范围内被多数人认同和参与，它就会形成服装时尚流行。在日常生活中，人们的从众心理使他们认为凡是流行的都是美丽的。因此，在购买服装过程中常常会出现这种情况：在购买服装之前，消费者内心已经有预想的方案，但到了商场后，他们看到货架上最新流行的款式更漂亮，或者在销售人员的介绍和鼓励下改变了预案，选择当季流行的服装。

扩展阅读："快时尚"现象的社会心理因素分析

1. "快时尚"的特点

(1) 反应快

所谓"快时尚"，即"Fast Fashion"，是用来描述以最新时尚流行趋势为基础、设计生产迅速、价格便宜、以主流消费者为目标客户的服饰产品。这些服饰产品从设计到生产所需的时间很短，而且价格便宜，主流消费者可以通过很低的价格拥有当下的流行服饰。

"快时尚"的首要特点是"快"。快速的时尚反应、快速的供应链系统、快速整合设计、快速上架、快速的信息反馈和全球物流调拨以及快速下架等。新款式一出现在T台上，立刻就会画版、上生产线，几星期后就会低价出现在各大零售店中。可以说，它们不是服饰时尚的创造者，而是时尚的传播和反应者，"快时尚"企业往往拥有强大的设计团队，搜集并整合最新的时尚流行元素，当然，"快时尚"的一大优势在于强大的供应链支撑以及快速的市场反应速度带来的货品高流转。例如，ZARA 对市场的快速反应已经形成了一种文化，一年能够推出 2

万多件新设计的服装，平均每周会更新两次新货。从市场调研、产品创意、企划、设计、打版、生产、物流到上架，其产品开发周期可缩短至14天。快速的上架、快速的下架可大大降低风险，提高产品的有效性、适销性，从而扩大市场规模。相比那些提前12个月，甚至更久时间进行新品开发的传统品牌，快时尚品牌具有作战快捷的优势。

(2)价格亲民

“快时尚”另一个竞争优势是平民的价格。有人对H&M、C&A、ZARA和优衣库进行调查发现，这四个快时尚品牌的消费群体以年轻女性为主，其中又以“公司职员”和“学生”为主。这类群体的收入不高，属于中低档消费者。而“快时尚”品牌与国际品牌相比，价格低廉，消费者花费不到顶级品牌十分之一的价格，却享受到顶级品牌的设计，属于普通消费者“买得起的时尚”。

2. “快时尚”背后的社会心理因素

(1)消费者的求异心理

“快时尚”满足了消费者求新求异的着装心理。21世纪的年轻人往往追求个性，而服装是表达个性和自我概念的主要手段，他们希望自己的着装能够获得肯定和赞赏，最忌讳的便是撞衫。“快时尚”没有固定的符号和象征，它就像百变脸谱，追随时尚就是它的风格。它受T台流行风格、名人外貌、对“新奇”的渴望三要素的驱动，尤其是媒体对以上三要素的呈现，引起了消费者的兴趣，激发了更高水平的消费需求。在快时尚品牌店里，服装款式众多、风格多样，库存却很少。在ZARA店铺中，“一站式”购物体验是卖点，店内产品系列界限明显，party装、职业风格、基本款、街头风格等，有的款式即使好卖也不补货，让消费者感觉到喜欢的衣服如果不买，下次来可能就没有了，这种饥渴营销手段最大程度上满足了消费者的这一心理需求。而H&M主要的营销战略是以低价和时尚设计赢得中低端市场，与国际大牌设计师的跨界合作将高高在上的设计师服装变成大众产品，从欧美乐坛“一姐”麦当娜到时尚偶像凯特·莫斯，再到著名日本设计师川久保玲，都为H&M设计过服装。尤其当H&M推出限量版跨界系列，就会被消费者抢购一空，极大地满足了消费者的时尚追求。

(2)消费者的从众心理

“快时尚”在价格亲民的同时，为消费者提供了贵族般的时尚体验。无论传统社会还是现代社会，服装一直是阶层、地位、权力等的象征。美国社会学家韦伯伦在《有闲阶级论》一书中考察了19世纪末美国上流社会的服装行为，指出服装是社会上层显示经济地位的手段。服装时尚的传播方式之一是自上而下传播，基于社会下层对上层社会生活方式的追求和模仿，这种服装行为便是从众心理的体现。

21世纪的社会分层依然存在，但不同的是，现代的科技和信息手段有助于社会中下层更便捷、更迅速地捕捉上层的生活方式，在服装时尚领域，“快时尚”让“平民”与“贵族”之间的有形差距缩短了。在这点上，H&M敏锐地捕捉到消费者的心理，从2006年起，它开始尝试做明星系列，负责人让明星描述自己想要做一些什么风格的衣服，然后H&M的设计师根据这些描述提供设计图让明星确认、修改，最后再让明星亲自出镜拍成大片。2012年，贝克汉姆出境的H&M男士内衣系列就十分畅销。如今，越来越多的明星和名媛加入到快时尚的行列，形成一种高街时尚，即便是英国凯特王妃也会将“快时尚”品牌作为日常服饰，作为普通消费者，在“快时尚”品牌店里可以用99元买到心仪的明星产品，其提升着装品位和社会地位，使消费者的消费心理得到极大满足。

（资料来源：美与时代，作者：郭丰秋，《“快时尚”现象的社会心理因素分析及其前景展望》，2014-06，选文有删改）

3. 消费者

消费者自身的年龄、性别、个性、气质等因素在服装购买过程中所起的影响很大。前面章节已经解释过不同年龄段的消费者的服装需求，在购买服装过程中，他们的需求直接决定着购买的对象以及方式。如儿童一般会由大人代买，或者由大人陪同，接受后者的推荐和诱导，自主能力不强。青年人的自主购买能力较之儿童大大提高，但由于经济实力不够，其购买方式多种多样。有的选择不知名的小店，有的选择网络购物，有的青睐专卖店等。

从性别角度来看，男性和女性的购买决策明显不同，这是由他们的性别心理差异决定的。女性消费者特有的情感具有细腻、丰富，情绪化、富于幻想等特质，使她们在购买服装过程中，情感因素占主要地位，如某个服装品牌的寓意、款式或色彩能够引起她们在某个方面的联想，购物环境中的某个元素触发了她们内心的某个场景，或者服务员的热情周到等都会引起她们的购买欲望，甚至形成冲动性购买决策。

从个性气质角度来看，一般而言，经验丰富的销售人员从购买者的着装样式就能推测出他们的气质类型，在购买决策过程中，消费者的个性气质逐渐显现出来。如多血质和胆汁质的消费者一般会主动询问需要的服装样式，在试穿之后会积极征询在场其他消费者的意见，表现得十分主动活跃。如果对某件服装表示满意，多血质和胆汁质的消费者会果断购买。而粘液质的消费者比较冷静，富于观察，不太容易受到他人意见左右，不像胆汁质消费者那么容易受到其他因素的干扰和诱导。抑郁质的消费者在挑选商品的时候显得瞻前顾后、优柔寡断，考虑的因素较多，如这件衣服能不能跟其他衣服搭配，搭配出来的效果会不会得到他人认可，诸如此类的问题让抑郁质消费者的购买决策过程时间较长，效果不佳。

4. 服装产品

服装产品本身的特点、价格、品牌是影响消费者购买决策的重要因素。首先，消费者一般希望服装产品至少满足如下特点之一，如方便实用、安全舒适、体现本人的审美情趣、突出自己的个性、体现时尚潮流等，因此，服装产品只要能够满足以上一到两个特点，便能够引起消费者的兴趣，吸引他们进行购买。

其次，消费者对服装的价格比较敏感，商场的提价、降价或者打折活动都会给顾客造成一定的影响，特别是有些理性的顾客在购买决策时小心谨慎，他们最在意服装的效用价格比，对价格比较敏感，理性顾客对他人的建议听取但不盲从，他们一般只相信自己的判断，而且每一次购买决策都需精密计算,不依赖于某一品牌。这是因为消费者对价格阈限有明显感受。价格阈限是指消费者心理上能够接受的价格界线,即所谓的绝对价格阈限。绝对价格阈限分为上绝对阈限和下绝对阈限两种。绝对价格阈限的上限是指消费者接受的服装产品的最高价格;绝对价格阈限的下限是指消费者能够接受的服装产品的最低价格。在购买过程中,消费者根据购买经验中的传统价格印象、自身价格评价标准,对每种服装产品都有一个心目中的价格范围。如果某件服装价格高得超过上限,消费者就不会购买,相应地,如果某件服装价格低得超过下限,消费者心理上也会出现质疑反应,有可能也不会购买。例如,销售人员称某件大衣是真皮制成,却只需要 200 元就可以购买,某些消费者就会怀疑该服装不是真皮,或者来路不明。

再次,服装品牌因素在服装购买决策中的隐性影响很大。现代社会的消费者在选购品牌时不像以前那样偏重理性的考虑,许多消费者不仅注重服装的实用便利功能,更在意服装品牌体现不同的自我与情感。在他进行服装购买决策的时候,不只是关心服装具有什么功能,更重要的是体验服装的个性,也就是根据"自我形象"来寻找与之相匹配的品牌。自我观念与品牌选择消费心理学研究认为,人们可以从消费者所使用的品牌、他们对不同品牌的态度以及品牌对他们的意义等方面来判断他们的自我或个性。劲霸男装品牌的一段广告语表达了现代社会男性和女性的理想诉求(图 7–4):

A:明天走?

B:放心吧,从小到大没输过你。

A:有你的!

B:混不好我就不回来了!

图 7–4　劲霸男装广告

画外音:给你这样的男人。

很明显,这则广告塑造的是一个有理想、有冲劲、不甘落后的男性形象。最后的画外音的重音落在"你"字上,传达给观众的意思是只有你这样的男人才配得上这样的西装。这则广告的社会反应很好,让很多男性消费者在心理上产生这样的联想:穿上这样的男装才符合自己的个性、身份和地位。从女性消费者角度来看,这样一个奋发向上的优秀男性符合社会对男性的角色期待,应该是女性理想的男性形象。因此,劲霸男装的品牌理念和内涵能够契合广大男性和女性消费者的理想形象,在购买过程中,消费者会加强对该品牌的忠诚度和信赖度。

另外,服装品牌也能够体现出服装价值的高、中、低档次。对消费者来说，品牌具有一定的社会和经济象征意义。在社会上具有一定地位、收入颇丰的人士，对鞋帽、衣服、手表、领带、皮带等服饰用品都十分讲究，他们认为穿着普通或不知名品牌的衣服有失身份。也有一些人即使经济实力不够，也不想因为廉价衣服失了身份。因此，面对同类服装产品，即使在款式、质量差别不大的情况下，有些消费者宁愿选择价格昂贵的品牌服装，而不是选择性价比较高的普通品牌服装。

5. 购买环境

消费者通常是在一定的购物环境中购买服装的，因此，购买环境的优劣对消费者购买过程中的心理感受具有多方面的影响。从心理学的角度看，人们对事物的认识是由表及里、由感性到理性，逐步认识其本质的过程。 好的购物环境会给消费者留下美好的印象，引起消费者的购买欲望，从而进行接下来的购买行为。

购物环境分为外部环境和内部环境。外部环境包括商店的选址、商店建筑、门面装潢和橱窗设计。对于实体店而言，商店的选址一般要考虑人口是否密集、交通是否便利、是否是最佳地段、配套场所是否齐全等因素。商店的建筑则要考虑适用、经济、坚固、美观因素。门面装潢和橱窗设计则要能够体现服装品牌内涵和特点，唤起、引发和激起消费者的购买兴趣。对于网络虚拟店铺而言，则要考虑店铺放在哪个商城下，淘宝商城、天猫商城、京东商城、聚美优品等，不同商城的销售侧重点是不同的，有的是综合性的，有的是专门性的，选址是消费者选购服装的第一步骤。接下来，网络商店的网页设计实际上类似于实体店的门面装潢和橱窗设计，网页的色调、背景画面、文字造型、广告等要素都能体现该商店的个性和功能，会直接影响消费者的购物决策。

如图 7-5，这幅图是某服装品牌的网店首页，画面中幽暗的色调里能够看到民国时期的窗户，一束阳光从窗户直射到一位身着红色长裙的女子身上，女子正陶醉于手中花束的香味中。整个场景气氛与该品牌的口号“向民国文艺致敬”十分契合，也传达出该店的服装特色是文艺复古。

购物环境的内部环境包括商店的陈列、商店的温度和湿度、营销人员仪表和服务等。购买场所的布置对服装消费的成功起着一定的作用，如女性消费者在购买家庭装饰品、穿着类商品、首饰、化妆品时，追求浪漫的心理感觉。在购买活动中，营业员的表情、语调、介绍及评论等都会影响女性消费者的购买行为。

图 7-5　某网店首页设计

有一些喜爱逛街的女性每逢周末总会去繁华的商场闲逛，商场里名牌林立，舒缓的背景音乐让人身心放松，或清新，或淡雅，或前卫，或质朴的商店装潢设计和陈列仿佛一页一页的杂志画面。在这里，女性消费者可以观察到当季流行的鞋子款式、裙子的长短、主流色彩以及打扮方式等，这些都为购买哪些服装和如何装扮自己提供了参考。而化了淡妆的服务人员，微笑的面容和热情周到的服务也让人感觉安全和舒心。因此，对某些消费者而言，商店的内部环境不仅仅是购物环境，还是一种享受生活的方式。对于喜欢网购的消费者而言，浪漫、美好、富有诗情画意的店铺设计也会增强他们对服装产品的喜爱程度，从而影响其购买决策。

### (三)服装购买过程

对消费者来说，有些服装购买行为非常迅速，有些服装购买行为则花费很多时间和精力。据研究，这种比较复杂的购买行为一般要经过五个阶段，即认识需要、搜集信息、备选产品评估、购买决策和购后行为。在这种购买模式下，服装购买过程开始于实际购买行为之前，并且延续到实际购买之后。（图 7–6）

**认识需要**

服装购买过程开始于消费者意识到某种需求没有得到满足，发现现实的服装状况与理想的状况出现一定差距时，对这一需要的确认或认知促使消费者寻求能够弥补这一差距、满足服装需求的产品。一般而言，消费者在受到外部或内部刺激的状况下，会产生需要购买服装的想法。

外部环境包括服装的自然破损、社会地位的变化、时尚潮流的影响等。如季节的转换，春节、情人节等节日的到来，消费者会检查自己的衣柜，看是否需要更换或增添新衣。消费者收入的增加也会刺激更多的服装购买需求，刚刚入职的毕业生一般会选择购买符合职场要求的职业装，时尚潮流新品的出现也会吸引消费者进行购买。内部环境一般来自消费者自身原因，如求新求异的需求、对服装整体搭配的需求等，此时消费者的衣服并无破旧，但需要有新的视觉感受和着装感受，加上新款服装的刺激，消费者往往抵挡不住诱惑，从而产生购买行为。

**搜集信息**

消费者在认识到满足某种着装需要的必要性后，就可能会从需求出发，寻找有关服装产品的信息。如果消费者的需求十分强烈，就会积极搜集信息，查询打算购买的服装产品的特点、价格、品牌等情况。

消费者搜集信息的渠道很多，一般可以分为四类。

1. 人际渠道

消费者可以通过家庭成员、朋友、同学、熟人等渠道搜集特定品牌产品的特点、质量、口

图 7–6　服装购买过程

碑,为自主购买提供参考。

2. 商业渠道

消费者在服装广告宣传、销售人员的推荐过程、服装陈列等渠道中能够获得关于某服装产品的外观、款式、色彩、着装效果等信息。

3. 公共渠道

消费者通过大众传播媒介、其他消费者的评价等可以了解相关服装产品的销售情况、售后服务等信息,为下一步购买步骤做准备。

4. 经验渠道

消费者穿着同类服装产品的身体感受、服装搭配出的社会评价、心理是否愉悦等直接经验影响着进一步的购买计划。

**备选产品评估**

当消费者对服装产品信息做了充分的搜集之后,将会对这些产品进行分析、评估并进行比较,从而做出购买决定。首先,消费者会对每一种服装的属性进行评估,如相同款式的服装,哪个颜色最适合自身气质特点;相同颜色的服装,哪一款服装能够衬托或凸显自身身体优势;哪一个服装品牌符合自己的着装理念;或者哪一件服装的好评度较高。消费者对服装产品属性的侧重点因人而异,有些人只关心服装的舒适性,有些人则强调服装的社交礼仪功能。总之,能够激起消费者购买欲望的往往是最能满足当时情况下消费者需求的主要服装属性。

**购买决策**

在对服装产品进行备选评估的过程中,消费者已经形成了对某件服装的偏好和倾向。在正常情况下,消费者一般会做出购买行动。如前文所述,有时消费者会受到众多因素的影响,放弃或暂缓做出购买决定,使得购买决策变得复杂而多样化。

**购后行为**

消费者购买了服装之后,并非意味着购买过程的结束。服装购买后消费者在穿着过程中会对服装产品有新的认识和评价,可能会感受到某种程度的满足或不满足,这会直接影响到消费者的下次购买决策。因此,对营销者而言,良好的售后服务对于消费者可持续的购买行为十分重要。

### (四)服装购买中的知觉风险

**知觉风险**

“知觉风险”一词最初由心理学中延伸出来,消费者在产品购买前可能无法预知购买是否正确,因此,消费者的购买决策中隐含着某种不确定性。在服装购买过程中,消费者能够知觉到的这种不确定性或者不利且有害的结果就是服装购买知觉风险。

**影响服装购买知觉风险的因素**

近年来，随着消费者服装购买途径的多样化，知觉风险有日益增大的趋势，影响服装购买知觉风险的因素大致有以下两种。

1. 服装产品因素

在信息爆炸的时代中，通过外部信息渠道，消费者可以得到更多的信息，其中不乏有一些负面的信息，如媒体曝光服装产品中的甲醛含量超标现象，这让消费者对越来越多的服装购买产生知觉风险。网络购物过程中，许多服装产品的外观展示令人心动，材料构成和尺寸码数的描述十分精确，但消费者无法见到实物，不能亲自感受服装的质地，因此，在购买前总会注意到知觉风险。

2. 消费者因素

随着消费者生活节奏的加快，时间成了一种日益稀缺的资源，消费者没有足够多的时间搜集足够多的信息，往往购前信心不足，因此知觉风险加大。另外，随着生活质量的提高，消费者对自身在健康、社会形象方面的关注度比以往有大幅度提高，因此较之以往对健康风险、社会风险的知觉也相对提高。

**不同阶段的服装购买知觉风险差异**

米切尔的研究表明，在购买过程的各个阶段，知觉风险的水平是不同的。在认知需要阶段，知觉风险不断增加。这个阶段，消费者的知觉风险一方面来自于思考该服装产品是不是自己真正需要的，购买该商品在健康、社会形象等方面对自身是否有重要作用；另一方面，消费者还可能会对该服装产品的价格在未来一段时间的变化产生预期，如果预期该商品短期内可能会降价，则知觉风险也会增加，消费者可能会延缓购买行为。

在搜集信息阶段，消费者的服装知觉风险开始减少。一方面，在搜集信息前消费者对知觉风险的预知越大，则搜集信息的数量会越多；另一方面，随着信息搜集数量的增加，消费者可能会增加评价的属性数量，关注到原来没有意识到的一些属性，从而加大原来知觉到的风险。

在备选服装产品评估阶段，消费者的知觉风险继续降低。当消费者对备选的服装产品的社会风险心存疑虑时，该产品的包装、形象代言人、代表的品位、代表的身份和地位就会成为最重要的评价标准。同时，在评价方法的选择上，如果消费者知觉到的风险集中在一个或几个主要评价标准上，则消费者会选择诸如连接式规则、重点选择规则、按序排除规则等评价标准。如果消费者知觉到的风险比较均衡，则消费者可能会选择补偿性规则。

在服装购买决策前，由于决策的不确定性，风险轻微上升。购买服装后，如果消费者感到满意，知觉风险就会走低。

为了规避服装购买过程中的知觉风险，消费者一般会尽可能多地搜集信息，或者从众购买，跟着潮流走，或者忠诚于某一服装品牌，以减少选购时间和降低知觉风险。

扩展阅读:消费者网络购物动机与主要影响因素分析

研究消费者网络购物行为,首先,需要回答一个问题:消费者的网络购物行为是否与传统购物行为不同?答案是肯定的。有别于传统的消费模式,消费者网络购物是在虚拟环境下的购物,这为消费者提供了新的利益,消费者的购买动机发生了一些改变,此外,除了消费者、商品本身的特性以外,网络零售商特有的、非商品本质的要素也影响着消费者的购买。

1. 消费者网络购物动机

(1)追求新意。目前,网上消费者大多是80后、90后的年轻人,他们喜欢尝试新鲜事物。网络购物作为一种新的购物方式,其特有的强大信息搜索功能可以使用户迅速获取丰富的产品信息,拓展比较选择的范围,特别是追求时髦和新奇的消费者则更有兴趣尝试这种新的购物方式,在购物过程中体验新方式给自己带来的新鲜感和刺激感。

(2)价格低廉。价格是影响消费行为的一个重要因素。由于网上销售商品流通环节少,加之网上折扣店和拍卖店的出现,网上的同类同质商品自然就比传统商店中的商品便宜很多,这种低价策略吸引了许多消费者上网寻找自己想要的商品。同时,网上消费的特性迎合了许多习惯于"货比三家"的谨慎购物者的消费心理。

(3)购买便捷。传统购物要跨越空间的障碍,到商店去选择商品并讨价还价。同时,拥挤的交通更延长了消费者为购物所消耗的时间。消费者为购买商品必须付出更多的时间和精力,这也无形增加了消费者的购物成本。而网络购物弥补了这个缺陷。网上虚拟市场能提供全天候的销售服务,不受任何的限制,消费者可以选择任意时间进行网络购物。网上支付或者货到付款的支付方式,以及送货上门等服务特色带给消费者许多便利。

(4)自由选购。对于那些购物经验很少,不愿意购物过程被人干扰的消费者,网络购物为其提供了一个良好的平台。网络购物可以慢慢浏览,悠然地点击鼠标,选购自己钟爱的产品,不必担心受到营业员的干扰。网络购物不仅可以实现传统的购买功能,而且能够通过网络社区或聊天室等与其他消费者互相交流购买心得,尽可能获得更多的商品信息,以便于作出购买决策、实施交易。

(5)信息充分。驱使消费者网络购物的原因还在于能够对产品进行研究并获得大量相关信息。网络所提供的商品和服务种类繁多,即使是同一种商品,可选择的店铺、价格、质量等也是多种多样。消费者可以足不出户地通过互联网在最大范围内比较价格,并且可以从大量的产品中进行选择。

2. 消费者网络购物行为影响因素——网络零售商的影响

(1)商家信用。诚信是网商迈向成功的关键。网络购物面临虚假宣传、交货延迟、商品质量和数量无法得到有效保障、不履行商品售后服务承诺等严重问题。消费者为了减少购买风险,通常优先选择信用高的网商。以淘宝为例,店铺好坏的两个重要指标就是累计信用级别和好评率,消费者在网上店铺浏览最先注意的也是这两个指标。如果这两个指标其中一个过低,消费者必然一扫而过,累计信用级别和好评率越高,信用排名也就越高,在消费者按信用排名搜索过程中就越容易找到。

(2)网店形象。网店的形象设计是否美观直接决定消费者能否仔细浏览店铺商品信息。个性的设计、独具一格的网店形象对商品信息的传递有着至关重要的作用。成功的网店形象设计能拥有稳定的访问客流量,为网店成功经营提供基础保证。网店的形象设计内容要以客户为主,网页内容要罗列有序、整齐美观、及时更新,保证信息的有效性,并能够吸引住客户。同时,购物流程做到一目了然、操作简便。

(3)商品搜索。网络作为一个透明的市场,特别是在有强大的搜索引擎作为客户找商品的保障的前提下,如何把自己区别于别人的优势挖掘出来,并且展示给自己的目标客户,这是网商需要重视的问题之一。在网络购物平台中,首页上的搜索框往往是消费者进行商品挑选、购买的入口。对商家来说应该认真给每一件单品命名,这样就会便于消费者搜索,同时也可利用平台所提供的一些增值服务,如淘宝网的旺铺、消保、商盟、推荐位、促销位、借助淘客推广等,同时还需不断利用留言簿或论坛宣传网店。

(4)互动沟通。买家决定在某一店铺购买商品之前,一定会就商品的详细信息、物流状况、售后服务等向卖家仔细询问,这时卖家的服务态度及与买家的沟通就会对消费者购买决策起决定作用。淘宝网首创的交易即时通讯软件"阿里旺旺",使用户和卖方的沟通即时而方便。"用户社区"的开设也建立了一个淘宝用户间相互交流的平台。这些模式都间接地促进了交易额的上升,同时大大提高了淘宝的用户黏度,特别是对较为难缠的购买者而言。所以,卖家保持良好的服务态度,并耐心地与消费者沟通十分关键。

(5)物流配送。在买家的购后评价中一般都会提到物流配送是否及时,服务质量是否到位,由此可见物流配送的重要性。送货不及时、错误投递、因配送原因货物损坏或损失、快递人员服务素质低下已经成为国内物流的首要问题。由于物流大多是独立于电子商务之外,因此网商在物流公司选择上要谨慎,与物流公司合作过程中保持良好沟通、保证物流配送及时、商品运输过程中保证商品质量不被损坏、服务态度良好等都是很重要的问题。这样网上店铺与物流公司才会双赢。

(6)商家保证。商家保证是商家提供给消费者有关产品可靠性的一种承诺,保证对消费者的购买行为有重要影响。大量研究表明,保证对消费者的感知品质有正向影响,进而影响其选择行为。例如,由淘宝网在2007年首创的网购消费者保障计划,它已经成为网络交易行业规范,并被引入政府相关部门立法。消保计划包括:卖家先行赔付、假一赔三、7天无条件退换货、充值卡闪电发货等。除了淘宝网,易趣也推出品质保障服务,拍拍网推出了"诚保计划"。他们希望吸引那些存在顾虑的人加入到网购中来。目前有八成以上消费者网购会首选有消保的店铺。

(7)售前售后服务。网上店铺与传统零售企业一样,也同样需要培养忠诚消费者,良好的售前售后服务是建立消费者忠诚的最佳办法,商家的信誉度、对于消费者询问的响应、商品的退换、售后维修、个性化服务等反映了网上店铺的售前售后服务情况。由于信息的不对称,消费者在购买商品之前会经常向商家询问商品的情况，商家应该及时响应消费者的询问。虚拟经济中有关商品的退换比实体经济中商品的退换过程要复杂，所以，卖家为消费者提供个性化服务，能大大加深消费者对商家的印象。

（资料来源：新浪博客，作者：胡佩君，2012-04-06，选文有删改）

## 三　当代中国服装消费心理与行为

### （一）我国居民服装消费心理和消费行为的变化

改革开放 30 年，中国已经从原有的计划经济转变为市场经济。随着经济的转型，人们的消费心理和消费行为也在不断进行转变，它们已经从过去单一保守的消费模式向多元化消费模式迈进。在服装产业竞争日趋激烈的今天，市场需求方的消费心理和消费行为必然会影响到市场供需平衡，也关系到服装生产企业将来的发展和调整方向，因此，了解我国居民服装消费心理和消费行为的变化是有必要的。

**炫耀性服装消费**

炫耀性服装消费是指消费者更看重的是服装的非功能属性，如服装暗含的社会地位、象征意义等，而较少受到他人关于理性消费信息的影响。正如韦伯伦在《有闲阶级论》里面指出的，金钱和权力并不足以让人获得社会地位，还得让众人知道你的实力，而炫耀性消费可以让你攀附高档趣味，彰显你的与众不同，时尚很大程度上满足了这种需求。现代社会中的服饰广告赋予商品丰富的符号意义，商家出售的不仅仅是商品，而是一种生活方式、文化品位或者社会地位，而服饰品牌作为一种价值符号，在被消费的同时，也透露出消费者所处的社会层级。

在改革开放前的计划经济时代，有限的商品供给难以给消费者提供多元选择的机会，我国居民的整体服装消费意识是单一而守旧的、有序而简单的。改革开放的后 30 年里，中国市场体制的变迁使国民收入和产业结构发生了翻天覆地的变化。与此同时，人们的消费观念和消费心理也在发生着巨大转变。

20 世纪 90 年代，中国出现了第一批先富起来的人，在消费文化发展落后于经济发展的背景下，富有阶层中的一些人盲目消费，大肆吃喝、住豪宅、穿名牌，登喜路、路易威登等超级品牌在他们的身上随时可见。这些人当中也有熟悉国际名牌的价值和内涵的，但是更多的消费者对所用之物全无了解，其目的就是证明自己尊贵的身份、特殊的社会地位和显示自身的财富。如果说穿戴这些名牌是为了体现拥有好的生活品质，更多的时候还不如说是为了给别人看，是“慕名”而不是“慕己”，这就是大多数具有此消费特征的群体所抱有的普遍心理状态。

根据调查研究，现代中国大多数新生代农民工对于农民身份具有排斥或者回避的态度，他们认为新生代农民工身份具有极低的社会认同感。因此，为了迎合其参照群体——城市居民，获得城市居民的肯定和接纳，免受歧视，新生代农民工会仿照城市居民的某些服装消费行为来表现自我，实现自我提升，使其更加接近理想中的自我。例如，即使是勤俭节约的农民工偶尔也会购买一些超出其经济承担力的服装来提升形象，希望获得社会尊重和认同。

**个性服装消费**

个性消费是指人们要求自己所使用的产品是独有的，具有使用者本人的特色，让产品体现使用者自身的个性、情趣和心情等。个性消费一般出现在社会经济发展的中后期，美国和日本分别在20世纪60年代和20世纪70年代中后期出现了个性消费浪潮。我国在社会主义市场经济体制建立以后，居民的消费结构逐步升级，个性消费也逐渐兴起。

随着社会的进步，人们的主体意识越来越强，在服装领域，许多消费者已经建立起了成熟的消费观念和消费行为，不再把服装当作纯粹的消费对象，也不再安于被动接受商家的宣传和诱导，消费者需要作为参与者，希望购买的服装能够体现自己的品位、爱好和倾向性。对于能够自主设计服装的消费者而言，他们不倾向于购买成衣，认为通过流水线做出来的服装千篇一律，没有个性和情感，因此，只要时间允许，他们会自主设计服装，以区别于工业化生产时代的单调服装样式。对于一般的消费者而言，他们也逐渐意识到盲目从众、跟随潮流是安全的着装，但不是最具品位的着装。即便是同款的服装，有些消费者也会希望通过不同的内外衣、饰品、包包等细节搭配，获得不同于他人的着装效果。个性化服装消费的兴起带动服装产业出现新变化，精品店、服装专卖店、个性定制服装、服装搭配DIY等服装设计和销售服务随之兴起，以满足人们个性化的着装需求。

**情感服装消费**

情感消费是指消费者购买商品时所看重的不是商品数量的多少、质量的好坏以及价钱的高低，而是为了一种感情上的满足，一种心理上的认同。情感是人们针对客观事物符合主体需要的程度而产生的态度和内心体验，对人们的消费行为有重要影响，人们的消费活动实际上是充满了情感体验的活动过程。

在服装消费领域，如今我国居民生活水平大大提高，消费档次也大大提升，不再局限于满足最基本的生理需求，而是重视服装的附加价值，重视自己的情感满足和审美享受。情感包括亲情、友情、爱情等，人们最简单直接表达感情的方式是赠送礼品，对有些消费者而言，购买服装可能是为了赠送，因此，他们购买服装产品，不仅是要买商品和服务，还希望买回“好心情”，希望能够满足赠送对象的情感需求。对于营销方来说，情感营销也是目前十分流行的销售方式，从消费者的情感需要出发，唤起和激起消费者的情感需求，引起消费者心灵上的共鸣，寓情感于营销之中，让有情的营销赢得无情的竞争。

扩展阅读：依百度亲子装 借情感聚财富

依百度的“亲子装”和“情侣装”在2005年的试销期内反映出奇的好，多少有些出乎管理阶层的意料，这令他们对全面拉开2006年“情感”系列服饰的战线充满信心。

依百度是国内首家推出“家庭情感”服装系列的营销商，由于这是首次在中国大陆市场推出“情感”服饰概念，所以它并不能百分百肯定市场结果如何，故将2005年设为“情感”系列试水年，主要向市场抛出“亲子”和“情侣”两个品种共14款服装，同时，拿出其惯用的“杀手锏”——连锁加盟营销模式，向全国发展部分代理商。结果除了加盟商发展照例顺利外，其首推的“情感”系列服装市场反应竟然出奇的火爆，10万件产品很快在各地加盟商手中脱销，而且大大缩短了事先预计的时间。显然总部反映大喜过望，迅速启动早已筹谋好的“情感”服饰计划，将包括“亲子装”“情侣装”“夫妻装”“姐妹装”“兄弟装”“祖孙装”等十余个“情感”系列共50款50万件服装顺利生产出来，并大面积向各地加盟商铺货。

纵观依百度“情感”系列在2005年的试销表现，之所以能产生优异的市场效果，其关键是把握住了以下几个要点。

一是赶上“休闲”浪潮崛起的时代。毫无疑义，依百度的“情感”系列服装属于休闲概念的范畴，休闲服装的崛起是20世纪末期和21世纪初期在全球范围内铺天盖地全面抬头的着装新观念浪潮。它是基于人们对宽松、舒适的追求，伴随着新生代人对传统教义的叛逆，向传统着装追求循规蹈矩、贴体合身、不敢超乎半寸的陈旧观念所做出的彻底的反动。越来越多的人发自内心地追求宽松甚至肥大。对此，依百度颇有感触，原来他们曾严格要求员工着工服上班，但没过几天，大家把禁令丢在脑后，很快换回各自的休闲装，不曾想，这竟成为依百度“情感”服饰的市场基础。

二是源于人类对人性回归的需求。现代工业文明的发展和高强度商业竞争环境的形成，造成人类情感的失落与迷惘，人们出于生计或者发展需求，朝九晚五疲于奔命，常年累月陷于忙碌，闲暇时间所剩无几，自由空间丧失殆尽，亲人之间因相处机会急剧减少而相互关系疏远、情感淡漠。但陷于人性深处那份对于人伦的渴望始终无法泯灭，当人们意识到这种危机的严重性并开始呼唤人性回归时，人们心灵中那份情感火花便又重新被点燃起来。于是，各种旨在修复和弥合情感的产品得以大行其道，这当中自然包括服装。情感服装之所以成为市场的新宠，就在于它揪住了人心灵中最敏感的那根神经。

三是揪住了女性的消费神经。在任何时候，女人都是最富有感情的，对于她们，一般的商人卖产品，而最精明的商人卖情感。依百度的“情感”系列服装的消费定位主要锁定女人。“亲子装”“情侣装”“夫妻装”“姐妹装”等无论哪一款服装，都是专门针对女人而设计的。女人富有感情、在乎感情、爱表达感情，她们因为感情得到满足而开心不已、出手大方。她们是何等地挚爱她们的亲人：她们的孩子、她们的丈夫、她们的男友、她们的姐妹、她们的父母。她们为他们而活着，无论是笑与哭、轻松与忧愁、怀恨与嫉妒等，都与感情有关。她们兜里的全部收入都是预备用来表达感情的，如果没有感情，或者失去表达感情的机会，钱袋子对于她们就失去意义。所以，对于古往今来最成功的销售女性用品的商人而言，想赚到女人的钱，最好的方法莫过于打动她的感情。依百度服装的“情感”系列打的就是“情感牌”。

（资料来源：流行时尚网，http://www.pop43.com，2007-03-23，选文有删改）

## (二)当前我国居民服装消费差异

### 服装消费中的区域差异

改革开放以来,由于区域经济发展的不平衡,我国不同地方的居民收入差距越来越大,再加上地域自然环境、生活方式、消费文化和消费传统等因素的影响,我国居民服装消费的区域性差异十分明显。林语堂在他的《中国人》一书中描写了中国人的民族和地域差异以及消费行为和习惯的不同。他认为,从地理和文化的角度来考察中国人时,"中国人这个抽象概念几乎消失,代之而来的是一幅多种族的画卷,身材大小不同、脾气与心理构成各异"。如北方人习惯简单质朴的思维和艰苦的生活,高大健壮、热情幽默、吃大葱、爱开玩笑。而长江以南的人则是习惯于安逸,勤于修养、老于世故,喜欢舒适的人,他们喝燕窝汤、吃莲子。广东人则充满了活力,有事业心、无忧无虑、挥霍浪费、好斗、进取、脾气急躁。华中地区的湖北人则因为精明而被比作九头鸟,湖南人则以勇武和坚韧闻名。

总体来看,我国东部地区居民的服装消费绝对量高于中西部地区,这与经济发展水平密切相关。但从相对量上来比较,东部地区的服装消费又低于中西部地区,原因之一在于气候因素,东部地区如广东、广西和海南等地处于亚热带,对御寒服装需求较少,因此其服装消费处于全国最低水平。而东北地区与南方的居民消费心理差异也很大。有句话形象地概括了东北人的消费观,"苞米面肚子,料子裤子",意思是东北人爱面子,既使生活再艰难,面子还是要的,这就是在经济并不发达的东北,服装、化妆品的销量却总是在全国名列前茅的原因之一,在东北的冬日里,穿貂皮挤公汽的现象并不罕见。

### 服装消费中的城乡差异

如今,我国居民的生活水平有了普遍提高,不论城市还是农村,消费者对服装质量都提出了更高的要求,也更加注重服装搭配和个人的形象。例如,对天然面料比较钟爱、在服装类别上喜爱休闲服饰。据调查研究,城市人口中喜爱纯棉的有 75.9%,农村人口中喜爱纯棉的有 69.5%,而对于服装类别的喜爱程度,城市和农村选择休闲装的比例分别是 80.3%和 83.5%。这说明不论在城市还是农村,人们都有追求休闲生活方式的趋势。

我国城乡居民服装消费方面的差异也是普遍存在的。据杨海峰和周璐 2007 年的《城乡服装消费调研报告》显示,城市居民每年的服装花费平均 1000 元左右,而农村居民每年的服装花费平均只有 503.2 元。城市人口收入高,自然花费就高,对价格也就没有农村居民那么看重。在购买服装的过程中,由于城乡居民的文化水平不同,所以他们对于他人介绍、他人穿着、广告宣传等的反应就不同。由于农村和城市的生活环境、社会保障制度以及消费环境存在较大差异,所以,农村居民在衣着方面的消费需求明显低于城镇居民。即使是农村中的高收入人群,其收入绝对值与城镇中等收入人群相当,但在衣着上的支出也明显小于城镇中等收入人群,对高价的品牌服装大多数不敢问津,或者因为农村居民对品牌服装的体验较少,因此不太理解品牌的价值,也就不太注重服装品牌,并且,他们对服装产地的要求也低于城市居民。据调查,农村有 71.9%的人口购买本地出产的服装,而在城市只有 33.1%,差距显而易见。

但是,随着我国城镇化进程的发展,越来越多的农村居民融入到城镇生活中,其在衣着方面的支出很可能出现显著提高，而且这一潜力远比在城镇居民内部挖掘消费潜力要大得多。华泰证券发布的《我国居民服装消费特征分析》报告显示，2009 年我国服装零售总额（限额以上规模企业）3264.3 亿元，约占纺织服装商品零售总额的 70%，近五年增速均保持在 20%以上。如果从人均收入和人均服装消费支出（占总收入）之比的角度来测算，2010 年服装市场总容量大约有 6300 多亿元，而保守估计至 2015 年整个服装市场的扩容速度大约在 10.5%。目前，“越有钱的人在服装方面的消费会越多”的观念逐渐发生了变化，反而是收入少的居民衣着支出占收入的比重相对较高、收入高的居民相对较低。部分地区如内蒙古、新疆、河南、山西、宁夏、东北三省等，这些区域的居民收入水平不高，但其衣着消费占收入的比重却较高，甚至超过居民收入水平较高的北京、上海、深圳等地。

### （三）我国未来服装消费心理和消费行为趋势

#### 绿色服装消费

绿色服装消费可以称为环保服装消费或低碳服装消费，具体指的是消费者购买的服装产品既安全无害，有利于人体健康，又具有生产过程中对环境污染小、废弃后可进行回收或再生处理等特点。绿色服装是 20 世纪 90 年代初欧美国家提出的一种新的设计理念。一些学者建议纺织服装企业应该从环境保护出发，通过使用可降解材料或再生材料等，利用对环境负责任的生产流程（如采用天然染料染色），进而创造一种无污染、有利于人体健康的生态环境。

根据 G.伯特威斯尔和 C.M.摩尔对英国消费者和生产商做的一项研究表明，越来越多的人开始意识到服装的生产及消费会对生态环境造成负面影响，这使得纺织服装业的绿色消费趋势日益盛行。目前，市场上常见的绿色服装面料有：有机棉、彩棉、有机羊毛，以及利用旧衣物、可乐瓶等物品加工成的可持续再生面料等。国内外著名品牌都已推出绿色服装，如中国的江南布衣、例外、李宁，瑞典的 H&M、西班牙的 ZARA、比利时的 C&A（图 7-7）、美国的 NIKE 等。

R.Y.K.詹对中国大陆居民绿色服装消费进行了调查研究，发现人们虽然比较关注环境问题，并持有积极的环境价值观，但是并不能落实到服装购买行为上，主要原因之一就是因为绿色产品在中国并不普及，居民的绿色购买行为更多地受到了情境因素的制约。K.弗莱彻的研究发现，由于目前绿色服装普及度及识别度均不够高，所以消费者不了解绿色服装，他建议绿色服装要充分发挥生态标签的作用，使其具有较好的辨识性，这样会有助于消费者了解并购买绿色服装。

图 7-7　比利时的 C&A 服装

#### 跨界服装消费

所谓跨界服装消费，它是让原本毫不相干的消费元素相互渗透、相互融会，让消费者消费某一种服装产品的同时，能够体验到其他消费品带来的互补性感受，从而形成立体而纵深的消费享受。

跨界服装消费是随着现代多元化、个性化着装心理而产生的，它是一种新锐的生活态度和审美方式地融合。如东风雪铁龙和 Kappa 两大知名品牌虽然分属于汽车、服装两个不同的产品类别，但由于双方在品牌文化内涵、目标消费人群上存在诸多的共通性：自信、年轻并且热爱自由，把追求运动和时尚作为一种生活态度。于是，两个品牌能够跨界合作，通过不同的营销模式，强化各自的品牌推广力度，获得协同效应。

从消费者的消费心理角度来看，跨界消费的流行也和一个人在消费生活中的品质追求和风格偏好有关系，比如，一个人如果喜欢鲜艳的服装，他在购买配饰的时候，就会选择颜色鲜艳的小配饰，在购买汽车的时候，可能偏爱亮色系的汽车。因此，这就不难解释服装的流行为什么还常常影响到汽车的设计，汽车如今有大红、绿色、黄色等，和服装的流行色越来越一致，甚至很多服装上的设计还会出现在汽车的内饰当中，一些著名的服装设计师还被聘请为汽车内部装饰设计师。手表也在受到服装的影响，如时装表，以前一个消费者在很多场合都只需要戴一块手表，但自从时装手表这一概念流行之后，消费者会发现，每天穿一套不同的衣服就需要换一块手表，这让手表的流行周期大幅缩短。

对服饰品牌企业来说，由于消费者的个性千差万别，将相同或类似消费群体定位为目标消费群体的品牌，就有机会走到一起，就可以从各自的侧面来诠释目标消费群体的特征。早在 1999 年，德国的运动服饰品牌彪马就提出了“跨界合作”的概念，与德国高档服饰品牌吉尔·桑达合作推出高端休闲鞋。（图 7–8）到 2003 年，彪马联手宝马 mini，专门设计出一款黑色的驾驶用鞋。在 2004 年的巴黎车展上，奔驰展示了由乔治·阿玛尼设计并赋予了个性化特色的高级特别版 CLK 敞篷跑车。这款阿玛尼版高级 CLK 敞篷跑车，将暖砂色系的特殊油漆和高品质内部材料相搭配，融合了阿玛尼的“少即是多、注重舒适”的设计哲学，使这款车散发出豪华、动感和阳刚的气度。乔治·阿玛尼本人成为该款车的第一个拥有者，他说：“我们很快就找到了共同语言。我看到梅塞德斯–奔驰如何将我的设计理念转化为现实，并且极为注重细节，这简直太吸引人了。”

**科技性服装消费**

所谓科技性服装消费，是指消费者在购买服装的过程中，比较注重服装制造过程中的科技含量，如服装面料的科技含量、服装功能中的科技效果等。2003 年，一位 9 岁的小女孩在创新作文《假如我是服装设计师》中写道：我很爱美，我想长大后当一名服装设计师。假如我是一位服装设计师，我会为爱美的人们设计一款新颖奇特的服装。首先，在选料上就非常讲究，“绿色环保” 自不必说，原料当然是用中国“神州 N 号”搭载的转基因种子生产的“太空棉”，在纺织时加入 21 世纪 20 年代最新发明的“纳米复合传感丝”和“电

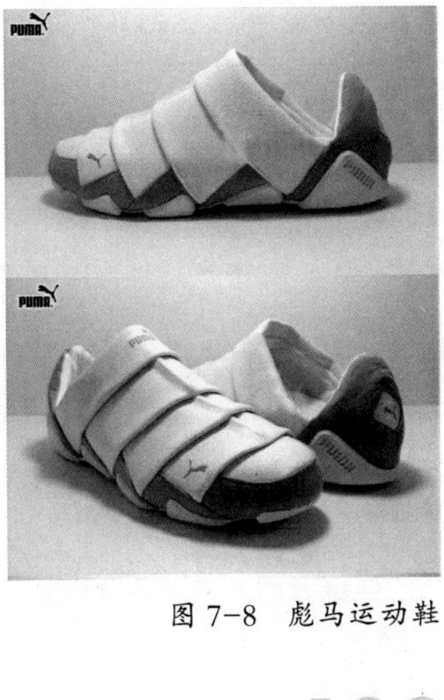

图 7–8 彪马运动鞋

磁波感应色素”,制出的服装就可以实现“超智能化”和“人性化”了。这种服装超薄、轻盈、透气、吸汗、柔软、贴身。它还具有以下优点:一是色彩丰富多变,可以根据各人的喜好随心所欲地改变颜色、图案、花纹。如果你喜欢什么颜色、什么图案,只要你的脑子里有了一种漂亮的“设计”,衣服内的传感器就会自动组合图案,要是你不满意,你只要在大脑中发出“改变”的指令,图案又会重新组合,直到你满意为止。这种服装的另一个特点是,温度调控因人而异。衣服内的“感应丝”又是一只只微型太阳能电池,能收集、储存太阳能。夏天,它把太阳能储存起来,人们不会感到热;冬天,它把太阳能释放出来,人们就不会冷了。更神奇的是,服装内的传感器能始终把温度控制在你的身体最适应的范围内。

近年来以纳米科技为代表的高新技术开始走进服装业,中国消费者越来越注重服装的款式、质地、品牌的同时,也开始关注服装中的科技含量给身体和工作带来的便利。实际上,科技在运动服饰中的应用已经出现了很多年,如篮球鞋上的气垫缓震和速干衣。从目前中国消费者的消费偏好,以及对时尚、潮流、科技、智能运动装备的追捧来看,百姓对科技服饰消费能力的提高和消费结构的变化愈发明显。目前,一些高科技服饰已经融入了数字和智能技术,如可记步手环、收集运动时足部肌肉活动情况的袜子、可检测运动时心跳血压的背心等。

除了服装设计中的高科技因素外,服装购买方式也随着科技的发展变得多样化、便捷化。消费者可以通过电脑、手机等电子产品网上购物,商家也采取多种手段进行终端化营销,如QQ商城、微博营销、微信营销,甚至当人们在等电梯的时候,也会看到关于服饰方面的宣传广告。不难想象,未来的消费者有可能在等电梯的时候完成购物过程。

扩展阅读:浅谈“跨界消费时代”的超越

在“跨界消费时代”,消费者的消费需求与体验日益多元化,而完全依靠单打独斗拼市场的企业因规模资源有限、体验能力不足,已无法满足消费者的需求。随着行业间的界限越来越模糊,产品功效和应用范围不断延伸,不同行业品牌的目标消费群体日渐交叠与重合,这种行业无边界的营销行为改变了企业在传统营销模式下单兵作战易受竞争品牌和外部因素干扰而削弱品牌穿透力、影响力的弊端,同时也解决了品牌与消费者的多方融合问题,实现跨界企业的市场最大化和利润最大化。在“跨界消费时代”,如果你不跨过去,你永远不会知道对面的风景。那么,企业在跨界营销的实践过程中主要采用了哪些“跨越之策”?

1. 产品的实力整合

产品跨界是指企业在产品的研发过程中通过借用或融合同行业或不同行业成形的技术、功能来实现产品性能与理念上的跨界,从而打造出明星单品,抢占细分市场,完成企业和品牌质的蜕变。

由于意识到移动互联网已成为传统企业深度转型的必由之路,许多老牌企业开始着手与移动科技企业跨界开发产品,试图在未来的竞争格局中占得先机。比如,耐克从2005年就开始与苹果跨界研发Nike+的产品组合,2010年成立了数字运动(Digital Sport)部门。其中,用户通过使用耐克推出的Nike+Sensor跑步鞋,可在全球范围内记录、分享自己的运动过程,还可以参加或发起关于跑步的活动，号召运动爱好者参加。而耐克则可以通过 Nike+迅速发现用户需求，生产出最适合用户的产品。通过 Nike+上记录的用户跑步路线与时间，精准投放户外广告、在线广告，以及把大数据收益作为核心竞争力转手卖给其他品牌商等。

根据以上案例我们可以看出，产品跨界是一种两个或更多企业的联合产品设计与营销行为，这就要求他们在产品设计或者市场营销上应具备诸多共同点，比如，他们对产品的设计都追求美感、动感，力求极致，引领潮流，他们都面向一个类似的消费群体，宣扬运动感、酷时尚等。如果他们的目标消费者不具有一致性或重叠性，或他们的产品设计理念具有差异性，那么必将有一方成为联合营销行动的直接“牺牲品”，最终拿自己的资源“为他人作嫁衣裳”。

2. 渠道的战略联盟

渠道一直是市场营销的重要环节，是产品占领市场的必要条件。渠道跨界可以是产品或者品牌跨越不同于常规的销售渠道到达更为广泛的消费者，也可以是两家企业互相借用对方优势的渠道资源，进一步铺开销售推广活动。渠道跨界在日用品、快速消费品、汽车、IT、家用电器等以渠道和终端为核心的行业里应用十分广泛。如薇姿、理肤泉、雅漾等化妆品销售借 OTC 药店渠道，实施“特殊功能化妆品”渠道跨界渗透的营销策略，迅速在中国老百姓心目中树立了健康、专业的药妆品牌形象。

3. 价格的不战而胜

如果消费者留心就会发现，当下很多商品定价都以 98、99、198、199、299……尾数拖“8”“9”的零头价格出现，而大多数消费者在购买日用品、快消品之类的商品时，也乐意接受这种价格形式。这种零头策略渗透了企业跨界定价的智慧，即一方面给消费者服下了标价精准的定心丸，另一方面安抚了消费者求廉的心理。

对于企业而言，成功的定价一方面可以为自己的产品系列拉开层次，并将价格作为竞争的利器，达到不战而屈人之兵的效果；另一方面还可以为企业吸引更多的潜在客户，扩大产品品牌的影响力，节省大量的营销成本。比如，一汽丰田新一代皇冠正式上市之时的售价定在 32.68~89.95 万元。对于这样的价格设置，更多人看到的是后面的数字 89.95 万元，显然新一代皇冠的上市价格区间被“无限”延伸了。事实上，这种把车型定价区间上拉下延进行跨界竞争并不是丰田首创的营销方式，自 2008 年以来，这种以价格作为杀手锏的跨界之策在竞争日渐激烈的中高级车市场上屡见不鲜。由于中高档车型存在着不少替代性品牌，消费者的针对性需求富有弹性，所以很多汽车厂商都意识到与其后期不断地通过被动降价来拉动市场销售，不如前期主动拉长价格区间从而占据市场销售的主导权。由此可见，定价跨界的优点不仅在于可以为企业产品尽可能多地吸引潜在客户，而且主动延伸的价格区间也为厂商赢得了一举多得的市场、品牌效应与后期更为灵活的市场处理手段。

4. 促销的协同效应

跨界促销像婚姻一样，讲究的是“门当户对”，这里的“门当”“户对”不一定是同行业企业间的结合，它可以是跨行业或完全不搭调的企业间的联姻，只要是非竞争性关系的，以及基于共同的消费群体、消费文化和在各自领域里所拥有的品牌资源与声誉登对即可。

跨界营销的关键在于“整合”与“互动”，其中，品牌互动能力是指品牌彼此之间能够为对方创造的品牌传播与产品销售机会，这种互动能力越强，企业合作的紧密度、价值性就越高。作为跨界合作的传统高手，可口可乐从跨界促销的互动中攫取了不少甜头：早在 2005 年，可口可乐就和天联世纪合作，围绕《街头篮球》游戏在全国进行联合广告和促销活动。之后，可口可乐与九城代理的《魔兽世界》游戏进行大规模的系列跨界营销活动。2010 年，可口可乐以联想产品和腾讯 QQ 币作为促销奖品。2013 年，可口可乐再次出击，确定与小米展开合作。根据双方协定，在合作期间，可口可乐的瓶身上将会出现小米的 LOGO，购买可口可乐旗下的汽水、果汁产品也有机会“揭盖”赢取小米手机，而小米则为可口可乐独家订制了酷炫的手机主题以及限量版的可口可乐主题手机……通过屡试不爽的品牌跨界，可口可乐与合作方都各有斩获、皆大欢喜。可口可乐自然也是大赢家，通过与其他企业的不断互动促销，提高了其在青少年群体中的产品销售量和品牌美誉度。

（资料来源：中国行业研究网，http://www.chinairn.com，2013−10−24，选文有删改）

**思考与练习**

1. 现代社会服装消费心理特征有哪些？
2. 影响服装购买决策的因素有哪些？举例说明。
3. 进行一场服装购买场景模拟，思考如何根据消费者心理销售服装。

高等院校服装专业教程

服装心理学

# 第八章 服装创造心理

# 一　创造心理概述

根据《词源》的解释,"创造"是由两个字构成的,"创"的主要意思是"破坏"和"开创","造"的主要含义是"建构"和"成为"。因此,"创造"的意思是突破旧事物,创建新事物。

人类文明的起源在于创造,服装的起源也在于创造。创造是人类主观精神世界的核心,是人类历史进步的桥梁和纽带。一般来说,创造是做出前所未有的事情。狭义地讲,创造是个体发展过程中对个人生活价值的创新;广义地讲,创造是指对整个人类社会的进步过程的价值创新。对人类来说,创造如此重要,因而,创造心理学必然应运而生。

## (一)创造心理研究的内容

### 创造心理学的含义

创造心理学是从心理学角度对人类创造活动的情绪和规律进行探索的科学;是研究人在创造活动中的心理现象及其规律的科学;是心理学的分支学科之一,但又涉及思维科学、脑科学、创造工程学、行为科学等多种学科,是一门交叉学科。

### 创造心理学的研究内容

1. 对各种创造力的研究

吉尔福特将人的能力分为五大类:(1)记忆能力;(2)认知能力;(3)聚敛思维能力;(4)发散思维能力;(5)评价能力。他认为,前两种能力属于记忆和了解的能力,后三种属于思维能力。其中,发散性思维能力是创造力的特质和核心,但发散性思维能力并不等于创造力。

2. 创造力与智力的关系

一般采用统计分析方法得出两者相关程度,由此推知两者关系。吉尔福特的研究结果是:两者是正相关的总趋势。在正常情况下,智商高创造力也高;智商超过130以后,这种相关关系减弱,创造力的高低也不一,有的很高,有的很低;创造力高的人必定具有中等以上的智力水平。

3. 创造力与非智力因素的关系

个性、情感、意志等非智力因素在创造活动中起着重要作用。有研究表明,创造力强的人一般具有强烈的事业心、进取心、自信心和坚强的意志,从众行为少,好独立行事,工作效率高,生活范围广,社交能力强,人际关系好,抱负水准高,兴趣广泛,态度直率,感情奔放。

### 创造心理的基本特征

创造心理是人类独有的高级心理活动过程,人类创造的成果是创造心理的外化与物化。创造心理具有一般心理的特点,但不同于一般心理,它突破传统心理规范,不受束缚,能够开拓认识的新领域,取得新成果,其基本特征十分明显。

1. 多元性

从古至今,有许多多才多艺的奇人和高人,但没人敢自称是"创造力的全能冠军"。任何人不可能具有全方位的创造才能,这是由创造心理的多元性决定的。一直致力于创造力研究的戴维斯在《创造力是永恒的》一书中强调:流畅、变通和独创思维的能力远非创造力的全部构成,创造力的成分包括各种认识能力,如对问题敏感的能力、想象力、隐喻思维能力,发现信息缺失的能力、记忆评价能力、分析细节的能力、综合能力、直觉能力、记忆力、良好界定问题的能力、预测结果的能力、注意问题不同方面的能力等。

2. 结构性

创造心理的结构是一种多侧面的现象,不是一个可以精确定义的单一结构。邓克尔认为,创造性解决问题的心理过程是由一系列互相联系的心理组织构成, 每一种心理组织都把问题汇总成更狭小、更明朗的陈述。西蒙等人用信息加工观点和计算机模拟人解决问题的过程,探讨创造性解决问题的心理结构和过程,以及创造性解决问题的思维策略和方法。

3. 综合性

创造心理是一种十分复杂的高级心理过程,是人类意识的高级表现,也是意识发展水平的标志。大多数心理学家认为,创造心理是综合的,除了能力因素外,还应包括人格因素、认知因素、想象力、思维能力、分析能力等,是众多能力相互协调活动的过程,它还包括动力因素,如热情、坚韧、勤奋、专注等心理的支持,并且,它还受到世界观和方法论等因素的制约。总之,创造心理是建立在个体心理结构整体背景基础上的综合过程。

## (二)思维的含义与种类

### 思维的含义

思维分广义的思维和狭义的思维,广义的思维是人脑对客观现实概括的和间接的反映,它反映的是事物的本质和事物间规律性的联系,包括逻辑思维和形象思维。狭义的心理学意义上的思维专指逻辑思维。

思维是主体对信息进行的能动操作,如采集、传递、存储、提取、删除、对比、筛选、判别、排列、分类、变相、转形、整合、表达等。按照马克思主义哲学的观点,思维主体主要指人,思维客体指主体思维的对象,包括人自己。自然界的动物如狗、猫等,也具备思维能力,但还不够高级,人工智能产品如机器人、电脑等,无论多么完善,都是人脑的产物,同样不具备思维能力。

### 思维的种类

按照不同的标准可以将思维分成不同的种类。

按照思维的新旧程度分,有常规思维、创造思维和创新思维。从思维的方向分,有顺向思维和逆向思维,前者是确立目标后,一步一步去实现其目标的思维方法,其思维过程具有指向性、层次性;后者是从目标点反推出条件、原因的思维方法,它也是一种有效的创新方法。按照思维的离合程度分,有发散思维和聚合思维,前者是根据已有的某一点信息,然后运用已知的知识、经验，通过推测、想象，沿着不同的方向去思考，重组记忆中的信息和眼前的信息，产生新的信息；后者是指从不同来源、不同材料、不同方向探求一个正确答案的思维过程和方法。

## (三)创造思维与创新思维

### 创造思维

创造思维是根据一定的目的，运用一切已知信息，产生出某种新颖、独特、有社会或个人价值的产品的思维。这里的产品既指思维成果，也指物质成果。

创造思维是人脑的特殊机能，是一个由多种思维要素和多种思维能力相互作用、协同进行的系统化的整体思维过程。与常规思维相比，它有如下特征：

1. 新颖性；2. 求异性；3. 独立性；4. 多维性；5. 突发性。

### 创新思维

创新思维是指以新颖独创的方法解决问题的思维过程，通过这种思维能突破常规思维的界限，以超常规甚至反常规的方法、视角去思考问题，提出与众不同的解决方案，从而产生新颖的、独到的、有社会意义的思维成果。其在《现代汉语词典》中解释为“抛弃旧的，创造新的”。可见，创新是在原来事物基础上，通过重新排列组合，引申发散、否定、重构等，设计创造出一种与原来既有一定联系又有明显区别的新事物，在某种意义上说，创新就是对旧有的、错误的东西进行否定。

### 创造思维与创新思维的区别与联系

创造是指“从无到有”的原创、首创，创新是指“从有到好”的改进和“从有到用”的延伸。创造和创新运用的原理和方法是相同的，在日常生活中，人们将创造和创新理解为同义词，它们是相互包含的概念。从哲学的角度看，创造与创新是有区别的，创造是创新的起点和基础，是跨越，是质变。创新是在创造基础上进行的发展，是量变。当创新不断发展，上升到一定程度时，就会引发质变，从而产生新的创造。换句话说，创造在先，创新在后。创造是创新的起点，创新是在创造基础上的发展。可以说，创造与创新是一脉相承、星火相传的。(图 8-1~图 8-3)

图 8-1　可调节高跟鞋

图 8-2　剪纸与服装

如图 8-4，玻璃碎块状的图案反射着光芒，赋予服装面料以坚硬质感，在创新思维里，任何事情都是可能的。

如果将创造比作池塘里面的一块鹅卵

图 8-3　以铅笔为灵感的服装

图 8-4　以玻璃为灵感的服装

石，那么创新就是这块鹅卵石所激起的水波效应。一开始必须有一个人将这块鹅卵石投掷到水中，这个人就是创造者。也必须有一个人能够意识到，这些小小的波纹最终会引发一个大浪，而这个人就是创新者。创造是指第一次将一个产品做出来，或者第一次引入一个进程。爱迪生是一个创造者。而某个人对一个已经存在的事物做了改进或者重大贡献时，也就有了创新，乔布斯就是一个创新者。

## 二　创造思维技法与服装设计

创造技法是偏重于发明创造的技术及方法，是创造学中最务实、应用性最强的部分。它是建立在创造心理和认识规律基础上的一些规则、技巧和做法，指导人们克服心理障碍和思维定势，促进联想、想象、知觉、类比等非逻辑思维，增强思维的灵活性、流畅性和独特性的方法。服装设计过程中，创造思维及其技法是十分重要的部分，新颖独特的图案创意、色彩创意、材料创意等都会为最终的服装作品增添光彩，给人留下深刻的、难以磨灭的印象。

### （一）发散思维和技法

**发散思维**

发散思维又称扩散思维、求异思维、辐射思维，是指从已知信息中产生大量变化的、独特的新信息的一种沿着不同方向、在不同范围、不因循传统的思维方式。

发散思维具有三个特征。

1.流畅性。在短时间内能够表达较多的想法和创意，产生较多数量的作品。量是衡量发散思维的一个指标，只有产生大量的作品，才能在此基础上筛选出优秀作品。

2.变通性。即思维变化多端，能够举一反三、触类旁通，多角度、多方向地思考问题。如果服装设计师在短时间内创作出大量作品，但风格雷同、技法相似，就容易让人产生视觉疲劳之感。而变通性可以让设计师采用不同手法创作出不同风格的作品来，虽然作品之间的跳跃性很强，但能够吸引观者的注意力，涉及的范围和领域越多，越容易产生变通性很强的思维成果。

3.独创性。即对事物有超乎寻常的独特见解。在设计界，经典的作品往往角度新奇而独特，想人之未想，做人之未做，大胆且新颖的风格、图案或材质总会得到人们的赞赏。

**发散思维技法与服装设计**

1. 头脑风暴法及其举例

头脑风暴法出自“头脑风暴”(Brain-storming)一词，最早是精神病理学上的用语，指精神病患者处于精神错乱状态，现在转为无限制的自由联想和讨论，其目的在于产生新观念或激发创新设想。

头脑风暴法进行的步骤：

(1)准备阶段。在开会前要做好准备工作。主持人应事先对所议问题进行一定的研究，弄清问题的实质，找到问题的关键，设定所要达到的目标，确定参加会议人员，一般以 8~12 人为宜。会议人数太少不利于交流信息，激发思维；而人数太多则不容易掌握，并且每个人发言的机会相对减少，也会影响培训现场气氛。将会议的时间、地点、所要解决的问题、可供参考的资料和设想、需要达到的目标等事宜一并提前通知与会人员，让大家做好充分的准备，以便其了解议题的背景和外界动态。布置会议现场，座位排成圆形的环境往往比教室式的环境更为有利。

(2)热身阶段。这个阶段的目的是创造一种自由、宽松、祥和的氛围，以便活跃气氛，使大家得以放松，进入一种无拘无束的状态，促进思维。主持人宣布开会后，先说明会议的规则，然后随便谈点有趣的话题或问题，让大家的思维处于轻松和活跃的境界。比如，说说笑话、猜个谜语、听一段音乐等。

(3)明确问题。主持人简明扼要地介绍有待解决的问题。介绍时须简洁、明确，不可过分周全，否则过多的信息会限制人的思维，干扰想象力的思维创新。

(4)畅谈阶段。畅谈是头脑风暴法的创意阶段，为了使大家能够畅所欲言，需要制订一些规则。主持人首先要向大家宣布这些规则，如果时间允许，可以让每个人先就所需解决的问题独立考虑 10 分钟左右。随后引导大家自由发言、自由想象、自由发挥，使彼此相互启发、相互补充，真正做到知无不言，言无不尽。可以按顺序“一个接一个”轮流发表意见，如轮到的人当时无新构想，可以跳到下一个。在如此循环下，新想法便一一出现。与会人员每讲出一个主意、方案，由速记员马上写在白板上，使每个人都能看见，以利于激发出新的方案。经过一段讨论后，大家对问题就会有较深程度的理解。为了使大家对问题的表述能够具有新角度、新思维，主持人或速记员要对发言记录进行归纳、整理，找出富有创意的见解，以及具有启发性的表述，供下一步头脑风暴时参考。

(5)筛选阶段。通过组织头脑风暴畅谈,往往能获得大量与议题有关的设想。至此任务也只完成了一半,而此时更重要的是对已获得的设想进行整理、分析,以便选出有价值的创造性设想来加以开发实施,即设想处理。设想处理的方式有两种:一种是专家评审,可聘请有关专家及学员代表若干人(5人左右为宜)承担这项工作;另一种是二次会议评审,即所有与会人员集体进行设想的评价处理工作。通过评审将大家的想法整理成若干方案,经过反复比较,最后确定1~3个最佳方案。

头脑风暴法应遵守如下原则:

(1)延迟评判原则。对各种意见、方案的评判必须放到最后阶段,不论成员提出的想法如何荒诞大胆,甚至貌似无法实施,其他成员不能对其提出批评和评价。

(2)自由畅想原则。这是头脑风暴法的关键,应该创造一种自由、活跃的气氛,小组成员应该各抒己见、自由发挥,鼓励参与者提出各种"荒诞"的想法。

(3)以量求质原则。追求数量,意见越多,产生好意见的可能性越大,这是获得高质量创造性设想的条件。

(4)综合改善原则。探索取长补短和改进办法。除提出自己的意见外,鼓励参与者对他人已经提出的设想进行补充、改进和综合,强调相互启发、相互补充和相互完善,这是头脑风暴法能否成功的标准。

(5)求异创新原则。这是头脑风暴法的宗旨。鼓励成员说出与其他人不同的想法,差异越大越好。

(6)限时限人原则。头脑风暴的时间是有限的,成员不能过多也不能过少,这有助于保证最大限度地激发成员的积极性和主动性。

头脑风暴方法案例:

主题:如何利用服装解决小孩不爱吃饭的问题?

小孩不爱吃饭的原因:

①吃零食;

②注意力不集中;

③爱玩;

④饭菜不可口;

⑤饭菜卖相不好。

答案:①买新衣服激励孩子;②改变服装的外观或结构,设计多个小口袋,可以放置糯米团、小面包、奶酪之类的食物;③将馒头做成小衣服的样子;④将衣服做成食物的样子,如小白菜装、西红柿装、寿司装等,或者在服装上印上食物图案,吃饭时穿上吃饭装,暗示并激励小孩该吃饭了;⑤利用小孩崇拜偶像的心理,在服装上印上喜羊羊或奥特曼吃饭的样子,鼓励他们吃饭。

小组成员在讨论过程中，按照原因列出解决方法，并制作成鱼骨图。(图 8–5)

2. 检核表法及其案例

检核表法最初是由美国创造技法之父亚历克斯·奥斯本提出来的，又称奥斯本检核表法，它是根据需要研究的对象的特点列出有关问题，形成检核表，然后逐一进行核对讨论，从而发掘出大量设想，它引导人们根据检核项目的逐条思路来求解问题，以找出比较周密的答案。奥斯本检核表法属于横向思维，以直观、直接的方式激发思维活动，其操作十分方便，效果也相当好。由于它效果突出，所以被誉为“创造之母”。人们运用这种方法，产生了很多杰出的创意，以及大量的发明创造。

下述奥斯本检核表法的九组问题对于任何领域创造性地解决问题都是适用的，这些问题是奥斯本在研究和总结大量近现代科学发现、发明、创造事例的基础上归纳出来的。

(1)现有的东西(发明、材料、方法等)有无其他用途？

某样事物“还能有其他什么用途？”“还能用其他什么方法使用它？”“保持原状不变能否扩大用途？”“稍加改变，有无别的用途？”这些追问能使我们的思维活跃起来。橡胶有什么用处？对此，有家公司提出了成千上万种设想，如用它制成床毯、浴盆、人行道边饰、衣夹、鸟笼、门扶手、棺材、墓碑等。那么，废旧服装有什么用途？服装制作过程中的边角料有什么用途？当人们将自己的想象投入这条广阔的“高速公路”上时就会以丰富的想象力产生更多更好的设想。

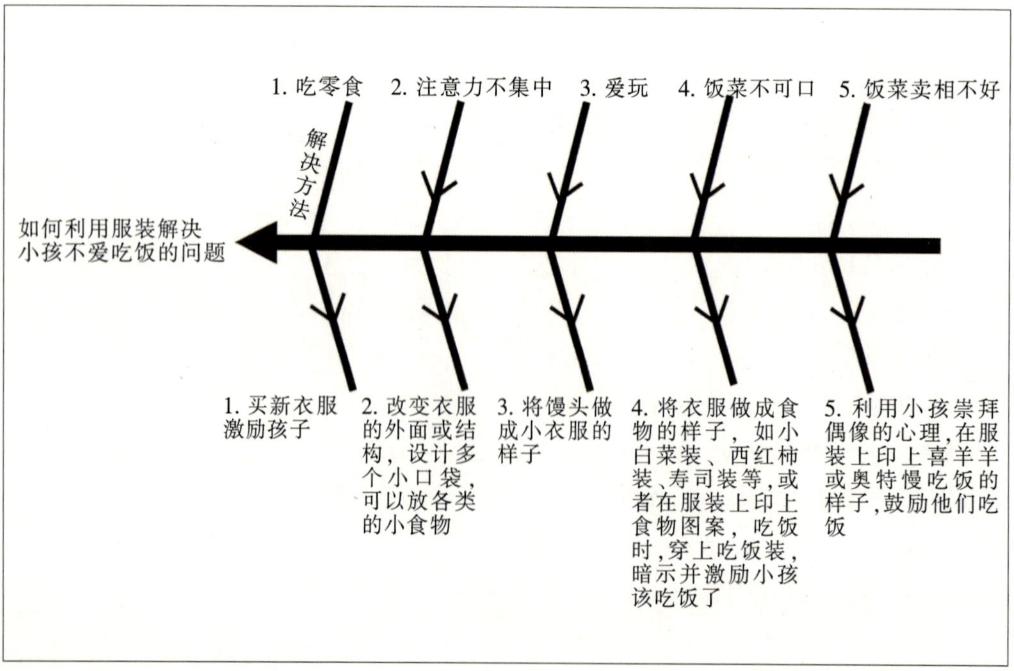


图 8–5　鱼骨图

例如，日本设计师 Satsuki Ohata 推出了一款名为 Fondue Slipper 的便鞋，这种鞋子放弃了以往使用布、皮、革等硬质材料，而是用能够快速成型的 PVC 液态材料制成，穿着者将脚放入盛满液体状态材料的盆中，液体包裹足部成型，然后快速烘干脱模。这种鞋子不仅轻盈合脚，而且有丰富鲜艳的色彩，非常适合日常穿着。(图 8-6)

图 8-6　日本液体鞋子

(2)能否从别处得到启发？能否借用别处的经验或发明？

当威廉·康拉德·伦琴发现 X 光时，并没有预见到这种射线的任何用途。现在人们通过联想借鉴，不仅用 X 光来治疗疾病，外科医生还用它来观察人体的内部情况。在设计领域，要想开发出新的产品，产生新的创意，应该考虑外界有无相似的想法，能否借鉴？过去有无类似的东西，有什么东西可供模仿？谁的东西可供模仿？现有的发明能否引入到其他的创造性设想之中？服装设计师在开发新系列服装的时候总会外出采风，向大自然、向不同民族或地域的文化寻找灵感，或者从不同领域的产品中找到借鉴。(图 8-7)

图 8-7　建筑风格服装

(3)现有的东西是否可以做某些改变？改变一下会怎么样？

是否可以改变一下物体的形状、颜色、音响、味道？是否可改变一下物体的意义、型号、模具、运动形式？……改变之后，效果又将如何？有时汽车改变一下车身的颜色，就会增加汽车的美感，从而增加销售量。面包裹上一层芳香的包装，就能提高嗅觉诱力。据说女性用的游泳衣是婴儿衣服的模仿品，而婴幼儿的服装模仿成人的样式会令家长觉得更加可爱。(图 8-8)

图 8-8　婴儿式样的成人服装

(4)放大、扩大。现有的东西能否扩大使用范围？能不能增加一些东西？

在自我发问的技巧中，研究“再多些”与“再少些”这类有关联的成分，能给想象提供大量的构思设想。使用加法和乘法，便可能使人们扩大探索的领域，如能否添加部件？拉长时间？增加长度？提高强度？延长使用寿命？提高价值？……以前，人们穿的袜子的袜头和袜跟容易磨破，针对这一现象，设计者追问“能让它更加结实耐穿吗？”于是，织袜厂通过加固袜头和袜跟，使袜子的销售量大增。目前，市场上各式各样的牙膏也是在“能否增加成分”的追问下出现的，如增白牙膏、去火牙膏、芳香型牙膏等。（图 8-9）

(5)缩小、省略。缩小和省略一些怎么样？

前面的追问是沿着“扩大”和“增加”而通往新设想的渠道，这一条问题则是遵循“缩小”和“省略或分解”的途径来寻找新设想。在现有的基础上能否缩小体积、减轻重量、降低高度、压缩、变薄……能否省略？能否进一步细分？袖珍式收音机、微型计算机、折叠伞等就是缩小的产物。在服装领域，减法也是常用的手段，能不能再减少一点装饰，再减少一些色彩？再减少一些图案？……

(6)能否代用。可否由别的东西代替，由别人代替？

通过取代、替换的途径也可以为想象提供广阔的探索领域。如用别的材料、零件代替，用别的方法、工艺代替，用别的能源代替……如在汽体中用液压传动来替代金属齿轮，又如用充氩的办法来代替电灯泡中的真空，使钨丝灯泡提高亮度。服装设计领域中的取代方法随处可见，设计师们可以改变现有的着装材料，用金属、塑料、废旧工业品等代替纤维制作服装。（图 8-10）

(7)能否调换？

这组问题是从调换的角度思考，能否更换一下先后顺序？可否调换元件、部件？是否可用其他型号？可否改成另一种安排方式？原因与结果能否对换位置？能否变换一下日程？……更换一下，会怎么样？重新安排通常会带来很多的创造性设想。飞机诞生的初期，螺旋桨安排在头部，后来，将它装到了顶部，成了直升飞机，喷气式飞机则把它安放在尾部，说明通过重新安排可以产生种种创造性设想。

(8)倒过来会怎么样？

这组问题是从相反方向提问，如上下是否可以倒过来？左右、前后是否可以对换位置？里外可否倒换？正反是否可以倒换？可否用否定代替肯定？……通过对比也能成为萌发想象的宝贵源泉，可以启发人的思路。这是一种反向思维的方法，它在创造活动中是一种颇为常见和有用的思维方法。

(9)组合起来怎么样？

这组提问是从综合的角度分析问题。能否装配成一个系统？能否将各种想法进行综合？能否把各种元素进行组合？……例如，把几件

图 8-9　多功能毯

材料组合在一起制成复合材料，把几种金属组合在一起变成种种性能不同的合金，把几种部件组合在一起变成组合机床，把不同元素组合起来的另类服装等。（图 8-11）

检核表法是一种强制性思考过程，用这种方法解决设计方案，有利于突破不愿提问的心理障碍，通常可以从几个问题中同时受到启发，经过综合形成最佳方案。

扩展阅读：不随便、不陈腐、不朴素 Burberry Prorsum15 春夏

伦敦男装周第三天，作为整个伦敦男装周最大牌最高质量的一场秀，Burberry 的男装大秀照例吸引了一大群明星前往看秀，还有所有潮人、时尚媒体、杂志们等时尚圈内人士的目光。而 Christopher Bailey 果然也不让大家失望，用一场既延续了他一贯的休闲风格，同时又有新花样的高质量大秀回馈所有人。

不得不说 Christopher Bailey 在颜色上的品味真的是无可挑剔，他永远有办法在一众色谱里选出那些最休闲但不随便、最英伦但不陈腐、最淡雅但不朴素的颜色。而且除了鞋子之外，他本季并没有完全顺应潮流，而将好几种颜色互相搭配，更多的是以纯色，或者是小面积的白色或黑色去点缀大面积的另一种颜色。即使有不同的颜色互相搭配也是同色系的深浅色差别而已。这样的做法反而让他的这一季男装更能从芸芸众衣里显得出挑，没有繁复的颜色融合，也没有精彩的色块对撞，一切的颜色在 Christopher Bailey 的手里只是让人觉得很自然、很流畅舒服地放在一起，我把这种颜色的搭配方法称之为“配合”。

图 8-10　塑料制成的衣服

图 8-11　绘画艺术与服装艺术的结合

有了漂亮的颜色打底，整场秀就已经先成功了一半。然而 Christopher Bailey 从来不是一个追求这么轻松的人，于是他又将大热的涂鸦艺术搬上了衣服与配饰。当模特手拿一本涂鸦印花的杂志，同时手上还拎着一个同样印花的超级大包，配合上衣服本身传递出的那种休闲英伦风，于是又融合地呈现出了“艺术”的氛围。与其他设计师不同，Christopher Bailey 并没有像 Sarah Burton 那样随大流的玩一玩颜色融合的印花，也没有像 Jeremy Scott 大量且重复的玩街头化的恶搞艺术，他把原本应该是偏美式街头风的涂鸦印花玩出了有他自己风格的英伦化质感，真心是设计师里的高手。

而在配饰方面，我们可以显而易见地预知到那些画满了涂鸦的围巾、外套、大包，还有每个男模头上的那一顶荷叶边帽子一定会占据接下来街拍的一席之地。Christopher Bailey 在设计配饰这方面也的确具有天赋，还记得上一季男模围巾上的英伦地图还有同样是大包上的各国地标吗？他总能把东西做得“小艺术”“小英伦”“小休闲”，这种“微小”其实是形容一种多元素的融合，更是一种趣味。（图 8-12）

（资料来源：YOKA 男士网，作者：Christopher Yang，2014-06-18，选文有删改）

### (二)聚合思维及其技法

所谓聚合思维，与发散思维相对应，又称收敛思维、求同思维、辐合思维、集中思维，是指从已知信息中产生逻辑结论，从现成资料中寻求正确答案的一种有方向、有范围、有条理的思维方式。聚合思维也是从不同来源、不同材料、不同层次探求出一个正确答案的思维方法。因此，聚合思维对于从众多可能性的结果中迅速做出判断，得出结论是最重要的。

**聚合思维的特点**

聚合思维具有同一性、程序性和比较性三个特点。

1. 同一性

同一性是指思维的一种求同性，即找到解决问题的办法或答案。

2. 程序性

程序性是指在解决问题的过程中操作的程序，先做什么，后做什么，按照严格的程序，使问题的解决有章可循。

3. 比较性

比较性是指对寻求到的几种解题途径、方案、措施或答案进行比较，找出较佳的途径、方案、措施或答案。

**聚合思维的步骤**

在应用聚合思维方法时，一般要注意三个步骤。

1. 收集掌握各种有关信息。采取各种方法和途径，收集和掌握与思维目标有关的信息，而资料信息愈多愈好，这是选用

图 8-12 Burberry Prorsum 涂鸦艺术

聚合思维的前提，有了这个前提，才有可能得出正确结论。

2. 是对掌握的各种信息进行分析清理和筛选。这是聚合思维的关键步骤。通过对所收集到的各种资料进行分析，区分它们与思维目标的相关程度，以便把重要的信息保留下来，把无关的或关系不大的信息淘汰。经过清理和选择后，还要对各种相关信息进行抽象、概括、比较、归纳，从而找出它们共同的特性和本质。

3. 客观地、实事求是地得出科学结论，获得思维目标。

**聚合思维在服装设计中的运用**

1. 观察当季流行趋势，搜集流行信息；

2. 构思大造型；

3. 构思色彩基调或组合；

4. 思考服装面料；

5. 思考装饰和配件设计。

### （三）逆向思维和技法

人类的思维具有方向性，存在着正向与反向的差异，由此产生了顺向思维与逆向思维两种形式。实践中有很多问题利用顺向思维不易找到正确答案，而运用逆向思维就常常会取得意想不到的答案。逆向思维法是指为实现某一创新或解决某一以常规思路难以解决的问题，而采取对立、颠倒、逆转等角度进行思考，寻求解决问题的方法。 本方法可以通过后天锻炼，从而提高逆向思维能力。

**反转型逆向思维技法**

反转型逆向思维技法是指从已知事物的相反方向进行思考，产生发明构思的途径。“事物的相反方向”常常从事物的功能、结构、因果关系三个方面做逆向思维。市场上出售的无烟煎鱼锅就是把原有煎鱼锅的热源由锅的下面安装到锅的上面。这是利用逆向思维对结构进行反转型思考的产物。现代服装设计中的内衣外穿现象也是如此。（图 8–13）

图 8–13　内衣外穿

**转换型逆向思维技法**

转换型逆向思维技法是指在研究问题时，由于解决问题的这一手段受阻，而转换成另一种手段，或转换思考角度去思考，以使问题顺利解决的思维方法。历史上司马光砸缸救落水儿童的故事，实质上就是一个运用转换型逆向思维法的例子。由于司马光个头不高，不能通过爬进缸中救人的手段解决问题，他就转换为另一手段，破缸救人。

**缺点型逆向思维技法**

这是一种利用事物的缺点，将缺点变为可利用的东西，化被动为主动，化不利为有利的思维发明方法。这种方法并不以克服事物的缺点为目的，相反，它是将缺点化弊为利，找到解决方法。某时装店的经理不小心将一条高档裙子烧了一个洞，其身价一落千丈。如果用织补法补救，也只是蒙混过关，欺骗顾客。这位经理突发奇想，干脆在小洞的周围又挖了许多小洞，并精于修饰，将其命名为“凤尾裙”。一下子，“凤尾裙”销路顿开，该时装商店也出了名。

### (四)移植思维和技法

移植思维是指通过将某一系统内的元素转移至另外一个系统内而引起该系统发生新变化的创造思维方法。正所谓“他山之石，可以攻玉”，木匠鼻祖鲁班发明的很多工具都属于移植思维技法，如用于画直线的墨斗就是受其母亲的启发。当时，鲁班的母亲正在剪裁和缝制衣服，只见她是用一个小粉末袋和一根线先打印出所要裁制的形状。之后，鲁班把这种做法转到一个墨斗中，他和母亲捏住线的两端，进行弹压即印出所需的线条。后来，他的母亲建议做一个小钩系在此线的一端，这样她就从这种杂活中解脱出来，使之可由一个人来进行。为了纪念鲁班的母亲，工匠们至今仍称这种墨斗为“班母”。

移植思维可以分为三种类型：其一，沿着不同物质和运动级别进行的“纵向移植”；其二，在同一物质层次和运动级别内的不同系统之间进行的“横向移植”；其三，把多个系统内的元素引进到同一个系统内的“综合移植”。

**类比法**

所谓类比法，是一种确定两个以上事物间同异关系的思维过程和方法。根据一定的标准尺度，将与此相联系的几个相关事物加以对照，把握事物的内在联系并进行创造。

1. 类比法步骤：

(1) 确定设计主题；

(2) 选择提示词；

(3) 围绕主题和提示词展开联想；

(4) 得出设计方案，进行可行性分析；

(5) 选择可操作的优秀作品，润色定稿。

2. 类比法举例：

主题：设计一款新功能帽子

提示词一：帽子能美容保健；

提示词二：帽子能发声；

提示词三：帽子能发光。

针对提示词进行分析和联想，最终得出设计方案如下：

提示词一：帽子能美容保健；

(1)滋养头皮，祛除头皮屑，防止脱发——帽子放入药物；

(2)焗油护发——帽子里放入焗油护发类营养元素；

(3)减少头痛、晕车等——帽子里放入药物成分。

提示词二：帽子能发声；

添加发声装置——(1)警报装置，防止小孩丢失；

(2)无线路由装置，可 GPRS 定位，搜索地图等。

提示词三：帽子能发光。

添加照明装置——(1)矿工或夜路者使用；

(2)演员用——用特殊材料制作或画上发光的图案。

方案分析：帽子上添加照明装置如矿灯的思路已经实现，演员也常用特殊功能的帽子表演激光舞蹈。帽子的美容保健功能、添加发声装置防止小孩丢失功能在不久的将来都是可以实现的。(图 8-14、图 8-15)

**强制联想法**

强制联想法又称焦点法，由美国学者 C.S.Hvard 提出，是运用强制性连接方式以产生创造性构想的方法，执行方式是先选择要改善的焦点事物，多方罗列与焦点无关的事物，然后强行将列举事物与焦点对象结合，最后选择最佳方案。

1. 强制联想法步骤：

(1)明确设计主题；

(2)选择一个能够反映主题特征的提示词；

(3)分析提示词的属性，如 A、B、C、D、E……；

(4)寻找与提示词每个属性相匹配的类似物：A1、A2……，B1、B2、B3……；

图 8-14　矿工用的帽子

图 8-15　会发光的舞台装

(5)列出矩阵,按照排列组合的方式组合提示词的属性及其类似物:

A　B　C　D

A1　B1　C1　D1

A2　B2　C2　D2

A3　B3　C3　D3

A4　B4　C4　D4

接下来,可以得到很多组合:

A1　B1　C1　D2

A2　B2　C2　D3

A3　B3　C3　D1

……

(6)对每一组合中的事物进行强制联想,使之产生关系,并统一在一个主题中,结合主题的设计要求,逐一进行思考,把可能的思维产品保留下来;

(7)对所得到的设计进行筛选,选择优秀的思维产品作为最终作品。

2. 强制联想法案例:

主题:夏季女装

提示词:大海

大海的属性:A 大、辽阔　B 蓝色　C 咸

同类物:A1 森林　B1 颜料　C1 咸菜

A2 沙漠　B2 天空　C2 盐

A3 宇宙　B3 宝石　C3 眼泪

A4 山　B4 阿凡达　C4 酱油

A5 长江　B5 矿泉水瓶盖　C5 汗水

……

按照排列组合规律,可以得到的设想为:

A1B1C1:森林-颜料-咸菜:森林系风格长裙,配以绿色颜料随意涂画的自由图形;

A1B1C2:森林-颜料-盐:取盐的白色为主色调,棉质材料,宽松廓型长裙,用颜料涂抹出森林动植物图案;

A2B2C3:沙漠-天空-眼泪:环保主题,宽大廓型长裙,土黄色麻质材料,以黄色水晶粘贴成泪水状,体现节约用水的理念;

……

### (五)列举法

列举法是一种借助对某一特定对象的某些方面(特点、优缺点等)进行逻辑分析,并全面地将其本质内容一一罗列出来,再针对列出的项目一一提出改进的方法。

列举法基本上有四种：属性列举法、希望点列举法、优点列举法和缺点列举法。还有一些是列举法的延伸应用，如 SAMM 法、功能目标法等。

**属性列举法**

属性列举法是用偏向物性、人性的特征来思考，主要强调在创造过程中观察和分析事物的属性，然后针对每一项属性提出可能改进的方法，或改变某些特质（大小、形状、颜色等），使产品产生新的用途。属性列举法的步骤是列出事物的主要属性，以及装置、产品、系统或问题的重要部分的属性，然后改变或修改所有的属性列举法。必须注意的是，不管列举的属性多么不切实际，只要是能对目标的想法、装置、产品、系统或问题的重要部分提出可能的改进方案，这些都是可以接受的范围。

**希望点列举法**

希望点列举法是偏向理想型设定的思考，是透过不断地提出“希望可以”“怎样才能更好”等愿望和要求，将原有的问题聚合成焦点，再针对这些愿望和要求提出实现途径和方法。希望点列举法的步骤是先决定主题，然后列举主题的希望点，再根据选出的希望点来考虑实现方法。

希望点列举法举例：

主题：服装和水

希望点：

1. 怎样才能更好地增强服装的功能性？

2. 希望可以将服装和水联系起来。

希望点一：

(1)功能性——喷水衣，夏季喷凉水，冬季喷热水，可以喷出美容蒸汽的衣服，随时随地美容；

(2)功能性——闹钟睡衣，在固定的时间出现瀑布的声音或大海的声音；

(3)功能性——能将汗水、雨水过滤净化成饮用水的服装，用于难以携带水源的地方，如沙漠等缺水地区。

希望点二：

(1)清洁性——自带雨刷和清洁水源的服装，可自动清洁无法及时清洗的工作装上的污渍；

(2)美化性——依据污渍图案，可以变化成相应美图的服装；

(3)美化性——自带香水的服装，可以根据体温和场景变化散发相应味道香水的服装。

**优点列举法**

优点列举法是指逐一列出事物优点，进而探求解决问题和改善对策的方法。优点列举法的步骤是先决定主题，再列举主题的优点，接着选出所列举的优点，根据选出的优点来考虑如何让优点扩大。

**缺点列举法**

缺点列举法是偏向改善现状型的思考，通过不断检讨事物的各种缺点及缺漏，再针对这些缺点一一提出解决问题的方法和改善对策。缺点列举法的步骤是先决定主题，然后列举主题的缺点，再根据选出的缺点来考虑改善方法。

扩展阅读：鬼冢喜八郎的成功之道

目前全球第五大运动品牌爱世克斯(ASICS)创始人鬼冢喜八郎，在创业之初，他一直想研制新型运动鞋，以占领正在蓬勃发展的体育运动鞋市场，但由于资金有限，又没有什么制鞋经验，所以他就采用缺点列举法，调查现有运动鞋的缺点并进行改造。他选择篮球运动鞋作为创新突破口，首先从市场上买来各种篮球鞋，专门研究它们的特点，并通过各种渠道拜访许多优秀的篮球运动员，请他们挑出运动鞋的毛病。运动员们反映：现在的球鞋容易打滑，止步不稳，影响投篮的准确性。为了证实这一点，鬼冢喜八郎亲自试穿运动鞋到球场打球，证实“打滑”是当时篮球运动鞋的主要缺点。找到了缺陷，如何克服它呢？鬼冢喜八郎苦思冥想。有一次，他在吃鱿鱼的时候，突然发现鱿鱼的触角上长着一个吸盘，能够帮助它吸附在物体上，此时的鬼冢喜八郎立刻有了灵感，如果将吸盘移植到运动鞋底，岂不是可以解决止步不稳的缺点了吗？在这个创意指导下，鬼冢喜八郎决定将运动鞋底由平底改为凹底，凹底类似于鱿鱼的吸盘，可以克服平底鞋打滑的缺点。经过改造的篮球鞋投放市场后，立刻获得运动爱好者们的青睐，这款专业篮球鞋的鞋底印有虎头，从此成为公司商标。(图 8-16)至今 ASICS 仍是日本篮球鞋市场上占有率第一的品牌。整个 20 世纪 50 年代，鬼冢喜八郎持续努力改进其为长距离跑步者提供的各种产品，为使鞋子更加舒适贴脚，鬼冢公司测量了不少于 2 万人的脚以作技术资料参考。其中一款产品甚至引起了伟大的赤足马拉松冠军 Abebe Bikila 的兴趣，1961 年首次穿跑鞋时他就选择了鬼冢公司的跑步鞋。该款鞋是鬼冢公司看到马拉松运动员脚上长鸡眼后开发出来的，采用了几个排气孔来保持脚底凉爽，并用新的橡胶配方提供了良好的缓冲性能。

(资料来源：根据相关资料整理)

## 三　创造力与设计师

创造力是人类的一种综合性本领。一个人是否具有创造力，是一流人才和三流人才的分水岭。它是由知识、智力、能力及优良的个性品质等复杂的因素综合优化构成的。

### (一)创造力的含义

创造力是指产生新思想，发现和创造新事物的能力，它是成功地完成某种创造性活动所必需的心理品质。创造新概念、新理论，更新技术，发明新设备、新方法，创作新作品都是创造力的表现。同时，创造力又是一系列连续的、复杂的、高水平的心理过程和新颖思维的产物。它要求人的全部体力和智力高度紧张，以及创造性思维在最高水平上才能进行。

图 8-16　鬼冢虎品牌篮球鞋

## (二)创造力与智力之间的关系

创造力一般是在一定的专业领域内形成、发展和表现出来的,它与智力之间的关系比较复杂。从统计学角度来看,一般创造力、高创造力与智力之间的关系呈现出不同的规律。吉尔福特在他的三维智力模型中以思维的运算为中心研究了智力活动，其中根据发散思维的特点进行测验结果表明,智力与创造力之间呈正相关的趋势。智力高的人,创造力也有较高的倾向。但是,高智力并不是创造力的充分条件。人与人之间在禀赋上的差异是客观存在的,但禀赋的优越只是提供了发挥创造力的基础。智力超常的儿童长大后，其创造力开发程度如何,是否能够成为卓越的人才还不一定,因为除了智力因素之外,还有非智力因素。

如图 8-17 所示,整个三角形表示智力与创造力之间的正相关趋势,智力低者,创造力必然低,而智力高者,并不意味着创造力就高,因此智力是创造力发展的必要条件而非充分条件。

## (三)影响设计师发挥创造力的因素

在西方国家,心理学家对创造心理阻碍因素的研究已经很多,可谓仁者见仁,智者见智，尤其是辛伯克的创造阻碍研究,不仅将知觉阻碍、情绪阻碍进行了细分,还将社会中习惯、思想和行为规范作为文化阻碍进行研究。这对我们分析影响设计师发挥创造力的因素具有很大启发,简单来讲,创造力的阻碍因素分为内在因素和外在因素两大方面。

**内在因素**

阻碍设计师发挥创造力的内在因素主要指认知障碍和人格障碍。

1. 认知障碍

作为基础因素的认知障碍包括:吸收知识的能力、记忆知识的能力和理解知识的能力。吸收知识、巩固知识、掌握专业技术、实际操作技术、积累实践经验、扩大知识面、运用知识分析问题,这些是创造力的基础。任何创造都离不开知识,知识丰富有利于更多、更好地提出创造性设想,对设想进行科学的分析、鉴别、简化、调整与修正,并有利于创造方案的实施与检验。而具有认知障碍的设计师的表现为缺乏对问题的敏感性，无法察觉创造所需要的信息,不能辨别问题的症结所在,分析不出解决问题的关键点。不能积蓄有效的创造信息,也不善于发散思维、进行联想,不会触类旁通；擅长模仿,只有继承,没有创新,遵守已被人们奉为圭臬的经典,不敢打破常规,满足于对经验的理解和认识，不敢探求人类认识的未知领域;迷信教条,盲从权威,作品常常苟同

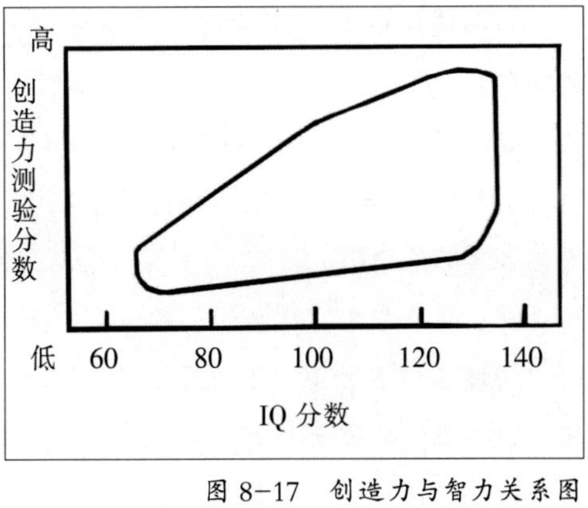

图 8-17　创造力与智力关系图

于芸芸众生的认识和见解，缺乏纵向思维和横向思维的融合，缺乏艰苦思索到茅塞顿开的量变与质变的交融渐进的过程。总之，认知障碍的人思维缺乏新颖性、独立性和多维性。在设计领域，具有认知障碍的人设计的平庸作品也十分常见。（图 8-18）

2. 人格障碍

人格障碍是来自人格动力系统和心理特征系统的障碍。人格动力系统障碍包括需要、动机、兴趣、理想等方面的障碍。在设计师身上的表现为缺乏创造冲动、对社会的责任感以及对自我价值的追求等。心理系统障碍指的是气质障碍、性格障碍和能力障碍，其中主要的是性格障碍，如胆怯、自卑、骄傲、从众等。胆怯会导致设计师害怕困难和失败，容易放弃，失去创造机会。自卑的设计师往往过分自我批评和自省，缺乏自信，消极的自我概念会导致人的思想呆板，缺乏想象力，最终导致创造力的自行关闭。相反，骄傲会让设计师的观察力的敏感度和思维紧张度降低，好奇心、上进心减弱，缺乏制造需要和创造动机的动力，创造性思维也因此受到限制。而从众的设计师思想往往陷于僵滞，容易产生刻板、固执和偏见，从而形成目光短浅的思维定势，不容易接受新事物和新观点。

**外在因素**

外在因素指的是除去个人心理因素之外的所有因素，主要指的是社会环境因素，如处于不同地区的城市、乡村所具有的人文社会环境特点对个人创造力的生发具有重要影响。另一方面，个人的家庭氛围、所受到的教育水平、工作的人文环境等也是影响设计师创造力的重要因素。现代社会中的基础教育在“社会地位”的压力之下从求学逐渐走向求职的狭长跑道上，家长盼望孩子毕业后能够找到好工作，学生也渴望报考实践性强、将来能够用上的专业。而学校教育的课程主义又被等级体制束缚着，评判学生的优秀与否，只能依靠其考试成绩。在这样的社会氛围中，家庭和学校培养出的人才也打上了功利的印记，其创造力被人为忽视了，从而逐渐走向萎缩的境地。

## （四）创造力测试方法

**托兰斯创造性思维测验**

目前应用最为广泛的是托兰斯创造思维测验（TTCT），它是由美国前明尼苏达大学的托兰斯等人于 1966 年编制而成的，主要考察流畅性、灵活性、独创性、精确性这几个变量，适用于各年龄阶段的人。

托兰斯测验由言语创造思维测验、图画创造思维测验以及声音和词的创造思维测验构成。这些测验均以游戏的形式组织呈现，测验过程轻松愉快。言语测验由 7 个分测验构成。

图 8-18　奇思妙想的设计：香奈儿办公用纸做的头饰

前3个测验是根据一张图画推演而来，他们分别是：A.提问题，B.猜原因，C.猜后果。后4个测验是：A.产品改造，B.非常用途测验，C.非常问题，D.假想。图画测验有3个，都是呈现未完成的或抽象的图案，要求被试者完成它们，使其具有一定的意义。这3个分测验分别是：A.图画构造，B.未完成图画，C.圆圈（或平行线）测验。声音和词测验的指导语和刺激都用录音磁带形式呈现。它包括两个分测验：A.音响想象，B.象声词想象。这3套测验的记分有所不同，言语测验从流畅性、变通性和独特性三方面记分；声音和词测验只计独特性得分。具体的使用细则、信度资料、常模参阅测验手册。

发散思维测验是托兰斯进行创造力研究的主要方法，但不是唯一的方法。仅就测验而言，除创造思维测验外，托兰斯在1965年还编制了简便、易行、有效的创造性人格自陈量表《你属于哪一类人》，其中包括66个从50项有关研究中收集来的创造性人格特征。测验题目形式是强迫性选择，即二择一式，其目的是让受测者本人提供其创造人格特征的报告，以了解他们的创造性水平。

扩展阅读：托兰斯创造性人格测量

下面是托兰斯创造性人格自陈量表中的一些例题。在完成该测验时，被试者需根据与自己相符合的情况，在每项的后面括号里打上"√"或"×"。

(1)办事情、观察事物或听人说话时能专心致志。（ ）

(2)说话、作文时经常用类比的方法。（ ）

(3)能全神贯注地读书、书写和绘画。（ ）

(4)完成老师布置的作业后，总有一种兴奋感。（ ）

(5)敢于向权威挑战。（ ）

(6)习惯于寻找事物的各种原因。（ ）

(7)能仔细地观察事物。（ ）

(8)能从别人谈话中发现问题。（ ）

(9)在进行创造性思维活动时，经常忘记时间。（ ）

(10)能主动发现问题，并能找出与之有关的各种关系。（ ）

(11)除日常生活外，平时大部分时间都在读书学习。（ ）

(12)对周围事物总持有好奇心。（ ）

(13)对某一问题有新发现时，精神上总感到异常兴奋。（ ）

(14)通常能预测事物结果，并能正确地验证这一结果。（ ）

(15)即使遇到困难和挫折，也不气馁。（ ）

(16)经常思考事物的新答案和新结果。（ ）

(17)具有敏锐的观察力以及提出问题的能力。（ ）

(18)在学习中，有自己选定的独特研究课题，并能采取自己独有的发现方法和研究方法。（ ）

(19)遇到问题时,常能从多方面探索可能性,而不是固定在一种思路或局限在某一方面。( )

(20)总有新设想在脑子里涌现,即使在游玩时也能产生新设想。( )

评分标准:每符合上述标准的打勾的给一分,最后算出总分。总分 0~13 分为一般,14~17 分为好,18~20 分为很好。

(资料来源:根据相关资料整理)

**南加利福尼亚大学测验**

南加利福尼亚大学测验又称吉尔福德智力结构测验,是吉尔福德及其同事在对智力结构的研究中发展起来的,主要测量发散思维。吉尔福德认为发散思维是思维向不同方向分散的能力,它不受给定事实的局限,使得个体在解决问题时能产生不同的方法及思路。因此,吉尔福特的创造力测验涉及的是发散思维中的 14 项要素:词语流畅性、观念流畅性、联想流畅性、表达流畅性、非常用途、解释比喻、用途测验、故事命题、推断结果、职业象征、组成对象、构图、火柴问题、装饰。

**芝加哥大学创造力测验**

芝加哥大学创造力测验是由美国芝加哥大学盖泽尔斯和杰克逊于 20 世纪 60 年代初期编制的创造力测验。这套测验包括下列 5 个项目:语词联想测验、用途测验、隐蔽图形测验、完成寓言测验、组成问题测验。这套测验适用于小学高年级至高中阶段的青少年,适用于团体测试,并有时间限制。

实际上,托兰斯测验和南加利福尼亚大学测验都是从认知心理学进行检测的,目的在于培养认知创新能力。通过被试思维的发散来认识他们的创新能力是有一定道理的,因为发散思维是创造力的主要成分,但需要辩证地看待这些测量方法,因为创造力还包括聚合思维能力、辨证思维能力以及动手创新能力,应该根据具体的情况选择最好的、可操作的方法,从而对人的创造力进行全面的评价。

### (五)评价服装设计师创造力的标准

美国心理学家杰罗姆·西摩·布鲁纳说过:"一位科学家在他的书桌上和实验室里面所做的,一位评论家在谈论一首诗的时候,正像从事类似活动而想要获得理解的任何其他人所做的,其间的差别仅在程度上而不在本质上。"可以说,只要有一点新想法、新方法,都可以称得上是创造,那么,如何恰当地评论一个服装设计师的创造力呢?格拉维和鲁宁认为,可以采用三种参照体系来评价其创造力水平,这对设计师来讲,也是适用的。

**个人参照系**

个人参照系指的是在评价一个人的创造力大小时,将个人与其自身进行对比。对于服装设计师来说,如果他每次的设计作品风格都类似,没有突破,那么他的创造力水平就没有提高。反之,如果他的作品跟此前相比有所创新,哪怕只有一小部分,说明他的自我创造力也有所提高。

**群体参照系**

群体参照系指的是将设计师放在同等群体中进行比较，从而确定其创造力水平与同等群体成员是否有所不同，或是在其中的位置如何。目前，全国每年都有各种各样的设计大赛，为资历深厚的设计师及初出茅庐的设计师们提供了展示创造力水平的平台，在竞争的过程中，设计师的创造力提高的速度很快。国际四大时装周也是比较设计师创造力的高端平台，来自世界各地的高级设计师们在这里比拼，从同等群体中汲取经验和养分，提高自己的创造水平。（图 8–19）

**社会参照系**

社会参照系指的是将设计师放到整个社会环境下进行审视，是否超出社会常规，是否反映或预测社会的未来审美。如 20 世纪 60 年代的未来主义、极简主义、生态服装设计等都属于创造力超前的设计作品。（图 8–20）

因此，要想提高自身设计能力，设计师们应该先追求自身突破，其次追求超越同等群体，最后才能上升到无与伦比的程度，让社会认可自己的作品。

图 8–19　学生作品

图 8–20　极简风格服装设计

**思考与练习**

1. 创造思维和创新思维的区别是什么？
2. 运用聚合思维法尝试为老年人设计一款功能性服装。
3. 运用强制联想法尝试设计一系列秋冬女装。

高等院校服装专业教程

服装心理学

图书在版编目(CIP)数据

服装心理学 / 郭丰秋,冯泽民编著. -- 重庆:西南师范大学出版社, 2015.2 (2023.1重印)

高等院校服装专业教程

ISBN 978-7-5621-7189-8

Ⅰ.①服… Ⅱ.①郭… ②冯… Ⅲ.①服装—应用心理学—高等学校—教材 Ⅳ.①TS941.12

中国版本图书馆CIP数据核字(2014)第281121号

高等院校服装专业教程

# 服装心理学

编　　著：郭丰秋　冯泽民
责任编辑：王　煤　鲁妍妍
装帧设计：梅木子
出版发行：西南大学出版社(原西南师范大学出版社)
　　　　　邮编：400715
　　　　　网址：www.xdcbs.com
制　　版：重庆海阔特数码分色彩印有限公司
印　　刷：重庆新生代彩印技术有限公司
幅面尺寸：185mm×260mm
印　　张：14
字　　数：310千字
版　　次：2015年4月第1版
印　　次：2023年1月第2次印刷
书　　号：ISBN 978-7-5621-7189-8

定　　价：65.00元